« Vaste monde, ma paroisse »

FOI VIVANTE 413

Du même auteur
Aux Éditions du Cerf

Un peuple messianique, coll. Cogitatio fidei, 1975
Diversité et communion, coll. Cogitatio fidei, 1982
La tradition et la vie de l'Église, coll. Traditions chrétiennes, 1984
Entretiens d'automne, coll. Théologie, 1987
Église et papauté, coll. Cogitatio fidei, 1994
Écrits réformateurs, coll. Textes en main, 1995
Jésus-Christ, coll. Foi vivante, 1995
L'Église, de saint Augustin à l'époque moderne, coll. Théologie, 1996
Je crois en l'Esprit-Saint, coll. Théologie, 1997
L'enfant Yves Congar : Journal de la guerre 1914-1918, 1997
Esprit de l'homme, Esprit de Dieu, coll. Foi vivante, 1998

Journaux théologiques 1946-1956 (à paraître en octobre 2000).
Journal du concile (à paraître en janvier 2001).

CARDINAL YVES CONGAR O.P.

« Vaste monde ma paroisse »

Vérité et Dimensions du Salut

Foi vivante - Pensée chrétienne

LES ÉDITIONS DU CERF
PARIS
2000

Bibliothèque chrétienne de poche

FOI VIVANTE

ÉDITEURS PARTENAIRES :

Bellarmin-Fides, Michel Gay.
Centurion, Jean-Pierre Rosa.
Cerf, Philippe Verdin.
Desclée de Brouwer, Marc Leboucher.
Éditions de l'Atelier, Bernard Stéphan.
Éditions Fidélité, Jean Hanotte.
Labor et Fides, Gabriel de Montmollin.
Nouvelle Cité, Henri-Louis Roche.

COORDINATION : Jean-Pierre Rosa.
Philippe Verdin.

(29, boulevard La Tour-Maubourg
75340 Paris cedex 07)

ISBN 2-204-06374-6
ISNN 1254-9681

INTRODUCTION

Il est passionnant de relire aujourd'hui *Vaste monde, ma paroisse* dont la première impression, aux Éditions de *Témoignage chrétien*, dans la collection « Bibliothèque de l'homme d'action », date de septembre 1959. Ni le choix de la maison d'édition ni celui de la collection ne sont secondaires. En effet, en septembre 1953, le P. Congar a écrit dans *Témoignage chrétien* un article sur les prêtres-ouvriers et la mission, peu apprécié du Saint-Office, (« L'avenir des prêtres-ouvriers », 25 sept. 1953). Durant toute la crise de la mission ouvrière il est resté fidèle à ce journal, ce qui lui a valu des insultes (ainsi *Rivarol*, 2 octobre 1953).

À l'époque, il est à Strasbourg où Mgr Weber l'a accueilli, après les exils de Jérusalem, Rome et Cambridge qui l'ont profondément découragé. Le titre de ce petit livre, quelques citations, portent la marque du séjour à Cambridge, sans doute celui qu'il a le mieux supporté. En 1959, grâce au P. Brown, maître de l'Ordre des prêcheurs, les dispositions exceptionnelles de la censure qui lui était imposée se sont tempérées. Il peut donc rassembler certains de ses articles – étrangers à la crise de l'Église de France – déjà publiés dans *Témoignage chrétien*. Mais cette crise reste à l'horizon. Il demeurera d'ailleurs marqué par ce qu'il continuera d'appeler « la purge de 1954 » où répétera-t-il, l'Ordre de Saint-Dominique a été blessé, atteint dans sa structure hiérarchique, attaqué dans les plus représentatifs de ses théologiens.

Qu'on nous permette un souvenir personnel. Au temps où nous étions ensemble membres de la Commission internationale de théologie, lorsque les discussions de la journée l'avaient irrité et que je le ramenais en chaise roulante dans sa chambre, il lui arrivait d'évoquer « ce sale esprit qui n'est pas mort, cette suspicion de la pensée, cette peur d'affronter la vérité... »

On est donc impressionné de ne trouver dans ces pages aucune agressivité, aucune amertume, aucune justification des positions pour lesquelles on l'a « brisé ». Cela, alors qu'on est avant le concile qui le réhabilitera. Ce livre sans prétention est un écrit paisible, transcendant les drames personnels, porté par un amour profond de l'Évangile, désireux de répondre à l'inquiétude de nombreux contemporains au sujet du Salut. Ce Salut que les prêtres-ouvriers, et les théologiens qui réfléchissaient avec eux, voulaient communiquer dans le partage de la condition ouvrière quitte pour cela, comme le faisait le P. Chenu dans un article de *La Vie intellectuelle* (« Le sacerdoce des prêtres-ouvriers », février 1954, 175-181), à dégager un visage nouveau de la vocation kérygmatique du ministère ordonné. L'Avertissement de l'édition de 1959 s'achève sur une confidence au ton assez rare dans l'œuvre du P. Congar : *C'est dans l'amitié chrétienne et en pleine confiance humaine que je viens vers toi, lecteur inconnu. Je t'ai pris et porté dans ma prière avant que tu n'ouvres ce petit livre et qu'ainsi nous nous rencontrions.*

Impossible d'y voir la gêne d'un homme meurtri face à l'institution ecclésiale. On est même surpris de la façon dont il rapporte la pensée de Pie XII envers laquelle, dans l'intimité, il lui arrivait d'être rude. Ce livre est pourtant publié sous le pontificat de Jean XXIII dont l'encyclique *Ad Petri cathedram* (juin 1959) est mentionnée.

Certes, l'ouvrage est daté, même théologiquement comme nous le soulignerons. Des allusions au maquis, au débarquement, à la guerre d'Algérie en font un témoin de ces fécondes décennies de recherche à la fois missionnaire et théologique qui séparent la Libération et l'ouverture de Vatican II. Ce sont elles qui préparèrent, souvent dans la souffrance, le « printemps conciliaire ».

Relisant, en vue de cette introduction, quelques-unes des notes de cours de l'université du Saulchoir que nous avons conservées, nous y trouvons déjà plusieurs des positions doctrinales sur la Tradition, la Liturgie, le judaïsme, la mission, « les autres chrétiens », qui seront au cœur de l'œuvre du concile. Le thème du livre doit être situé dans cette recherche très large et plus technique, en particulier au sujet du rapport entre Église et monde. Il est remarquable que la plupart des questions qu'il aborde sont encore celles d'aujourd'hui. Même les quelques pages sur la pluralité des mondes habités examinent un problème que relance un ouvrage récent reprenant la même interrogation : *Sommes-nous seuls dans l'univers ?* (Fayard, 2000). La théorie de la réincarnation toujours en vogue dans certains milieux, même chrétiens, marginaux n'est pas non plus ignorée. Aux spéculations sur la fin du monde, elles aussi sans cesse renaissantes, le P. Congar répond ici par un rappel vigoureux, concis et sobre, des textes bibliques, que suit un exposé de sa vision personnelle du lien entre « la nouvelle terre et notre vieille planète ». C'est dire que, même si sur plusieurs points la position des théologiens a, depuis, évolué, les milieux dans lesquels le concile a germé n'étaient pas d'un monde « loin de nos préoccupations actuelles ». Ce livre en fait foi. Il est important de le reconnaître.

Mais cela vaut surtout pour ce qui est le fil conducteur de tout l'ouvrage, l'inquiétude du Salut de l'humanité, du « vaste monde » où des millions de personnes et des contrées entières n'ont jamais adhéré à l'Évangile. L'essentiel du livre est, à nos yeux, dans les pages très denses mais néanmoins claires, car écrites dans un style limpide, consacrées à la nature du Salut, à l'exposé de la vision traditionnelle des « fins dernières », à la valeur salvifique des autres religions, à la formule « hors de l'Église pas de Salut », à la portée de nos libertés « si chétives soient-elles ».

Qu'on ne s'attende pas à y trouver des concessions aux solutions faciles, même en ce qui concerne le salut des enfants chrétiens « morts avant l'aurore de la raison ». L'auteur maintient fermement deux vérités, sans sacrifier l'une à l'autre : d'une part la certitude irrécusable de la toute gratuite miséricorde de Dieu (qui ouvre la voie de l'espérance), d'autre part le pouvoir de la liberté capable de tout gagner et de tout perdre au point que « tout homme porte une possibilité de se perdre à jamais, c'est excessivement sérieux ». Parfois, par exemple au sujet du corps ressuscité, il faut prendre position sur des points controversés. D'ordinaire, comme dans ce dernier cas où il tient à l'exigence « que je retrouve mon corps », il a alors soin d'indiquer : « mais le magistère ne précise ni les limites de cette exigence ni la façon dont on doit y répondre ». Jamais, malgré certaines formules raides, le P. Congar ne s'impose.

Pour bien apprécier le ton doctrinal et le style de l'ouvrage, il faut se souvenir qu'en 1959, en plus du drame de la « purge » de 1954, on est encore, dans l'Ordre dominicain, sous l'effet de l'encyclique *Humani generis* de Pie XII (1950). Lorsque celle-ci parlait des enseignants catholiques trop enclins à accepter les nouveautés (n° 10), plusieurs dominicains français (ceux de la *Revue thomiste* et le P. Garrigou-Lagrange de l'*Angelicum*) pensaient aux jésuites : de Lubac, Daniélou, Bouillard. Ceux-ci les avaient irrités par leur jugement sévère sur la scolastique et la pensée de Thomas d'Aquin auxquels ils préféraient les Pères et une présentation plus existentielle de la théologie. Or les frères Charlier, Chenu, Dubarle, Congar et les collaborateurs de *La Vie intellectuelle*, sans pour autant refuser le thomisme – qu'on pense au P. Chenu –, étaient de toute évidence plus sympathiques aux vues des jésuites de Fourvière que leurs frères de Toulouse et de Fribourg. D'ailleurs, de Lubac collaborait lui aussi à *La Vie intellectuelle*, à *La Vie spirituelle*, et à *Témoignage chrétien* où il était très engagé. Il nous semble que c'est cet esprit, respectant la recherche spéculative voulue par *Humani generis* mais néanmoins attaché à une approche existentielle, qui perce ici. Une nouvelle façon de théologiser. On s'intéresse au sujet humain dans sa manière d'exister, sa qualité d'être. On réfléchit sur le message évangélique mais en tant qu'il concerne le drame de l'humanité. Ce sera... le style de Vatican II.

Sur le Salut, la position de ce livre est classique : délivrance d'une catastrophe, d'un naufrage dont le péché est la cause (parce qu'il brise la relation à Dieu) et restitution de la plénitude de vie ; arrachement à la misère ou l'angoisse et entrée dans l'espérance. Par Jésus-Christ. Au terme, entrée dans cette consommation du Règne de Dieu que l'Église nomme le ciel, « Dieu tout en tous », « maximum de personnalité et maximum de communauté », présence et don des uns aux autres dans « la communion des saints ». Classiques également sont les pages sur le purgatoire (où l'on s'étonne de ne pas trouver d'allusions à la tradition orthodoxe, autres que les images origéniennes du feu de la conscience et des *télonies*), et celles sur l'enfer que prolonge une réflexion sur la liberté. Le péché y est explicitement reconnu pour ce qu'il est et on pèse ses conséquences funestes, perspective avec laquelle, après s'être attardée sur les valeurs positives de la Création, la théologie d'aujourd'hui a renoué. On notera des expressions heureuses « je puis dire *non* à Dieu... oui, il me donne d'aller jusque-là », « être damné c'est la permanence dans une existence privée de signification et d'espérance », subsister en l'absence du vrai sens de son existence », « l'existence sans cesse en même temps maintenue et comme détruite », « ne plus relever que de la puissance de Dieu non de sa grâce ».

Nous avons dit que l'ouvrage est tout entier habité par la grande question du « Salut des non évangélisés », de ceux qui ne connaissent ni Jésus-Christ, ni même peut-être Dieu. Ce qui renvoie à la célèbre formule « hors de l'Église pas de Salut ». Le P. Congar l'entend ainsi : il ne s'agit plus « d'appliquer la formule à quelque personne concrète que ce soit » mais d'affirmer objectivement que l'Église du Christ est seule, comme Église du Christ, à être « mandatée et qualifiée pour appporter le Salut de Jésus-Christ à tous les hommes ». Non pas donc « *qui* sera sauvé ? » mais « *qui est-ce* qui est mandaté pour le ministère du Salut ? Le problème est ecclésiologique.

Les pages présentant les étapes de l'accession à la foi et au Salut – inspirées surtout des études bien connues du P. Liégé –, puis « la foi d'avant la Foi » sont neuves pour l'époque et très profondes. On y trouve déjà une intuition de ce qu'évoquera le paragraphe 8 de *Lumen Gentium.* Des hommes « ordonnés au Corps mystique » sans appartenir pleinement à l'Église ne lui sont pas étrangers. Il faut citer ce beau paragraphe, qui prolonge la pensée du Pie XII dans *Mystici Corporis : Ils sont destinés à la rejoindre pleinement au terme, quand elle devien-*

dra elle-même Communauté de gloire et Royaume parfait, mais dès ici-bas, ils lui sont destinés et elle leur est destinée. Ils existent spirituellement par l'Esprit qui est son principe d'existence à elle et qui, dominant le temps comme l'espace, les incline secrètement à la rejoindre, tout comme il l'anime, elle, à les concevoir en intention et en ferveur, et à les porter dans les entrailles de sa prière, de son zèle, de sa fidélité d'Épouse totalement ouverte et offerte au vouloir, sur elle, en elle et par elle, de son Époux, le Sauveur du Monde. Tout ce qui se prépare ainsi sur terre s'effectuera eschatologiquement, quand viendra à terme tout ce qui aura été conçu dans le long enfantement de l'Histoire (voir Rm 8, 22). Ce sera le temps d'une pleine révélation, « Quidquid latet apparebit » : l'intention, le vœu de l'Église, de porter tous les enfants de Dieu, l'intention secrète, le vœu secret de tous les hommes de bonne volonté, d'entrer dans l'Alliance du Corps du Christ, se rencontreront, se révéleront l'un à l'autre, se reconnaîtront et s'embrasseront, comme Ananie reconnut Paul et Paul reconnut Ananie (Ac 9, 6 et 10, 17), comme Pierre reconnut Corneille et Corneille reconnnut Pierre (Ac 10).

Mais comment être habité du désir du Christ sans le connaître ? Comment le servir et suivre l'Évangile en ignorant qui il est ? Avec la tradition thomiste – très sobrement évoquée, il est vrai, dans ce chapitre – on répond : par une certaine option engageant l'existence et lui conférant une signification propre « par rapport à Dieu ». La vie est alors portée par un désir implicite de communier au vouloir divin, dans un incognito de Dieu, qui ne se révélera qu'eschatologiquement (au terme) et qui jusque-là a pu être rejoint sous d'autres noms que le sien. Ce qui exige, évidemment, que cette option ait une dimension d'absolu, en particulier dans la recontre avec le prochain. Là est l'esprit de l'Évangile : en honorant pleinement le second commandement on remplit le premier.

Face à cela se pose la question de la valeur des religions non chrétiennes. Certaines expressions que l'on rencontre çà et là au fil de la lecture du volume surprennent par leur dureté : « médiations religieuses mais objectivement fausses et même abominables », « terres non exorcisées comme l'ont été les nôtres par une longue célébration des sacrements et une longue histoire de sainteté chrétienne », « situation, où, souvent de façon sensible, le démon tient les hommes sous son misérable empire », « présence (du Verbe) avilie et trahie ». Cela, tout en admettant que, de par la miséricorde divine, ces religions puissent être des médiations, malgré cette pauvreté.

La conviction de l'auteur est nette, sans nuances. Comparé aux autres religions, le christianisme a une valeur absolue. Non seulement il ne peut y avoir de religion plus parfaite, mais il porte le sens de l'histoire et c'est à l'Église que Dieu a confié le dépôt de sa Parole et des sacrements. Aussi « tout ce qu'il y a d'imparfait, d'idolâtrique, d'erroné, dans [les] religions païennes doit, d'une certaine façon mourir pour se retrouver en ses éléments valables, assumé par Jésus-Christ et, en lui, rapporté au Père ». Toute religion n'a de valeur qu'en référence à l'absolu du christianisme. Bien plus, si d'autres mondes sont habités, lieux d'une religion naturelle analogue à la nôtre, ils sont sous l'autorité de Jésus-Christ, Roi de toute la Création, « non seulement de la terre mais de toute l'œuvre de Dieu », « sommet absolu de tout Univers existant ou possible ». Car « Dieu règne sur tout l'univers qu'il a créé... non pas seulement, s'il est permis de s'exprimer ainsi, du ciel de sa Divinité mais dans et par l'humanité divine de Jésus-Christ. Quel honneur pour notre race ! »

Aujourd'hui, on serait de toute évidence plus positif sur la valeur intrinsèque des religions non chrétiennes. La déclaration *Nostra aetate* (octobre 1965) du concile de Vatican II, puis plusieurs initiatives de Jean-Paul II parallèles à certaines démarches du Conseil œcuménique des Églises pour le dialogue interreligieux ont permis aux Églises de mieux évaluer la valeur salvifique intrinsèque des religions étrangères au christianisme. Ces religions sont-elles simplement l'expression d'un besoin religieux inscrit dans la nature humaine *comme telle* ou ont-elles un lien avec une initiative salvifique de Dieu les concernant ? À elles aussi s'applique ce que, dans un autre contexte, Prosper d'Aquitaine, contemporain d'Augustin, écrivait : *Pourrait-on mettre en doute que tous les hommes, quelle que soit leur nation ou leur époque, qui ont pu plaire à Dieu, aient été distingués par l'esprit de la grâce divine ? Certes, autrefois, elle a été plus parcimonieuse et plus cachée ; néanmoins elle ne s'est refusée à aucune époque, toujours la même en efficacité mais différente en quantité, selon un dessein immuable mais des modalités diverses (trad.* Les Pères dans la foi, *Paris, 1993, II, 95).*

Les religions – et non seulement les individus – ne sont-elles pas saisies en cette œuvre de l'Esprit ? Jean-Paul II, dans l'encyclique *Redemptoris missio*, fait allusion aux *traditions religieuses* de l'humanité (n° 56). Il est possible de proclamer ce que le Christ Jésus a de *transcendant,* d'unique, pour le Salut de *tous* – dans ce que le P. Congar décrit comme son *absolu* de par la communication totale *en lui seul* de Dieu lui-même – tout en admettant que par son Esprit-Dieu a pu manifester et révéler dans les religions elles-mêmes des aspects de *ce* Salut voire de son être. On peut concillier la foi en Jésus-Christ, *l'auctor* unique du Salut de Dieu pour l'humanité *entière*, et ce que nous aimons appeler un enfouissement des rayons et des semences de cette œuvre de miséricorde dans les religions. Rien en cela ne contredit la conviction chrétienne que l'Église « contient en son *authenticité* et sa *plénitude* le principe du Salut » qui vient « du Dieu et Père du Seigneur Jésus-Christ ». Les autres ne sont pas nécessairement pour autant enserrés dans l'erreur totale ou l'avilissement.

Telle est la richesse de ce livre, à la fois dépassé, toujours actuel et prophétique. Rien de mieux pour en saisir le prix que de relire les paragraphes 16 et 17 de *Lumen Gentium*, écrits en 1964, donc cinq années plus tard. On l'y retrouve. Il lui manque hélas un chapitre, et on s'en étonne : une réflexion sur l'œcuménisme qui, à l'époque, est l'une des préoccupations premières du P. Congar. Mais on devine ce qu'il en aurait dit. L'Église s'ouvre. Elle fait reculer les murs. Elle plonge son regard dans celui de Dieu sur ce « vaste monde » qu'il a créé pour le bonheur. La Mission se modèle sur cette rencontre avec le regard de Dieu.

J. M. R. TILLARD, O.P.

I

CE MONDE NOUVEAU OÙ NOUS VIVONS...

Quand on fait le compte des questions qui sont spontanément posées un peu partout aujourd'hui, on s'aperçoit qu'elles portent sur un ensemble de points assez définis. Il s'agit toujours du salut des « autres », du rapport des autres religions au catholicisme, de ce qui arrivera après la mort, du nombre des élus, du problème du mal; éventuellement, pour les plus dogmatiques, de l'enfer ou du purgatoire.

Bref, il s'agit toujours du rapport entre les affirmations positives de l'Eglise concernant le salut et ses conditions d'un côté, et, d'un autre côté, ce que nous connaissons d'un vaste monde qui dépasse de partout les dimensions du christianisme et, à plus forte raison, les frontières du catholicisme.

Pourquoi le Christ est-il venu si tard?

Le monde ancien, qu'on peut caractériser en gros, comme ayant été celui du Moyen Age ou de la chrétienté, avait la chance, si c'en est une, de voir les affirmations naïves de la Foi et les données de la culture coïncider parfaitement. Quoi d'étonnant? La culture était aux mains des clercs et était d'un bout à l'autre une enfant de l'Eglise. S'agissait-il de la vie historique de l'humanité? Elle paraissait s'inscrire exactement dans la chronologie et dans les cadres que l'on trouvait dans la Bible. Encore aujourd'hui la liturgie annonce la naissance de Jésus-Christ, dans l'admirable martyrologe de Noël, en ces termes, que tout le monde, alors, prenait à la lettre : « L'an 5199 depuis la création du monde; l'an 2957 depuis le déluge; l'an 2015 depuis la naissance d'Abraham, etc. » On croyait effectivement que ce monde, à l'époque de Jésus-Christ, n'avait guère plus de 5.000 ans. Quant à l'histoire des empires, elle paraissait s'inscrire exactement dans le cadre des quatre empires dont parle le prophète Daniel (2, 31 et suivants). Nous sommes aujourd'hui loin de compte comme on pourra s'en apercevoir par les indications suivantes.

Admettons qu'un siècle soit représenté par trois secondes, et que la naissance du Christ se produise le 31 décembre d'une année quelconque à minuit juste; nous savons aujourd'hui qu'il faudrait dater les débuts de la vie du 1er janvier de cette année, l'apparition des premiers vertébrés marins du 23 juillet, celle des grands reptiles, du 20 octobre, le début de l'époque quaternaire, du 31 décembre à quatorze heures, celle de l'homme de Neanderthal, de ce même 31 décembre à 19 heures 32; l'âge de la pierre polie, qui nous est connu par nos admirables stations préhistoriques, de ce même 31 décembre à 23 heures 55. Dans cette histoire, Abraham apparaîtrait, toujours en ce 31 décembre, à 23 heures 59. La fondation de Rome, quatre cents ans avant Jésus-Christ, ne serait guère datée que du 31 décembre, 23 heures 59 minutes 48 secondes...

Déjà les Pères de l'Eglise avaient été angoissés par la question, que ne manquaient d'ailleurs pas de leur poser les païens : Pourquoi le Christ est-il venu si tard? Il leur suffisait de répondre dans le cadre d'une culture toute biblique, avec sa chronologie pour nous ridiculement courte : parce qu'il fallait une préparation et que l'homme s'accoutumât à la venue de Dieu. La même question continue de hanter les esprits; c'est ainsi que Péguy écrivait dans l'admirable première *Clio* : « En réalité, c'est déjà un des problèmes les plus difficiles et les plus pleins de mystère et d'angoisses, que Jésus soit venu si tard dans le monde, qu'il soit apparu si tard dans l'histoire du monde, que l'Homme-Dieu soit apparu si tard dans l'histoire de l'homme » (éd. NRF, p. 309). C'est dire qu'aujourd'hui il se pose un problème de l'accord à établir entre les affirmations positives de l'Ecriture ou de la Foi, et les dimensions que notre connaissance des choses nous oblige à reconnaître à l'histoire et au monde. C'est ce qui explique en très grande partie le succès d'ouvrages sur lesquels on peut, d'autre part, formuler tant de critiques. Nous pensons par exemple à ceux de Lecomte du Nouy, ou même, bien qu'ils aient une autre puissance, à ceux du Père Teilhard de Chardin.

S'agit-il maintenant de la conscience des dimensions du monde dans l'espace? L'antiquité chrétienne et le Moyen Age savaient bien qu'il existe des hommes au-delà des frontières du christianisme. Mais ils en étaient peu curieux. Ils n'étaient pas habités, comme nous le sommes aujourd'hui, par une curiosité impérieuse d'aller voir au-delà des frontières du monde connu. La chose a été étudiée par exemple en ce qui concerne un saint Bernard [1]. On voit chez lui, comme on pourrait voir aussi chez saint Augustin ou chez Thomas d'Aquin, s'allier la connaissance d'un au-delà humain du monde chrétien, et pourtant une profonde incuriosité, un manque étonnant d'inquiétude à l'égard de cet au-delà. Ici encore, nous sommes loin de compte : nous ne pouvons plus connaître une barrière sans éprouver comme une démangeaison de la franchir et de savoir ce qui se passe au-delà. Nous l'avons fait pour cette planète, la planète même ne nous suffit plus et l'au-delà qui nous excite est un au-delà cosmique et sidéral dont, déjà, nous commençons à percer les secrets.

« Du nouveau, du nouveau, encore du nouveau ! »

Ce changement de perspectives ne s'est pas accompli en un jour, il s'est produit au cours d'une histoire multiséculaire. Il y a d'abord eu les grandes découvertes, il y a

1. Voir P. Dérumaux, « S. Bernard et les infidèles », dans *Mélanges Saint Bernard*, Dijon, 1954, pp. 68-79.

eu la substitution à un idéal de traditions d'un idéal de nouveautés et de découvertes. Combien significative est, par exemple, cette inscription que l'on peut lire au-dessus de la porte d'une chapelle de la cathédrale de Cahors : « *Nove, nove, iterumque nove, nove* : du nouveau, du nouveau, et encore du nouveau et du nouveau. » Cela ne troublait plus les chanoines de la fin du xve siècle, mais ceux du xiie ou du xiiie eussent été scandalisés.

Il n'y a pas eu que les découvertes géographiques, historiques, ou critiques des xvie et xviie siècles. Il y a eu l'expansion de l'Occident chrétien, d'abord par ses missionnaires, ensuite par ses commerçants et enfin par ses soldats, dans les pays au-delà des mers. On y découvrit des humanités nouvelles et l'on s'aperçut, que souvent, ces humanités étaient cultivées et moralement bonnes. Elles avaient leurs religions. Dans l'ivresse des premières découvertes, on croyait même pouvoir établir une foule de points d'accord entre ces religions et le christianisme. Saint François-Xavier, par exemple, retrouvait dans la religion japonaise, la Trinité chrétienne et jusqu'à la Sainte Famille. Mais on s'aperçut ensuite que ces religions étaient plus différentes qu'on n'avait cru d'abord et que, cependant, elles représentaient des approches profondes et positives vers le mystère du Divin. De là est née, au xviiie siècle, puis s'est développée au xixe, la méthode comparative. Mais de là aussi sont nés, à l'égard de la foi chrétienne, un certain nombre de problèmes qui peuvent se résumer dans celui qu'Ernest Troeltsch appelait le problème de l'*absoluité* du christianisme. Cela signifiait : peut-on dire encore, au regard du fait religieux mondial tel que l'histoire des religions nous le fait connaître, que le christianisme soit l'absolu de la vérité ? Quelle valeur donner à ces différentes religions par rapport à la foi chrétienne et à la révélation biblique ?

Ce sont de tels problèmes, auxquels s'ajoutaient les difficultés critiques nées d'une étude historique et philologique des textes, qui finirent, dans les dernières années du xixe siècle, par amener la crise du modernisme. La plupart des modernistes étaient animés par un esprit d'apologétique, par le désir d'accorder, comme on disait, la science et la foi.

Mais, outre qu'ils manquaient de patience, et que leur apologétique souffrait d'une certaine hâte, ils manquaient d'une philosophie adéquate à penser de tels problèmes. Souvent ils crurent trouver la solution dans une distinction que nous estimons aujourd'hui superficielle, sinon ruineuse, entre les *formes* relatives et livrées à toutes les variations historiques, et un *esprit* qui, lui, était stable et, seul, revendiquait l'adhésion de notre âme. Nous savons mieux aujourd'hui que la forme garde l'esprit et, sur un grand nombre de points, la Critique elle-même a justifié des positions au sujet desquelles, dans leur hâte, les modernistes jouaient perdants.

Nous, et les Autres...

Ces problèmes que pose aujourd'hui l'évolution de nos connaissances sont devenus plus urgents encore du fait que l'intérêt de l'esprit moderne est extraordinairement tourné vers l'*homme* et vers le destin de l'homme. Qu'on nous permette de nous référer ici à une idée que le cardinal Robert Bellarmin propose dans la préface à ses fameuses *Controverses*. Introduisant la grande discussion qu'il veut instituer avec la réforme protestante, Bellarmin propose une vue sur la suite historique des hérésies. Il les voit se dérouler selon un ordre qui suivrait assez bien celui des articles du Credo. Il y a eu, dit-il, d'abord des hérésies portant sur l'article de Dieu créateur des choses visibles et invisibles (manichéisme), puis des hérésies portant sur la Trinité (arianisme), puis sur la divinité du Verbe incarné (Nestorius, monophysisme). Au IXᵉ siècle, on s'attaqua au dogme du Saint-Esprit. Les hérésies modernes, remarquait Bellarmin, portent sur l'article de l'Eglise, la communion des saints, la rémission des péchés, la justification. Le savant cardinal s'arrêtait là; on était en 1582. Mais ne pourrions-nous pas dire qu'aujourd'hui les erreurs ou les questions portent plus spécialement sur le dernier des articles du Credo, à savoir celui de la vie éternelle et du siècle à venir? L'homme moderne a moins d'intérêt pour Dieu que pour son propre destin et, si l'on veut prendre le mot chrétien, pour son salut.

De plus, bien des mouvements contemporains sont portés à s'intéresser puissamment aux *Autres.* Ce n'est pas pour rien que l'œcuménisme intéresse aujourd'hui tant d'âmes. On ne peut pas se contenter, à supposer qu'on la possède inentamée, de la certitude que l'Eglise catholique représente la plénitude du christianisme. On a besoin de savoir ce que les Autres représentent à l'égard de cette Eglise et du salut dont elle est comme le sacrement. Du reste, en France au moins, n'importe quel catholique peut être certain d'avoir parmi ses camarades un ou plusieurs protestants, quelques communistes, un juif et un certain nombre, soit d'indifférents, soit de « laïcs » au sens français du mot. Il ne peut pas ne pas se poser la question de ce que représentent ses camarades avec lesquels il a communauté de destin, à l'égard de sa religion, de sa foi et du salut auquel il croit. A sa manière, le communisme, qui nous entoure de tous côtés et qui finit par nous imposer au moins un certain nombre de ses problèmes, a, lui aussi, poussé dans le même sens : d'un côté par le climat de solidarité humaine, de foi planétaire qu'il continue à développer; d'un autre côté par la conscience d'une vaste continuité historique qui ne nous permet pas de nous évader de la solidarité des générations et des siècles. Il est possible que la grande Religion de l'époque classique fût marquée par un certain individualisme (Nicole écrivait par exemple : « L'homme est créé pour vivre dans une solitude éternelle avec Dieu seul... »); aujourd'hui on rencontrerait plutôt cette réaction qui eût étonné, voire même scandalisé, Nicole : me sauver ? Non ! ce sera tous ou personne. Il est certain que ce sentiment de solidarité humaine, même lorsqu'il ne va pas aussi loin, hante aujourd'hui la conscience de bien des chrétiens [2].

---

2. Sentiment qu'illustreraient tout particulièrement des textes de Simone Weil. On pourrait, à vrai dire, en trouver des expressions beaucoup plus anciennes, mais motivées d'une façon différente. Qu'on se rappelle chez Dostoïevsky, les raisonnements d'Ivan Karamazov et le thème : nous sommes responsables pour tous et pour tout, il faut demander pardon pour tous et pour tout... Mais voici un texte de S. Syméon le Nouveau Théologien (première moitié du XIe siècle) :

UN MONDE PLEIN DE QUESTIONS

A l'égard d'un tel climat, l'idée de continuer à garder les fidèles sans contact avec le dehors, dans une espèce de ghetto catholique et dans l'ignorance des mouvements ou des tempêtes du monde, serait absolument chimérique. Ce n'est d'ailleurs pas à cela que nous a conviés la voix des derniers papes : Pie XII, en particulier, n'a cessé d'inviter les catholiques à prendre hardiment leur part des entreprises du monde, ce qui suppose bien évidemment qu'ils entrent en contact avec les Autres [3]. Et cela une nouvelle fois les amène à se poser un certain nombre de problèmes

Les résultats les plus certains de la réflexion philosophique contemporaine les portent d'ailleurs dans le même sens. Cette réflexion, en effet, nous montre que l'intelligence humaine est de structure dialoguante. L'intelligence, faite pour l'universel, a pour loi la communion et veut se « complémenter » dans le commerce des autres intelligences. Forcément, le dialogue a ses risques que l'ignorance eut permis d'éviter, mais l'ignorance n'est plus aussi simple! Le chrétien d'aujourd'hui doit être plus que jamais militant, donc fort. Presque partout, le premier effort qui est exigé de lui s'il veut être de niveau avec le monde dans lequel il est appelé à vivre et à témoigner, est un effort *d'intelligence*.

« Je connais un homme qui désirait d'une telle ardeur le salut de ses frères que souvent il demandait à Dieu avec les larmes brûlantes de tout son cœur, et dans l'excès d'un zèle digne de Moïse, ou que ses frères fussent sauvés avec lui, ou qu'il fût damné avec eux. Car il s'était lié avec eux, dans l'Esprit-Saint, d'un tel lien d'amour qu'il n'aurait même pas voulu entrer dans le Royaume des cieux s'il avait dû, pour cela, être séparé d'eux » (*Discours* 22 : PG, 120, pp. 424-425 ; trad. et cité par P. Evdokimov). Pour l'allusion à Moïse ; cf. Ex. 32, 32 et comparer S. Paul, Rom. 9,3.

3. Voir le recueil (incomplet !) de textes de nos *Jalons pour une théologie du Laïcat*, Paris, pp. 633-636.

II

PETITE ÉGLISE DANS LE VASTE MONDE

Dans nos pays de vieille chrétienté, l'Eglise, non seulement occupe une place considérable, mais a une espèce d'évidence. On ne peut pas ne pas la rencontrer dans ses monuments, dans son clergé, dans les signes ou les traces de son influence. Partout elle est présente et peut se donner à elle-même le sentiment d'être une très grande chose. Si, de nos pays à nous, nous passons à des terres plus catholiques encore, ce sentiment d'évidence s'accroît. Quiconque a fait le voyage de Rome ou y a séjourné, sait combien, là-bas, l'Eglise et la Papauté imposent leur présence.

Mais si, au lieu d'aller à Rome, on prend l'avion pour les pays scandinaves, par exemple, ou bien encore, sans changer à ce point de direction, pour les pays du Proche-Orient, l'Egypte ou la Turquie, combien les perspectives changent! L'Eglise catholique apparaît alors une toute petite chose et, souvent, il faut chercher bien attentivement pour en rencontrer seulement un très modeste signe. Quand on pense, par exemple, qu'une grande ville comme Tel-Aviv ne compte pas *une seule* chapelle chrétienne! Et que dire alors d'immenses pays, peuplés de millions et de millions d'hommes, et où, par larges places, l'Eglise catholique est purement et simplement absente? Il suffit de réfléchir au fait qu'en ce milieu du XXe siècle, un homme sur quatre est Chinois, et de se demander quelle place l'Eglise catholique occupe en Chine, quel visage elle y montre, quels signes de sa présence y apparaissent?

Nous lisons fréquemment d'admirables récits des pays de missions lointaines. Tel de ces récits mérite en somme son titre : *Quand l'Esprit souffle en tornades.* Mais, quand on consulte les chiffres, on est bien obligé de constater que la proportion des païens dans le monde augmente d'année en année par rapport aux chiffres des catholiques. L'augmentation de la population catholique dans le monde par la voie naturelle des naissances est d'environ 3.500.000 nouveaux membres par an. On peut estimer que s'y ajoute un peu plus d'un demi-million de convertis chaque année, soit une augmentation totale de 4 millions de personnes. Mais, durant le même laps de temps, le nombre des non-catholiques par le simple jeu des naissances représente un accroissement naturel de plus de 16 millions d'hommes. Pour garder simplement la proportion numérique actuelle, il faudrait que le nombre des conversions au catholicisme ne soit pas de un demi-million par an, mais de 6.500.000 personnes. Nous sommes loin de compte. C'est un fait que l'encyclique *Evangelii Praecones* du 2 juin 1951 reconnaît expressément. On dit que les baptisés (chrétiens non catholiques compris) représentaient 31 % de la population totale du globe en 1960 ; ils n'en représenteraient que 20 % en l'an 2 000.

Nous ne pouvons pas ne pas nous interroger sur le sens de ces faits. En cette époque de sociologie religieuse et de statistiques, d'ailleurs, il est bon d'éclairer un peu notre jugement en nous demandant ce que signifient les chiffres au regard de la foi, lui-même éclairé par la Parole de Dieu. « Petite Eglise dans le vaste monde » : c'est un fait, mais comment apprécier ce fait à la lumière de la foi et de la Parole de Dieu ?

La Bible et ses statistiques

Nous ne prétendons ici qu'esquisser une réponse à ces questions d'un point de vue purement religieux, et même théologique. C'est un point de vue auquel on se place rarement. Il est peut-être bon de tenter une fois de le faire.

L'attitude de la Bible à l'égard des questions de nombre, s'agissant du peuple de Dieu, nous semble se résumer en deux propositions : 1° les recensements, bibliquement parlant, sont des opérations ambiguës; 2° la Bible s'intéresse peu à l'aspect quantitatif des choses.

1° *Les recensements apparaissent au total, dans la Bible, comme des opérations ambiguës.* Il est arrivé en effet que Dieu commandât d'en faire et, bien sûr, dans ces conditions, ils étaient pleinement justifiés. C'est ce qui est arrivé au début et vers la fin de l'exode : cf. Nombres, ch. 1 à 3 et ch. 26, puis lors du retour de Babylone (Esd. 2; Néh. 7). Mais on sait ce qui arriva quand David, ayant arrondi son domaine et établi la paix sur ses frontières, entreprit le recensement de son peuple. La Bible voit dans cette initiative une *tentation* à laquelle David a succombé : cf. 2 Samuel, 24; 1 Chronique, 21 et 27, 23-24. Il semble qu'en entreprenant ce recensement, David ait voulu se rendre compte du point où en était la promesse de Dieu. C'était alors, de sa part, un acte d'orgueil, ou un témoignage de non-confiance totale envers Dieu, de non-remise totale de soi-même à Dieu. Aussi David en a-t-il été puni dans ce peuple dont il voulait dénombrer les ressources et la force. Ce fait significatif nous apprend qu'on ne peut pas traiter le peuple de Dieu comme n'importe quelle réalité quantitative. Lorsqu'il s'agit de lui, il n'est jamais permis de se situer entièrement en dehors du regard de la foi, comme s'il s'agissait de n'importe quel autre groupe social.

2° *La Bible s'intéresse peu à l'aspect quantitatif des choses.* C'est même un fait assez déroutant pour nous que de nous apercevoir à quel point les nombres qu'elle donne ne signifient pas exactement ce que signifient des nombres pour nous. Il arrive assez souvent que, dans des récits parallèles, les chiffres indiqués ici et là ne soient pas les mêmes. Tel est le cas, par exemple, dans les récits du recensement de David dont on vient de parler. Et, bien sûr, les exégètes ont une explication toute prête : il y a pluralité de sources et de rédacteurs. Mais la difficulté demeure, car le rédacteur final ou celui qui a colligé les sources, qui n'était pas plus bête que nous, s'est bien aperçu que les chiffres étaient différents, et cependant il les a laissés. C'est qu'ils n'avaient pas la même importance ni tout à fait la même signification pour lui que pour nous. Dans d'autres textes, très nombreux, les chiffres ont un sens symbolique, sur lequel les Pères de l'Eglise et les typologistes ont pu aiguiser la subtilité de leur esprit. Enfin, il arrive que les chiffres soient arrangés selon une certaine idée, pour signifier quelque chose ou, tout simplement, pour la symétrie de l'ordonnance ou l'équilibre de l'architecture : on en a un exemple remarquable dans la généalogie de Jésus selon saint Matthieu, qui groupe les générations en trois séries de quatorze. On en a un autre exemple dans les chiffres des gens de la famille de Jacob venus en Egypte et dont le total a été arrangé pour aboutir au chiffre mystique de soixante-dix. Tout cela, et de nombreux autres exemples qu'on pourrait évoquer, nous montrent que ce n'est pas à l'aspect quantitatif comme tel que s'intéresse la Bible. Alors, quel est son point de vue ?

Le petit nombre qui représente le tout

La catégorie biblique fondamentale n'est pas celle de quantité mais beaucoup plus l'idée d'éléments représentatifs ayant une valeur dynamique universelle : deux traits qui s'unissent dans la notion typiquement biblique de prémices. « La pensée biblique est totalitaire, elle comprend l'événement particulier dans l'ensemble, que ce soit comme semence, racine ou fruit d'un arbre [4]... » Il nous faut voir cela de plus près.

Tout d'abord, la Bible ne s'intéresse pas aux nombres comme tels, mais au fait que plusieurs individus réalisent

4. W. Vischer, *La loi ou les cinq livres de Moïse*, p. 54. Voir également Cl. Tresmontant, *Essai sur la pensée hébraïque*, Paris, 1953, pp. 70-74 ; J. de Fraine, *Adam et son lignage*, Paris, 1959.

les traits du type réel qui les domine et qui leur est antérieur : qu'on pense, par exemple, à ce que l'Ancien Testament dit respectivement d'Edom et d'Israël. Combien de fois, le peuple n'avait-il pas été comme contracté dans un « Reste » et sauvé dans ce Reste? (voir note de la Bible de Jérusalem sur Is. 4,3; comparer S. Paul, Rom. 11, 1-6). Dans le Nouveau Testament, on s'intéresse volontiers à des *totalités* qui sont considérées comme présentes dans une portion représentative d'elle-même. C'est ainsi, par exemple, que le diable montre à Jésus « tous les royaumes de la terre » (Mat. 4, 8); Notre Seigneur, au moment de remonter au ciel, donne à ses apôtres cette mission : « de toutes les nations faites des disciples » (Mat. 28, 19). Saint Paul parle souvent de cette façon. Il évoque, par exemple, « l'Evangile... qui a été prêché à toute créature sous le ciel » (Col. 1, 23). N'y a-t-il là qu'une hyperbole comme la Bible de Jérusalem le suggère? Nous croyons qu'il y a autre chose encore. Saint Paul écrit aussi : « La Parole de vérité... qui est parvenue chez vous de même que dans le monde entier » (Col. 1, 6). Ailleurs, il parle de « l'Achaïe » (2 Cor. 9, 2), ou de la « Macédoine » (Rom. 15, 26). Saint Luc, son biographe, écrit de même : « Paul enseigna deux années durant à Ephèse en sorte que tous les habitants de l'Asie, Juifs et Grecs, purent entendre la Parole du Seigneur » (Act. 9, 10). Ces indications pourraient paraître ténues si elles ne faisaient partie de tout un contexte. bien connu des spécialistes, où l'idée de totalité est extrêmement active.

Mais cette totalité est envisagée comme représentée dans une portion d'elle-même qui en porte le destin selon le plan de Dieu. Des études bibliques telles que celles de Wilhelm Vischer ont montré que ce plan, dynamique et progressif, était parcouru par l'idée de *Pars pro toto* : l'humanité est choisie pour le monde, pour rapporter à Dieu la louange de la création; Israël est choisi pour l'humanité, pour être comme le témoin et le prêtre de Dieu au milieu des hommes et, au fond, le peuple juif a gardé, comme la marque indélébile de son élection, même lorsqu'il le profanise, le sentiment de cet idéal et de cette vocation : « Minorité au service d'une majorité », dit de lui J. Weill [5]. Mais Israël, pour nous, c'est maintenant l'Eglise : nous devrons appliquer à notre christianisme le même sentiment d'être cette minorité représentative et dynamique, spirituellement chargée du destin final de tous... En Israël même, une portion apparaît souvent représentative de l'ensemble. Quand les plus fervents des Juifs sont assemblés à Jérusalem pour les grandes fêtes, c'est mystiquement *tout Israël* qui est assemblé. Quand, à partir du VIIIe siècle avant Jésus-Christ, les prophètes commencent à annoncer la destruction de la Ville sainte et du Temple, ils parlent aussi prophétiquement du « reste » dont la réalité quantitative importe peu et n'est d'ailleurs pas précisée, mais qui a cette valeur de représenter tout l'Israël nouveau. On sait comment, finalement, ce n'est pas dans un reste collectif que l'Israël nouveau est représenté et trouve son point de départ, mais dans un seul, le Fils de l'homme, qui porte en soi tout le Peuple des Saints du Très-Haut. Au fond notre doctrine chrétienne de la Rédemption est incompréhensible en dehors de cette idée biblique d'inclusion représentative, dont nous venons de donner quelques exemples. C'est vraiment constamment la *Pars pro toto* : un grand nombre sont vus par Dieu et inclus dans son plan, dans un petit groupe ou en un seul individu qui porte providentiellement le bienfait destiné à tous

5. J. WEILL, *Le Judaïsme*, Paris, 1931, p. 16. Noter cette remarque de J. GUITTON à propos de H. Bergson : « Sa pensée est sous-tendue par la conception si juive qui veut que l'évolution de l'humanité se fasse par l'élection d'un rameau, qui seul réussit, tandis que l'arbre se dessèche. Dieu choisit Abraham ; et puis dans la race d'Abraham, il choisit encore. L'humanité est sauvée par un *petit reste*. De même, dans l'évolution bergsonienne, *l'élan vital* s'assoupit dans la torpeur végétale, dans l'instinct animal, dans la mécanisation de la plupart des sociétés ou des âmes closes, pour n'apparaître que chez les mystiques, et même chez les seuls « mystiques complets » du catholicisme » (*Mémorial J. Chaine*, Lyon, 1950, p. 201, n. 9). Oserons-nous citer encore A. KOESTLER (*La Tour d'Ezra*, p. 401) : « ...Nous sommes le fouet nerveux de l'évolution... » La meilleure étude biblique sur le thème du reste est celle de P. DREYFUS, « La doctrine du reste d'Israël chez le prophète Isaïe », dans *Revue des Sciences philos. et théolog.*, 39 (1955), pp. 361-386.

La vie dans son germe

C'est pourquoi nous disions plus haut que l'idée de totalité et celle de valeur représentative s'unissent dans l'idée typiquement biblique de prémices. Les écrits apostoliques sont remplis de cette idée : selon l'apôtre Jacques (1, 18), les chrétiens, engendrés par la Parole de vérité, sont « les prémices des créatures pour Dieu ». Pour saint Paul, le Christ est prémice de la résurrection (1 Cor. 15, 5, 20, 23), mais aussi Stéphanas et les siens sont les prémices de l'Achaïe (1 Cor. 16, 15); Epénète est prémice de l'Asie (Rom. 16, 5). Il est clair que dans le premier du groupe humain ou du pays, Paul voit l'annonce du dessein de Dieu selon lequel ce premier contient déjà toute la suite. C'est une idée dont nous pouvons faire la transposition aux fondateurs de quelque groupe : pensons, par exemple, aux fondateurs d'églises, d'ordres religieux, mais, aussi bien, de groupes d'Action catholique, comme les premiers de l'A.C.J.F. ou de la J.O.C... Individualistes forcenés que nous sommes, nous n'avons plus guère ces idées présentes à l'esprit. Et pourtant, même humainement parlant, nous ne serions pas ce que nous sommes ou bien il n'y aurait rien, s'il n'y avait pas eu un Premier qui portait en lui l'avenir. Le cardinal Newman a écrit quelques très belles pages sur le lien qui nous unit à ces précurseurs souvent inconnus à qui nous devons cependant des choses très chères et très utiles : qui a construit la maison dans laquelle nous sommes nés et avons grandi ? qui a commencé le groupe où nous trouvons notre épanouissement humain ou chrétien[6] ? Bibliquement parlant, tout cela représenterait des « prémices », mais il faut, ici, s'élever au-dessus du point de vue purement humain.

Chacun sait que, pour les chrétiens, il y a vraiment une histoire du salut, c'est-à-dire un enchaînement des événements et des initiatives de Dieu selon un certain plan vu

6. Newman, Sermon du 13 nov. 1836, dans *Pensées sur l'Eglise*, Paris, Ed. du Cerf. 1956, pp. 89-91.

par Dieu, de toute éternité, dans son unité, mais qu'il déroule d'une façon fragmentaire et successive au cours du temps. *Dieu*, lui, voit déjà la suite dans le commencement; il voit l'ensemble dans les prémices. Pour lui, Abraham, seul au milieu du monde déjà considérable, est déjà le peuple des croyants. Les promesses et les bénédictions qui lui sont données le sont déjà pour ce peuple. En sorte que le patriarche, en sa solitude, est comme un germe capable d'ensemencer le champ du monde, ou comme une sorte de sacrement de la foi et du salut universels. De fait, c'est l'idée de l'Eglise comme sacrement universel du salut qui domine dans la théologie actuelle : le Concile de Vatican II l'a formellement adoptée[7]. N'y aurait-il pas là, au surplus, une manière de loi générale, de constante de la création? Gustave Thibon a écrit avec beaucoup de profondeur : « Tout ordre transcendant à un autre ne peut s'insérer dans celui-ci que sous la forme d'un infiniment petit [8] », et il donne des exemples : l'insertion de la vie dans le monde inorganique, celle de la vie pensante dans la vie simplement biologique, et l'on pourrait ajouter : celle de la vie surnaturelle de l'Eglise dans le monde de la vie consciente. Et en effet, qu'est-ce que la vie, quantitativement, à l'égard de l'énorme masse de la matière non vivante? Elle est à peine perceptible tant elle est petite au point de vue de la masse, et pourtant, c'est elle qui est la promesse, et la richesse, et l'avenir. On en dirait tout autant de la vie consciente à l'égard de la vie tout court : le fameux roseau de Pascal est un symbole célèbre, mais, malgré tout, moins éloquent que les chiffres. Or, les chiffres, les voici : on a calculé que toute l'humanité immergée dans le lac de Genève, qui n'est cependant pas si grand, ne ferait monter son niveau que de 28 cm. : et encore, il s'agit des corps... La conscience, elle, n'a ni épaisseur, ni volume, ni poids. Et pourtant, c'est elle qui est la plus grande chose du monde.

---

7. Voir notre article « L'Eglise, sacrement universel du Salut », in *Eglise vivante* (Louvain), 17 (1965), pp. 339-355.

8. G. THIBON, Introd. à Simone WEIL, *La pesanteur et la grâce*, p. XIV.

Mais que dire alors de la grâce dont l'Eglise est comme un reposoir? Qu'on se rappelle ici l'admirable fragment 793 des *Pensées* de Pascal sur les trois ordres : l'ordre des corps, l'ordre des esprits, l'ordre de la charité ou de la sainteté.

La distance infinie des corps aux esprits figure la distance infiniment plus infinie des esprits à la charité, car elle est surnaturelle.

Tout l'éclat des grandeurs n'a point de lustre pour les gens qui sont dans les recherches de l'esprit.

La grandeur des gens d'esprit est invisible aux rois, aux riches, aux capitaines, à tous ces grands de chair.

La grandeur de la sagesse, qui n'est nulle sinon de Dieu, est invisible aux charnels et aux gens d'esprit. Ce sont trois ordres différant de genre.

Les grands génies ont leur empire, leur éclat, leur grandeur, leur victoire, leur lustre et n'ont nul besoin de grandeurs charnelles, où elles n'ont pas de rapport. Ils sont vus non des yeux, mais des esprits, c'est assez.

Les saints ont leur empire, leur éclat, leur victoire, leur lustre, et n'ont nul besoin des grandeurs charnelles ou spirituelles, où elles n'ont nul rapport, car elles n'y ajoutent ni ôtent. Ils sont vus de Dieu et des anges, et non des corps ni des esprits curieux : Dieu leur suffit.

Archimède, sans éclat, serait en même vénération. Il n'a pas donné des batailles pour les yeux, mais il a fourni à tous les esprits ses inventions. Oh ! qu'il a éclaté aux esprits !

Jésus-Christ, sans biens et sans aucune production au dehors de science, est dans son ordre de sainteté. Il n'a point donné d'invention, il n'a point régné; mais il a été humble, patient, saint, saint à Dieu, terrible aux démons, sans aucun péché. Oh ! qu'il est venu en grande pompe et en une prodigieuse magnificence, aux yeux du cœur, qui voient la sagesse !

Il eût été inutile à Archimède de faire le prince dans ses livres de géométrie, quoiqu'il le fût.

Il eût été inutile à Notre-Seigneur Jésus-Christ, pour éclater dans son règne de sainteté, de venir en roi; mais il y est bien venu avec l'éclat de son ordre !

(...) Tous les corps ensemble, et tous les esprits ensemble, et toutes leurs productions, ne valent pas le moindre mouvement de charité. Cela est d'un ordre infiniment plus élevé.

III

L'ÉCHELLE DE JACOB

La Bible, avons-nous vu, considère les réalités du monde comme des totalités dans lesquelles Dieu poursuit un plan en y suscitant des *prémices*, c'est-à-dire une partie représentative du tout, ayant une valeur de dynamisme universel. C'est évidemment dans cette perspective qu'il faut aborder ces problèmes sur lesquels nous avons à porter un regard de foi : christianisme et autres religions, salut des non évangélisés et des incroyants...

Cette vue biblique engage deux idées dont la conscience s'est peut-être affaiblie en nous, mais que certains courants de pensée actuels peuvent nous aider à mieux réaliser : l'idée de totalité et celle de plan.

Il y a une vérité sacrée dans le personnalisme, dans le sentiment de la valeur unique d'une personne, qui est un tout pour soi, auquel on ne pourrait en substituer un autre : bref, le contraire même de la formule qui, d'après Koestler, définirait l'individu dans la société totalitaire communiste : « Une masse d'un million divisée par un million. » Mais il faut tenir aussi la vérité d'autres affirmations. Les hommes, qui sont chacun une personne, ont aussi quelque chose de rigoureusement commun, l'humanité. Elle est faite de personnes, mais qui proviennent l'une de l'autre, qui ont besoin les unes des autres pour s'accomplir et qui, ayant chacune sa destinée propre, ne laissent pas de poursuivre une œuvre qui leur est commune : « Toute la suite des hommes doit être considérée comme un même homme qui subsiste toujours et qui apprend continuellement [1]. » Le monde aussi est une totalité. La science le traite de plus en plus comme un tout, fait de même étoffe, et dans lequel tout se tient, par un ensemble d'interactions, d'attractions, de compénétrations.

Ce monde, comme tout, a un mouvement, et donc un sens. Le matérialisme traite ce mouvement et ce sens comme une pure résultante des forces immanentes à la nature, en ajoutant, d'ailleurs, qu'il revient à l'homme de les interpréter par l'intelligence et d'y insérer volontairement son énergie. Mais, au point de vue de la foi, le monde, pris comme un tout, a un sens qui lui vient d'un plan de Dieu. Plan et sens ne sont pas uniquement ceux que l'esprit peut reconnaître en ouvrant les yeux sur les choses : dans ce monde pris comme un tout, dans sa trame historique humaine, Dieu a, en effet, inséré la révélation, puis le don d'un quelque chose de nouveau, qui n'était pas contenu dans les énergies du monde mais qui, donné, doit en devenir le centre et en constituer le sens : l'Alliance, parfaitement réalisée en Jésus-Christ qui est effectivement l'union de Dieu et de l'homme. Jésus-Christ et le monde sont l'un pour l'autre : totalité en quête d'un sens, et plénitude de signification. Il n'est pas sûr que le monde reconnaisse son sens en Jésus-Christ, mais il est certain que Jésus-Christ est ce sens.

On pourrait prendre cette comparaison : je vivais, et mieux, vaille que vaille, car mon métier m'intéressait. Cependant ma vie, sans avoir le caractère assez sophistiqué d'absurdité prôné par Sartre — « Tout existant naît sans raison, se prolonge par faiblesse, meurt par rencontre [2] »... — n'était pas vraiment éclairée, comme totalité, par la lumière dilatante d'une signification évidente. Mais un jour, quelqu'un est passé dans ma vie et m'a révélé une idée, une valeur ou un projet où j'ai reconnu *le* sens de ma vie. Cela n'en détermine pas seulement le présent et l'avenir, cela en éclaire rétros-

---

1. PASCAL, *Pensées*, éd. Brunschvig, p. 80.
2. J.-P. SARTRE, *La nausée*, p. 170.

pectivement le passé, car, sans que j'en eusse conscience, tout allait déjà vers ce but. Il m'arrive de l'oublier, car je suis repris par mon travail, par la vie. Et pourtant, alors même, il en est le sens. C'est par rapport à lui que le reste a valeur et que se noue la gerbe de tout. Boris Pasternak a raison :

> Tu viens de dire qu'un fait est vide de sens si on ne lui en donne pas un. Le christianisme, le mystère de la personne est justement ce dont il faut enrichir le fait pour que l'homme y trouve une signification [3].

Cependant, si l'on situe ainsi Jésus-Christ, il faut situer aussi l'Eglise en conséquence : par rapport à lui et par rapport au monde.

L'Eglise n'est Eglise que par Jésus-Christ, mais elle est faite d'hommes. Elle est un peuple d'hommes parmi les autres peuples d'hommes, qui porte, au milieu d'eux, le mystère de Jésus-Christ. Elle est le peuple des témoins de Jésus-Christ. *Pour autant que cela dépend de la fidélité des hommes*, elle porte les chances de Jésus-Christ pour le monde, et les chances qu'a le monde de reconnaître, en Jésus-Christ, la clef de son destin.

Si l'on veut bien ne pas faire tourner en disjonction une distinction commode, et, croyons-nous, nécessaire, nous proposerions d'envisager l'Église successivement de deux points de vue : comme peuple de Dieu, communauté des chrétiens, elle représente l'humanité vers Jésus-Christ ; comme institution ou sacrement du salut, elle représente Jésus-Christ pour le monde. « Et voilà qu'une échelle était plantée en terre et que son sommet atteignait le ciel, et des anges de Dieu y montaient et descendaient » (Gen. 28, 12 ; Jn 1, 51). Dans l'Église s'unissent une médiation ascendante ou représentative et une médiation descendante ou sacramentelle. Par les deux, elle est le lieu où Jésus-Christ se donne au monde, et le monde à Jésus-Christ, le lieu où s'effectue l'alliance.

C'est dans cette double activité que l'Eglise réalise la logique biblique des prémices. Venant du Christ et faite des hommes,

---

3. *Le Docteur Jivago*, N.R.F., p. 153.

elle porte toujours la totalité de l'un pour la totalité de l'autre. Quand elle est plantée au milieu d'un groupe humain donné, elle y rend présent et actif Jésus-Christ, celui dont saint Paul dit que le plan de Dieu est, « par lui, de réconcilier *tous les êtres*, aussi bien sur la terre que dans les cieux, en faisant la paix par le sang de sa Croix » (Col. 1, 20). Sans doute, ce texte de l'Apôtre ne signifie pas que tous les hommes, au sens de totalité numérique des individus, doivent être effectivement sauvés. Cela signifie que l'acte par lequel Jésus-Christ constitue la réalité de l'alliance vise et englobe effectivement, de soi, tous les hommes, la totalité du monde comme telle, et lui offre ce qu'il faut pour aboutir au terme où Dieu projette de la mener.

Rendant Jésus-Christ présent et actif dans le monde, l'Eglise est donc ce par rapport à quoi les hommes se révéleront bénis ou maudits, ce par quoi tout prend valeur définitive. Un Clément d'Alexandrie en avait conscience, qui écrivait, au début du IIIe siècle : « De même que la volonté de Dieu est un acte et qu'elle s'appelle le monde, ainsi son intention est le salut des hommes, et elle s'appelle l'Eglise [4]. » Cela ne se voit pas comme on voit les choses physiques. « Actuellement, il est vrai, nous ne voyons pas encore que tout lui soit soumis » (Héb. 2, 8). Ce que saint Paul écrit du chrétien n'est pas vrai seulement de sa vie personnelle, mais aussi de l'apostolat et de tout ce que fait l'Eglise : « Votre

---

4. *Pédagogue*, I, 6. Il est extrêmement notable que ce sentiment de porter, comme un germe vivant, le sens du monde, s'est affirmé et exprimé à l'époque même où les chrétiens n'étaient, dans la société, qu'une petite minorité méprisée, persécutée, vouée à la mort. Recueillons ici quelques textes significatifs : *Epître à Diognète*, IIe siècle : « Ce que l'âme est dans le corps, les chrétiens le sont dans le monde. L'âme est répandue dans les membres du corps comme les chrétiens dans les cités du monde... Les chrétiens sont comme détenus dans la prison du monde : ce sont eux pourtant qui maintiennent le monde... » (c. 6 : trad. H. I. MARROU, « Sources chrét. » 33, Paris, 1952, pp. 65-67, et voir le commentaire, pp. 119-176). Peu après, S. IRÉNÉE : *Contre les hérésies*, liv. III, 16, 6 (éd. et trad. M. SAGNARD, « Sources chrét. » 34, Paris, 1952, p. 293), « récapitulation » de *tout* dans le Christ, Tête de l'Eglise. ORIGÈNE appelle l'Eglise « l'univers de l'Univers » (*In Johan.*, 6, 59, 301, 304), etc. On trouvera toujours un grand enrichissement à lire *Catholicisme*, du P. H. DE LUBAC (Ed. du Cerf, « Foi Vivante », 13).

vie est cachée avec le Christ en Dieu; quand le Christ sera manifesté, alors vous aussi vous serez manifestés avec lui, pleins de gloire » (Col. 3, 3-4).

Vraiment, aux yeux de la foi, l'Eglise n'est jamais petite dans le vaste monde. Bien sûr, elle y a le visage qu'elle peut, avec les hommes qu'elle peut; mais, si modestement que ce soit, elle doit chercher à avoir et à montrer un visage *significatif* de l'Evangile, *significatif* de l'Alliance et d'une Alliance en principe universelle : car elle en est le signe ou le sacrement.

« Au milieu de ceux qui ne le connaissent pas, être une présence du Christ », disait le Père Peyriguère, qui a vécu jusqu'au bout cette spiritualité. Chacun, pour le petit monde de son existence, et tous pour le vaste monde, nous sommes l'échelle de Jacob : c'est par nous que passe la représentation ascendante de l'ensemble des hommes vers Dieu, et la représentation descendante de Jésus-Christ vers le monde. Toute l'Eglise est sacramentelle et missionnaire. Chaque chrétien l'est aussi pour sa part... Les hommes d'un groupe humain donné qui vont au Christ dans l'Eglise, y ont une valeur représentative de tout leur groupe. Dans quelle mesure l'entraînent-ils effectivement vers Dieu? On ne saurait le dire. Mais ils sont ses prémices, comme une gerbe offerte, et ils sont ses intercesseurs : s'il y avait eu dix justes dans Sodome, Dieu lui eût fait miséricorde (cf. Gen. 18, 32)...

Nous ne voyons qu'en avant, c'est pourquoi nous ne voyons rien, car il n'y a encore rien à voir dans ce qui est l'avenir, sinon par des yeux de foi et d'espérance. On a noté très justement que l'humanité ne s'avance dans son histoire qu'à reculons, ne voyant que le chemin déjà parcouru. Quand nous serons au terme, nous verrons comment les aboutissements se sont formés dans les prémices. Et nous rendrons grâces.

Cette situation doublement médiatrice de l'Eglise lui impose, comme coextensive à son existence même, une loi de dynamisme et de mission. L'Eglise existe en elle-même, comme une réalité sacrée au milieu du monde, mais elle n'existe pas *pour* elle-même : elle a une mission et une responsabilité pour le monde. Il y a ainsi, au cœur de l'Eglise, une sorte de polarité, de tension ou de dialectique, dont il est très important de se rendre compte. Depuis les origines, les chrétiens ont été tiraillés par deux directions, comme s'ils entendaient deux appels à la fois. Ou plutôt ils le sont quand ils vivent leur christianisme de façon intégralement fidèle, car si l'un des deux appels avait totalement surclassé et étouffé l'autre, il faudrait se demander à quel prix, à quelles conditions l'unité a été obtenue.

Le premier appel est celui d'un autre monde. Ne vous conformez pas à celui-ci, suppliait saint Paul (Rom. 12, 2). A ne suivre *que* cet appel, l'Eglise deviendrait une société de purs, un groupe d'Elus, qui laisserait le monde à sa perdition. Elle serait faite d'hommes de pratique stricte, observants en prière et en rites, tranchés et retranchés du monde, peu inquiets du sort des Autres.

Le second appel est celui de ce monde-ci, de son destin passionnant; l'appel des autres hommes, de leur salut. A ne suivre *que* cet appel, les chrétiens ne seraient que d'ardents protagonistes du Progrès, de l'Histoire, de tant de choses dont on écrit le nom avec des majuscules et qui sont effectivement, pour beaucoup d'hommes, la seule divinité qu'explicitement ils connaissent. Le christianisme apparaîtrait alors, comme il est arrivé dans certains courants de pensée, par exemple dans le socialisme chrétien d'un F.-D. Maurice, en Angleterre, comme *n'étant pas autre chose* que le sens intérieur du monde et un principe de bonheur pour les hommes.

Or, il est cela, mais *parce qu'*il est d'abord *autre chose.* Il a une mission pour le monde, et qui englobe cela, mais d'abord il existe en lui-même, comme institution venant de Jésus-Christ et comme peuple des témoins de Jésus-Christ. Le grain est fait pour les semailles et la moisson, mais il doit être recueilli et exister en sa vie spécifique.

Selon les moments de l'histoire de l'Eglise, les chrétiens ont ressenti plus ou moins l'un ou l'autre aspect : les exigences de la sainteté ou les appels de la catholicité. Les premières générations chrétiennes ont eu surtout le sentiment d'avoir été élues, séparées du monde par la connaissance et le culte du vrai Dieu. Il serait très intéressant d'étudier sous cet aspect les textes de prière, plus spécialement de prière eucharistique, que nous avons conservés : celui de la *Didachè* (c. 9-10), qui remonte à l'époque des Apôtres, celui de Clément de Rome (*Cor.*, c. 59-61), qui est d'un disciple immédiat des Apôtres, celui d'Hippolyte (*Trad. apost.*, c. 4), qui remonte aux premières années du IIIe siècle. Mais quand on arrive à la grande prière eucharistique de Sérapion (Egypte, début IVe s.), qu'aiment tant, sans peut-être savoir de qui elle vient, les membres de la Paroisse Universitaire, on voit que les chrétiens, d'abord, rendent grâces pour le don de sa connaissance et de son salut, que Dieu leur a fait, puis prient ainsi :

> Ami des hommes, ami des pauvres, toi qui te réconcilie tous les hommes et les attire tous à toi par la venue de ton Fils Bien-aimé (...). Fais de nous des hommes vivants... Donne-nous un esprit saint, afin que nous puissions dire et raconter tes mystères ineffables. Que la Sagesse parle en nous, et aussi le Saint-Esprit...

L'intention universelle de l'Eglise se traduit là, tout comme elle se traduit dans la grande intercession du Vendredi Saint, dans la Litanie des saints, enfin, de façon si profonde et à un moment si décisif, dans la doxologie qui termine le Canon de la Messe : « Par Lui, avec Lui, en Lui, vous sont, Dieu Père Tout-Puissant, rendus tout honneur et toute gloire. » Il est clair que ce moment est celui où nous pouvons, où nous devons, actualiser suprêmement notre double médiation, et devenir avec Jésus lui-même (Jn 1, 51) et dans l'Eglise, l'échelle de Jacob.

Au fond, l'Eglise et le monde ont besoin l'un de l'autre. L'Eglise est, pour le monde, salut, mais le monde est, pour l'Eglise, santé : sans lui, elle risquerait de s'introvertir dans sa pureté et dans son isolement. Le schéma qui représente l'Eglise et le monde, non seulement comme distincts, mais existant côte à côte, chacun chez soi, a sa valeur : en particulier au point de vue juridique ou politique, donc aussi diplomatique. Il est insuffisant au point de vue spirituel, au point de vue de la pleine existence chrétienne. A cet égard, ce n'est pas côte à côte que l'Eglise et le monde sont jetés dans l'Histoire, c'est corps à corps. Ce n'est pas comme deux autorités couronnées se surveillant du coin de l'œil, d'un fauteuil à l'autre sur la même estrade, qu'il faut se les représenter, c'est bien plutôt comme le Bon Samaritain avec la charge, sur son épaule, du blessé qu'il n'abandonnera pas, car il lui a été envoyé; ou comme le nageur qui peine à ramener au rivage un noyé qui se débat, mais qu'il ne laissera pas couler. C'est une chose que Bernanos avait admirablement comprise :

> L'Eglise est en effet un mouvement, une force en marche, alors que tant de dévots et de dévotes ont l'air de croire, feignent de croire, qu'elle est seulement un abri, un refuge, une espèce d'auberge spirituelle à travers les carreaux de laquelle on peut se donner le plaisir de regarder les passants, les gens du dehors, ceux qui ne sont pas pensionnaires de la maison, marcher dans la crotte... [5].

L'angoisse des « Autres », qui inspire les questions sur lesquelles nous nous efforçons de porter le regard de la foi, inspirait à Simone Weil la peur inhibante de s'enfermer dans une communauté de sauvés, celle des baptisés, qui se permettrait de dire : « Nous, les chrétiens »... « Le diable, écrivait-elle, dit « nous », ou le fait dire [6]. » Elle méconnaissait la nécessité, pour être *aux Autres* sauveur, pour faire aboutir le *monde* en Jésus-Christ, d'exister d'abord comme « Nous, les chrétiens ». Et plût à Dieu que nous existions davantage ainsi, que nous tranchions plus sur le monde et en soyions davantage discernés, comme, par le sang de l'Agneau sur le linteau de leur porte, les Israélites l'ont été des Egyptiens, lors du passage de Dieu! Plût à Dieu que nous ressentions davantage la tension dramatique entre le monde et « nous »...! Le Père Perrin savait unir les deux exigences, celle de pureté et celle de plénitude, sainteté et catholicité, quand il répondait à Simone Weil :

---

5. *La liberté, pourquoi faire?* p. 267. Et voir H. URS VON BALTHASAR, *Le chrétien Bernanos*, Paris, 1956, p. 217.
6. *Attente de Dieu*, IIe lettre, p. 60.

Entrer dans l'Église n'est pas se séparer des Autres. « Avoir un chez soi » peut devenir installation égoïste ou moyen d'accueillir et d'offrir aux autres un « chez eux » qui leur permette d'être auprès de Dieu « dans la maison du Père ici-bas ». Si je puis dire, « les autres » ne sont séparés du Christ que par une porte toujours ouverte [7].

Petite Eglise dans le vaste monde... Bientôt, dirons-nous : christianisme et autres religions; le salut des Autres... Au plan sociologique, il n'y a pas de solution, mais ce n'est pas à ce plan-là que le problème est posé : il est posé par la foi, par l'affirmation qu'elle comporte de la divinité de Jésus-Christ et de l'institution divine de l'Eglise. On ne peut lui chercher une solution que dans les affirmations de la foi : cette chose relativement petite est médiatrice de deux totalités, celle du Christ et celle du monde, qui sont toutes l'une pour l'autre et que l'Eglise a mission de faire se rencontrer, selon les deux lignes, ascendante et descendante, de représentation et de sacrement, que nous avons dites.

Reprendrons-nous, en conclusion, une très belle image que nous devons à des amis protestants, celle de *l'Eglise-maquis du monde ?*

Le Roi a été obligé de chercher asile en un pays libre; son royaume est occupé. De loin, il prépare un débarquement en force, une libération totale. Cependant, dans le pays occupé, beaucoup se sont accommodés, et même collaborent. Le plus grand nombre vit au jour le jour, comme il peut, en attendant la libération, se contentant de prendre, de temps en temps, la radio clandestine, comme nos pascalisants prennent, à Noël et aux Rameaux, un petit air de messe et de sermon... C'est tout. Mais un certain nombre d'hommes refusent activement le joug de l'ennemi, dont on comprend bien que, dans notre apologue, il est le Prince de ce monde et les Puissances dont parle saint Paul : ces forces du monde, à la fois collectives et personnelles, qui

---

7. J.-M. PERRIN, *L'Eglise dans ma vie*, Paris, 1951, p. 31.

se veulent autonomes et ignorent, ou même combattent la Seigneurerie de Jésus-Christ. Ces hommes résistent. De façon, onéreuse pour eux, ils s'efforcent de vivre en sujets de leur libre Patrie, celle de leur espérance, et de leur véritable Prince. Ils préparent activement la libération. Ils arrivent même à entraîner un bon nombre de demi-indifférents, qui soutiennent de loin en loin leur effort. Mais, avec désintéressement, ils travaillent pour la libération et le bonheur de tous, sans distinction.

Quand le débarquement se produira, la délivrance sera leur œuvre *aussi*. Ceux mêmes qui ne les avaient pas connus, ou les avaient méprisés, combattus, reconnaîtront alors en eux les prémices de leur délivrance : une partie représentative d'eux-mêmes, qui portait, dans l'abjection, les chances d'avenir de tous. Non de tous pris comme totalité numérique des individus, car un certain nombre de collaborateurs avérés et de traîtres seront condamnés, mais de l'ensemble comme tel. On disait, dans les années obscures : Petit maquis dans la vaste France : que prétendent-ils faire contre un colosse ?

Ce n'est pas autrement qu'il faut dire : Petite Eglise dans le vaste monde...

IV

CHRISTIANISME ET AUTRES RELIGIONS

Le problème n'est pas d'aujourd'hui : déjà les Apologistes des IIe et IIIe siècles se le posaient, affrontés qu'ils étaient aux religions du paganisme. Le problème, cependant, a pris une nouvelle acuité par-delà quinze siècles de chrétienté plus ou moins fermée sur elle-même, par un nouvel affrontement du christianisme avec les religions païennes. Ce fut le résultat des grandes découvertes, de l'expansion coloniale, des missions, et finalement, au XVIIIe siècle, de la naissante science des religions. Toutes sortes d'informations plus ou moins critiquement exactes parvinrent alors aux esprits des vieux pays de chrétienté. Le XIXe siècle fut l'âge d'or des recherches dans ce domaine, et aussi du comparatisme. Un certain relativisme était une tentation fatale : toutes les religions ne prétendent-elles pas venir d'une révélation? N'ont-elles pas bien des points communs? Ne sont-elles pas toutes bonnes si on les pratique loyalement?

Le comparatisme est moins virulent aujourd'hui qu'autrefois, mais le problème s'impose aux esprits par d'autres voies. On voyage. Les cérémonies les plus exotiques sont visibles sur nos écrans. Il s'opère un grand brassage de populations, et le monde est devenu plus petit. De plus, les esprits sont plus soucieux de « sincérité » que de vérité; il y a comme une instabilité dans les esprits et les jugements. On préfère le *vécu* au *reçu*. Bref, il a été donné à notre époque de connaître comme une nouvelle mise en question du christianisme par les autres « religions ».

Nous avons dit : « le problème », ou « la question ». En réalité, il s'agit de tout un ensemble de questions immenses; nous ne pouvons ici les envisager toutes. De plus, elles pourraient être abordées de différentes manières, car chacun y apporte ses présupposés, et donne son point de vue. Il est clair qu'un musulman, par exemple, ne poserait pas la question de la même manière qu'un chrétien. Un agnostique, un homme sans foi personnelle, ou sans foi bien arrêtée, aborderait aussi notre problème d'une façon particulière qui ne peut, évidemment, être la nôtre.

Nous nous tiendrons ici au point de vue de quelqu'un qui a la foi, non seulement en Dieu, mais dans le Christ. Pour un tel homme, d'ailleurs, il peut y avoir deux façons d'aborder la question : apologétique ou théologique.

En apologétique il s'agirait de montrer aux autres la supériorité, ou même l'origine divine, du christianisme. On le voit, la question se poserait alors en termes de comparaison : on apprécierait la valeur relative de chaque religion en présence. Le christianisme apparaîtrait comme la plus pure, la plus élevée, et aussi la plus universelle, celle qui totalise le maximum de valeurs.

Une religion plus pure que les autres

Cette voie a été, en somme, celle de Bergson. On se rappelle comment, dans *Les Deux Sources*, Bergson analyse le fait religieux tel qu'il se présente dans le monde, en rapport avec sa philosophie générale de la vie et de l'évolution. Dans le monde, c'est l'humanité qui forme la pointe encore active de l'élan évolutif. Dans l'humanité elle-même, le progrès est assuré par les héros et les saints. C'est donc au nom de la ligne de progrès, de la ligne d'avenir, que Bergson apprécie la valeur respective des différentes religions ou de la mystique qu'elles proposent. Il opère alors de nouveaux discernements. La mystique la plus haute, la religion la plus valable, est celle des saints chrétiens qui allient la charité et l'action à l'union contemplative. Mais ces saints eux-mêmes ne sont tels que par leur référence vivante à Jésus-Christ, qui est tout le secret de leur amour.

Le Père Teilhard de Chardin a proposé des vues analogues dans le cadre de sa grande synthèse cosmo-chrétienne. Liées à des vues cosmiques, à des mythes désormais intenables, à un pessimisme devant le mouvement du monde, les religions naturelles, dit-il, sont blessées à mort. Le christianisme, au contraire, garde ou retrouve toute sa jeunesse et sa chance dans une perspective cosmique évolutive dont le Christ livre le sens et dont il fait l'unité, par l'Amour.

Nous laisserons de côté ici le point de vue apologétique. On peut croire valablement sans avoir fait soi-même toutes les comparaisons. Exactement comme on peut aimer quelqu'un d'une façon inconditionnée sans avoir procédé à une revue comparative de toutes les autres possibilités. Nous nous en tiendrons donc à un point de vue dogmatique ou théologique. Le problème se pose toujours à nous, mais dans des termes entièrement positifs : partant des affirmations de la foi sur le christianisme et son caractère divin, nous allons alors tâcher de nous représenter, en croyants, le rapport des autres « religions » à ce christianisme.

Il ne peut y avoir de religion plus parfaite

Or, l'affirmation essentielle de la foi sur le christianisme est celle de sa valeur *absolue*. En effet, si une religion consiste dans un certain rapport de l'homme avec Dieu, il faut dire que le rapport des hommes avec Dieu établi en Jésus-Christ et par lui, est absolument parfait. Il n'est pas parfait seulement *de fait;* il *ne peut pas* y avoir de rapport plus parfait que celui-là ou même de rapport qui lui soit véritablement comparable. Si Jésus-Christ est Dieu et homme, s'il unit en sa personne l'humanité et le Dieu vivant, il est clair qu'aucun rapport religieux ne peut égaler celui-là ou celui qui, en nous, se fonde sur celui-là par la foi. Jésus-Christ est LE rapport religieux, il est LA religion. Aucune autre n'est comparable à celle qu'il institue, ou plutôt qu'il constitue; toute autre ne peut même avoir de valeur que par lui.

Ainsi tenu dans la foi comme *absolu*, le christianisme pourrait être, à l'égard des autres religions, ou exclusif ou inclusif. En d'autres termes, il pourrait ou les dévaloriser intégralement, ou les valoriser de quelque façon.

La tradition catholique est que le christianisme est inclusif. Cela lui semble impliqué dans la façon dont saint Paul parle du « mystère du Christ » dans les épîtres de la Captivité, aux Ephésiens et aux Colossiens. Même déjà d'après l'épître aux Romains, ch. 1 et 2, les païens peuvent, à travers les manifestations de la création, se trouver dans la ligne du salut du Christ. Le mystère de Dieu, réalisé dans le Christ, et dont saint Paul est le héraut, est englobant par rapport à toute la création qui ne trouve efficacement son sens que par lui. Tout est pour le Christ et le Christ est pour tout. N'est-ce pas ce que nous disons aussi à la fin du canon de chaque messe : « Par lui, avec lui, et en lui vous sont rendus, Père, tout honneur et toute gloire. » N'est-ce pas encore ce qu'exprimait avec beaucoup de profondeur un philosophe français du siècle dernier, Ravaisson : « Si le christianisme est le sens de l'histoire, il ne peut être absent d'aucune partie de l'histoire »? On connaît les vers fameux de Péguy :

> Tout homme aboutissait aux pieds du divin Fils
> Les rêves de Platon avaient marché pour lui...
> Les règles de Zénon avaient marché pour lui...
> Il allait hériter de la prose latine...

Péguy le savait-il? Il se situait ainsi dans la ligne d'une tradition constante qui, depuis notre époque, remonte jusqu'à l'origine.

A notre époque, c'est le pape Pie XII qui, dans son encyclique *Evangelii Praecones*, du 2 juin 1951, reprend le thème des préparations évangéliques [1]. C'est, au XIIe siècle, cette

1. Dans son radio-message au congrès d'Ernakulam, 31 déc. 1952, Pie XII déclarait aussi aux Indiens catholiques : « Faites voir clairement que tout ce qui est vrai et bon dans d'autres religions trouve sa signi-

étonnante représentation de la salle capitulaire du Puy qui nous montre le Christ en croix, encadré des prophètes Isaïe, Jérémie, Osée, et de... Philon, le philosophe juif, nimbé comme les autres. Mais ce sont surtout les Pères des IIe, IIIe et IVe siècles qui ont développé l'idée d'une certaine présence du Verbe jusque dans les religions païennes : présence captive, qui devait être délivrée par l'Evangile; présence avilie et trahie, qui devait être purifiée par le Christ. Et, bien sûr, tout ce qu'il y a d'imparfait, d'idolâtrique, d'erroné dans ces religions païennes doit, d'une certaine façon, mourir pour se retrouver, en ses éléments valables, assumé par Jésus-Christ et, en lui, rapporté au Père. L'essentiel est l'affirmation dogmatique d'un certain rapport et, en somme, d'une réduction des autres religions à l'absolu du christianisme. Nous verrons, dans un chapitre ultérieur, comme nous l'avons déjà pressenti dans le dernier, qu'il faut dire quelque chose d'analogue de l'Eglise elle-même, sacrement de la présence active de Jésus-Christ dans le monde.

La foi n'est pas une assurance tranquille

Nous en avons bien conscience : on ne peut tenir des affirmations pareilles que dans la foi, d'une manière en quelque sorte vertigineuse. Les théologiens disent que la foi, tout en étant une adhésion ferme et inconditionnée à la Parole de Dieu, ne va pas sans une inquiétude psychologique, l'inquiétude d'un esprit qui continue à se poser des questions dont la foi elle-même n'a pas éclairé tous les aspects. On ne peut pas, de temps en temps, ne pas se demander : Pourquoi Dieu a-t-il permis cela? Quel est donc son plan?

La foi ne va sans l'espérance. Elle accepte de ne voir qu'à la fin. Déjà, il nous arrive, sur la fin d'une épreuve très dou-

---

fication profonde et son complément parfait dans le Christ. » Le Décret *Ad gentes* de Vatican II sur les missions reprend aussi la même doctrine, et de même la Déclaration sur les religions non chrétiennes.

loureuse dont on n'est pas encore sorti complètement, mais au cours de laquelle on n'a cessé de « révérer le mystère », de voir, avec la certitude inébranlable de la conscience, que *tout* a été grâce. Tout a été bien; tout a préparé le terme, tout allait vers le mieux. Cependant, tout était obscur, on n'en découvrait pas le sens. Mais la foi sait, dans l'obscurité encore subsistante, commencer l'action de grâces. Celle qui faisait dire à saint Paul : « O abîme de la richesse, de la sagesse et de la science de Dieu! Que ses décrets sont insondables et ses voies incompréhensibles!... à lui soit la gloire éternellement! Amen » (Rom. 11, 33-35).

V

LE SALUT, QU'EST-CE QUE C'EST ?

Nous ressentons l'inquiétude du salut des Autres. Mais « le salut », qu'est-ce à dire? Je viens de parcourir toute la collection d'une revue de prédication et de catéchèse, qui donne elle-même une image du mouvement des idées et des publications. On y parle beaucoup d'« *Histoire* du salut », de « *mystères* du salut ». Nulle part on n'y répond à la question de savoir ce qu'est le salut lui-même. Sans doute estime-t-on la réponse tellement élémentaire qu'il est légitime de la tenir pour acquise. Mais, si l'on interrogeait un certain nombre de chrétiens moyens, quelle réponse donneraient-ils, qui échapperait aux apparences d'une représentation un peu mythique et enfantine? Sommes-nous satisfaits par le :

> Pour effacer la tache originelle
> Et, de son Père, apaiser le courroux?

Je ne sache pas qu'une enquête ait été faite sur l'article du salut. Du moins, à écouter certains messages littéraires, on soupçonne que l'idée même du salut est aujourd'hui mise en question, voire même refusée, par beaucoup : S'il n'en était pas ainsi, il y aurait plus de monde à faire la queue devant les confessionnaux. « L'homme moderne est celui qui n'a pas besoin d'une rédemption », disait Léon Brunschvicg.

EST-IL PLUS NOBLE DE REFUSER LE SALUT?

Il est normal que l'athéisme élimine l'idée de salut, ou du moins n'admette que celui dont l'homme lui-même est l'artisan. Conséquence de l'athéisme, le refus du salut est parfois présenté comme une valeur de fierté et de désintéressement, une valeur de l'homme « qui sait qu'il s'abîme dans le néant » (M. Thorez). J. Maritain a répondu à cette motivation noble dans *La signification de l'athéisme contemporain* (Paris, 1949). Conséquence, cette motivation peut d'ailleurs être aussi principe d'athéisme. Elle n'est alors, au fond, qu'une expression sentimentale d'un parti d'autonomie absolue. Georges Bataille, par exemple, voit dans le salut « le plus haïssable » des faux-fuyants [1], et son interprète, M. Blanchot, écrit : « La vie spirituelle ne peut qu'avoir son principe et sa fin dans l'absence de salut, dans le renoncement à tout espoir. » De son côté, Albert Camus disait : « S'il y a un péché contre la vie, ce n'est peut-être pas le désespoir, mais plutôt l'espérance dans une autre vie et se dérober à l'implacable grandeur de celle-ci. » Bien sûr, le salut, comme l'espoir, suppose ouverture à un Autre, confiance en un Autre, remise finale de soi et de son avenir à un Autre. Jacques Rivière le sentait bien, qui écrivait en 1913 à Claudel : « N'être pas chrétien, c'est trouver à cette vie une raison suffisante. Cette raison suffisante, pour moi, c'est la connaissance de moi-même... Ah! que je suis loin de Dieu! Je me sens tout abandonné de lui et capable de me passer de lui [2]. »

Parce qu'elles sont nobles et qu'elles touchent des cordes profondes de l'admirable et si profond cœur de l'homme, ces déclarations peuvent nous faire sentir, dans la mesure même où nous nous refusons à les épouser, ce qu'est, pour

---

1. *L'Expérience intérieure*, Paris, 1943, p. 29.
2. Cité par P.-H. SIMON, *La littérature du péché et de la grâce*, Paris, 1958, p. 71.

nous, le salut : elles dessinent en creux ce que nous tenons en plein. On voit ainsi que le salut engage ces valeurs : espérance pour après. Après quoi? Après ce qui se voit, ce qui est un objet d'expérience pour nos sens et de mesure pour nos appareils. Non-suffisance de cette vie, non-suffisance de nous-mêmes à nous-mêmes. Enfin, confiance à un Autre — un Sauveur, précisément — pour nous ouvrir l'accès à cet au-delà de la vie présente et de nous-mêmes.

Mais, sans doute parce que nous nous sommes référés à des auteurs littéraires, profondément inquiets d'eux-mêmes, bien des chrétiens se refuseraient à reconnaître le salut qu'ils attendent, dans des affirmations simplement contraires à leurs négations. Beaucoup, aujourd'hui, se sentent mal à l'aise devant toute présentation du salut qui leur semble partielle, donc étriquée : devant l'insuffisance anthropologique de la formule, pourtant si noble : « Sauver des âmes ». Et les corps?; devant l'individualisme du : « Je n'ai qu'une âme et je veux la sauver. » Comme si je pouvais m'abstraire du reste! Comme si je pouvais faire mon salut quoi qu'il advienne autour de moi! Nos contemporains sont particulièrement sensibles à ces valeurs, c'est pourquoi l'on trouve si souvent à notre égard, dans leur bouche ou sous leur plume, des accusations d'égoïsme : les chrétiens, disent-ils, n'ont souci que de *leur* petit salut personnel [3]... Sans cesse, d'une façon ou d'une autre, revient aujourd'hui la hantise d'un salut total, cosmique, de la solidarité *de tous* dans le salut. « Il faut arriver ensemble chez le Bon Dieu. Il faut se présenter ensemble. Il ne faut pas arriver trouver le Bon Dieu les uns sans les autres [4]... ».

---

3. On trouvera des textes en ce sens dans H. DE LUBAC, *Catholicisme*, Introd., ou dans *Parole et Mission*, nº 13 (1961), pp. 297 s., 300, 302.

4. PÉGUY, *Mystère de la charité de Jeanne d'Arc*, Paris, Gallimard, 1943, p. 39. A. CAMUS (*L'homme révolté*, p. 761) a montré, chez Ivan Karamazov, le refus de tout salut tant qu'il existera une souffrance innocente.

Nous commençons a prendre le péché au sérieux

Ici, intérêt au collectif, à l'historique; là, intérêt à la personne individuelle : il s'agit toujours de l'homme, du monde. Ces deux tendances, qu'on retrouverait portées à l'extrême dans les attitudes opposées du marxisme, d'un côté, de *L'homme révolté*, de l'autre — Camus accuse le marxisme de réduire l'homme au rôle de matière d'Histoire, alors que la destinée de chacun est unique! — ont, de toute façon, en commun, pour ce qui nous occupe, de ne regarder que l'accomplissement de l'homme ou du monde, et d'être profondément étrangères à l'idée d'être sauvé d'un péril, d'un courroux de Dieu, d'un enfer ou d'une damnation. Par quoi nous prenons à nouveau conscience d'une dimension de notre idée du salut : elle implique la possibilité de tomber dans un abîme et de s'y perdre. Cela semble incroyable au rationalisme moderne, qu'un homme donné, que le monde, puissent manquer leur destinée : leur destinée, n'est-ce pas eux-mêmes? n'est-elle pas de se faire eux-mêmes? Au fond, le grand débat du rationalisme n'est pas clos. Il s'agit toujours de savoir si l'homme est seul et absolument autonome, ou en dialogue avec Dieu, son Créateur, et ouvert aux entreprises d'amour de Celui-ci. En tout cas, nous commençons à reprendre au sérieux, non seulement l'idée de péché mortel, que nous n'avons jamais tout à fait oubliée, mais celle d'enfer : la situation sans issue, désespérée, d'un homme qui a manqué sa destinée, et qui le sait. Bien compris, ce mystère de l'enfer fait lui-même comprendre beaucoup de choses. Il donne leur profondeur à nombre d'affirmations chrétiennes, et d'abord à celle du salut éternel, dont il est corrélatif. *Un salut, cela peut se manquer.*

Ardemment tournés vers le monde, les hommes d'aujourd'hui sont portés à oublier un des deux aspects du salut. Ils tendent à faire la même chose, dans le même sens et pour la même raison, touchant la notion de liberté. La distinction est classique, mais elle demeure très éclairante, entre liberté *de* et liberté *pour*. D'un côté, libération, affranchissement, désengagement; de l'autre, don, service, engagement. L'idée de salut peut, de même, se prendre par rapport à un péril, à une possibilité de tout perdre, et la vie même; on peut être sauvé d'un ennemi cruel, oppresseur, destructeur. Elle peut aussi se prendre par rapport à la vie, à la joie, à la plénitude, auxquelles ce sauvetage nous restitue, et dont notre sauveur, ou sauveteur, nous ouvre la possibilité.

Le salut est a la fois un sauvetage douloureux et une entrée dans la joie

Les premiers chrétiens, les croyants d'autrefois, avaient très vif le sentiment du premier aspect. Ils insistaient même, surtout ceux du Moyen Age, sur le caractère onéreux, douloureux, de l'acte qui nous délivre, sur la nécessité d'expiation et de satisfaction. C'est qu'ils croyaient au péché, ils croyaient au démon, à l'enfer. C'est, essentiellement, qu'ils croyaient à Dieu, par rapport auquel seul peut se comprendre l'idée chrétienne du péché et de sa gravité. Quand les Pères de l'Eglise comparent notre situation à celle d'un naufrage où la seule chance de salut serait la poutrelle de bois qui flotte — le bois de la Croix —, ils ne nient rien de la valeur du monde, mais ils témoignent, parce qu'ils connaissent la grandeur de Dieu, d'un sentiment aigu de l'effroyable catastrophe dans laquelle nous précipite le péché, et de la nécessité que Dieu lui-même nous soit secourable. Et pourtant, même quand, de l'autre côté de la mer, nous chanterons le Cantique de Moïse et celui de l'Agneau, ainsi que l'Apocalypse nous montre les élus le faire (15, 3), ils resteront vrais, ces beaux vers du poète anglais :

But none of the ransomed ever knew
How deep were the waters crossed...
Aucun des rachetés jamais n'a su
Combien profonde était la mer qu'il traversa...

Les modernes sont portés à regarder, dans le salut, la réussite maxima, le résultat positif et bénéfique. Si « salut du monde » peut signifier : « être délivré de ce monde », ou : « que ce monde soit sauvé », ils sont résolument pour la seconde acception. C'est, chez eux, une attitude générale, dont on pouvait trouver maintes expressions, il y a une vingtaine d'années, dans une enquête sur la sainteté[5]. En bref, beaucoup professaient assez naïvement estimer la sainteté du second commandement, sans beaucoup insister sur ce que serait une sainteté du premier, celui qui est tourné vers Dieu. C'est sans doute — et depuis longtemps, peut-être assez exactement trois siècles — le point le plus tragique et le plus pernicieux de la situation du christianisme dans le monde moderne, que cette coupure, si contraire à l'Evangile et à toute la Bible, entre le premier et le second commandement, entre l'anthropologie et la théologie. Alors, tandis que les uns sont peu inquiets de la misère des hommes pourvu que les Vêpres soient chantées en bon grégorien, les autres, beaucoup plus nombreux, se désintéressent de la louange de Dieu, pourvu que les hommes réussissent dans leurs entreprises. Nous récusons absolument cette fausse option, comme la plus malfaisante équivoque. Nous refusons de même, s'agissant du salut, tant de privilégier l'aspect de sauvetage du péril — disons : de la damnation —, avec le moment de rédemption douloureuse qui lui est lié, que de séparer la réalité positive d'accomplissement heureux, de sa condition onéreuse et du moment de sauvetage qui en est la première phase.

La Bible, et la Tradition dans laquelle l'Eglise l'a vécue, comportent l'affirmation du salut, et comme délivrance ou sauvetage, et comme accomplissement.

« La gloire de Dieu, c'est que l'homme vive ! »

Sans cesse, les prophètes de l'Ancien Testament présentent l'ère messianique, objet de l'espérance d'Israël, comme apportant un salut qui soit, non seulement délivrance, mais

5. Voir le N° de *La Vie spirituelle* de fév. 1946.

fécondité, paix, abondance de biens[6]. Les expressions prophétiques sont, certes, hyperboliques et imagées, mais elles traduisent des affirmations qu'on ne peut réduire à de la poésie orientale. Du reste, quand Jésus se présente lui-même comme celui qui doit réaliser ces promesses, que dit-il, et que fait-il? Il dit, après avoir lu l'annonce messianique d'Isaïe (61, 1-2) : « Aujourd'hui s'accomplit ce passage de l'Ecriture » (Luc 4, 21). Il définit sa mission : chercher et sauver ce qui était perdu (Luc 19, 10). Ce qu'il fait est le meilleur commentaire de ce qu'il déclare : il guérit, il rend la vie, il redresse les tordus et rend dignité et estime aux opprimés, aux humiliés, aux piétinés de l'existence. Tel est le sens de tant de récits de guérisons que nous lisons comme évangiles dans la longue série des dimanches après la Pentecôte.

Quand, après celle-ci, les Apôtres de Jésus proclament sa dignité de Sauveur, que disent-ils? Certes, qu'il est Sauveur par la Croix, et que tout salut exige conversion et détachement. Mais aussi qu'il y a vraiment, pour le monde, un salut d'accomplissement, une promesse de vie en plénitude au-delà de lui-même et de sa misère présente. Saint Pierre parle de « restauration de toutes choses » (Act. 3, 21), et saint Paul, de *tout* ramener sous le Christ comme Chef, de *tout* réconcilier (Eph. 1, 10 et 23; Col. 1, 20).

Quand les compagnons et disciples de Jésus-Christ mettent par écrit leur témoignage, c'est-à-dire rédigent les évangiles, quel emploi nous montrent-ils que leur Maître et le nôtre a fait du verbe « sauver »[7]? Il n'y a pas, dans les évangiles,

---

6. Voir, par exemple, A. HULSBOSCH, « L'attente du salut d'après l'A. T., » dans *Irénikon*, 1954, pp. 4-20 ; G. PIDOUX, « Un aspect négligé de la justice dans l'A.T., son aspect cosmique », dans *Rev.* de *Théol. et de Philos.*, 1954, pp. 283-88. Le Rabbin A. Neher insiste, de son côté, sur l'inclusion de l'alliance noachique (= alliance avec Noé, visant l'ordre naturel) dans l'alliance de grâce.

7. Nous suivons ici la brève, mais dense, étude de W.-C. VAN UNNIK, « L'usage de « sôzein », « sauver », et de ses dérivés dans les Evangiles synoptiques », dans *La Formation des Evangiles*, Paris, 1957, pp. 178-194 : on trouvera là les références. Citons ici le résumé très expressif que donne L. NEWBIGIN : « Le salut dont parle l'Evangile et qui détermine la nature et la fonction de l'Eglise est — comme le mot lui-même devrait nous l'apprendre — un rétablissement, une guérison. Dieu

de théorie de la Rédemption, mais un ensemble d'applications extrêmement concrètes du mot *sauver* ; le mot apparaît fréquemment dans des récits de guérison : il s'agit d'assurer la continuation de la vie, en faisant pièce à des forces qui la ruinent, mais qui sont, en même temps, opposées à Dieu, à son Dessein. Parfois, le « salut » se réfère à la conclusion tragique attendue au terme : il s'agit d'être sauvé de la colère de Dieu, d'entrer dans le Royaume et d'y avoir, en héritage, la vie éternelle. Chez saint Luc, enfin, un sens théologique et profondément moral englobe les précédents : « sauver » signifie une délivrance, surtout une délivrance des péchés et de leurs suites ruineuses. Nous trouvons cela surtout dans les Cantiques, bien connus, qui entourent la naissance de Jésus, le *Magnificat*, le *Benedictus*, le Cantique de Siméon *Nunc dimittis*, les beaux textes solennels de nos Vêpres, de nos Laudes et de nos Complies.

Parmi les Pères de l'Eglise, citons seulement cette sentence du plus ancien, du plus purement chrétien, peut-être, et qui est comme un trait d'union entre l'Orient et l'Occident, saint Irénée. Il écrit, vers l'an 180 : « La gloire de Dieu, c'est que l'homme vive [8] ! » En ce sens-là on peut donner sa vérité au mot de Péguy : Le salut, le ciel, c'est ce qui a réussi. La liturgie, qui est l'arche sacrée de la Tradition, a bien le même sentiment. Elle l'exprime avec une hardiesse qui n'a d'égale que sa discrétion, lorsqu'elle commence l'office des Défunts par cette invocation magnifique : « O Dieu, pour qui toutes choses vivent... » Simple écho, d'ailleurs, des paroles de la sainte Ecriture : cf. Sagesse, 11, 24-26.

---

veut récapituler toute chose en Christ, il veut restaurer l'harmonie entre l'homme et lui, entre les hommes, l'homme et la nature. Il veut recréer l'unité parfaite de toute la création, cette unité qui trouve sa source et son modèle dans l'unité de l'amour parfait de la Trinité. Le salut est dans son essence même universel et cosmique » (*L'Eglise, peuple des croyants...* Neuchâtel et Paris, 1958, p. 185).

8. *Contre les hérésies* (*Adv. Haer.*), IV, 20, 7 (*PG.*, 7, 1037). Voir H. Bouëssé, « Théologie et doxologie » dans *L'Année théolog.*, 1950, pp. 193-212, 289-303.

AU-DELA DE MOI-MÊME, AU-DELA DE LA MORT

Qu'est-ce donc qu'être sauvé? De quoi devons-nous l'être?

Il faudrait beaucoup de pages pour détailler, selon leur enchaînement et leur puissante architecture, tous les éléments de la réponse chrétienne. Etienne Borne touchait certainement les points essentiels de cette réponse lorsqu'il écrivait :

« Le christianisme nous éclaire d'abord sur nos servitudes qui sont dures et humainement invincibles, puisqu'elles s'appellent la mort, la solitude, le péché; mais ce même christianisme (et c'est exactement la Bonne Nouvelle) nous révèle que le Dieu libre est un Dieu libérateur, qui brise le faux destin de nos servitudes en nous appelant à l'éternité, à la communion, à la sainteté [9]. »

La vivante espérance pour laquelle chaque chrétien mène son combat et tâche d'accomplir sa Pâque, englobe les quatre points suivants :

1º Avoir une destinée AU-DELA. Au-delà de quoi? De mes possibilités et des possibilités de l'homme et du monde. Car je me découvre incapable, iniquement traité, d'obtenir vraiment justice —, malchanceux, de recouvrer ma chance — pécheur, de me procurer l'innocence... Car tous les élixirs du monde ne m'empêchent pas de vieillir, de me dégrader, de mourir, alors que je veux vivre et que l'esprit, en moi, échappe à la déchéance du temps... Cette situation, qui est la nôtre, est assez exactement ce que les Pères et les spirituels chrétiens ont décrit sous le nom de « misère », *miseria*, tandis que saint Paul l'appelait « assujétissement à la vanité »; c'est elle qui provoque, chez nous, un sentiment d'inquiétude, on dirait même plus volontiers, depuis Kierkegaard,

---

9. Dans *L'Eglise et la liberté*. Semaine des Intellectuels catholiques, Paris, 1952, p. 103.

d'*angoisse* [10]. Celle-ci vient de ce que, sans cesse, nous atteignons *le bout*, alors qu'il nous reste du souffle pour aller au-delà — mais un souffle impuissant, velléitaire et stérile.

Au-delà de quoi encore? Au-delà de moi-même : car si je suis une personne, quelque chose d'unique, une chose en soi et pour soi, je participe à la trame du monde entier : non seulement du monde humain, par l'enchaînement des générations, le bénéfice de la culture accumulée par les siècles, enfin la profondeur des liens sociaux grâce auxquels, si largement, je suis ce que je suis, mais du monde dit matériel lui-même. Au fond, l'univers est un tout. La Bible l'appelle précisément « tout »; les Grecs disaient Cosmos; les Pères et le Moyen Age chrétien parlaient du microcosme qu'est l'homme, résumé et aboutissement du vaste monde avec qui nous avons communauté de substance matérielle et communauté de destin général. Pour eux, en somme, le monde matériel ou simplement vivant, venait à la conscience personnelle dans l'homme qui, en en demeurant solidaire tout en étant une personne en soi, en devenait aussi comme responsable au point de vue de sa finalité supérieure. C'est même très exactement à ce titre et de cette façon que nous sommes, âmes immortelles animant un corps pris de la poussière de cette terre, les « prémices » du monde. Mon destin n'est pas celui d'une âme solitaire; il est, pris intégralement, celui du monde dont je fais partie, qui agit sur moi et sur lequel j'agis également.

Au-delà de quoi enfin? Au-delà de la mort, qui est la dernière et suprême raison de mon angoisse, et donc au-delà de la vie présente. C'est le point essentiel. Le salut du Christ est suprêmement un sauvetage de la mort, donc du néant. Par la foi, je sais que je vivrai, moi, et tout entier, dans mon corps aussi, à jamais. La foi est même surtout, pour moi, le crédit illimité que j'ouvre, pour qu'il gouverne ma vie,

10. Sur le thème philosophico-religieux de l'angoisse, voir la très riche méditation de H. Urs von Balthasar, *Le chrétien et l'angoisse*, Paris, 1954.

au Christ, qui m'a promis de me faire vivre, au-delà de la mort, de vie éternelle.

2° Le salut, en effet, dépend essentiellement d'un autre : puisqu'il consiste à me dépasser moi-même, mes possibilités, ma vie présente. Il est dans la puissance, non de l'homme ou du monde, mais du Seigneur. C'est lui, Jésus, vrai Dieu et vrai homme, capable, donc, d'unir la puissance de Dieu à l'indigence du monde, qui, comme prêtre, a offert pour le monde entier le sacrifice sur la base duquel serait rétablie la communion avec Dieu. C'est lui qui, comme roi des siècles, communique aux hommes et, à travers eux, au monde, les fruits de cette communion restaurée, dont l'ensemble constitue précisément le salut comme accomplissement.

La vie retrouve son sens

3° Le salut consistant dans l'au-delà que nous avons dit, et procuré par Jésus-Christ, revient à donner un sens à notre vie présente en fonction de cette espérance d'un au-delà et de Celui qui en est le révélateur et le consommateur; il revient aussi à tâcher d'anticiper, dans le monde lui-même, pour autant que nous pouvons le façonner et l'orienter, quelque chose qui, en le reliant au Christ, le promette à cette destinée que le Seigneur lui offre. Car si, touchant péniblement le bout de nos efforts, nous sentons en nous un souffle qui aspire à aller au-delà, ce souffle passe par la Foi et l'Amour des enfants de Dieu (cf. Rom. 8, 19-27). Ce n'est pas seulement l'homme en général, c'est très précisément *eux* qui sont les prémices du monde sauvé. Le salut revient donc à donner *un sens* tel à notre vie, que cela lui assure sa pleine signification, non seulement ici-bas, où nous ne faisons que passer, mais là où nous sommes appelés à demeurer à jamais. Manquer son salut, c'est manquer la signification de sa vie. Nous le verrons : l'enfer est essentiellement le moment final de cette situation où la misère dont nous souffrons est comme consacrée définitivement.

4° Affranchissement de la « vanité », sens de la vie : cela est lié au vrai rapport où, créatures, nous sommes à l'égard de Dieu, notre Créateur. Ce vrai rapport consiste, en sa réalité la plus profonde, en un comportement tel que nous laissions Dieu être vraiment Dieu en nous, rayonner en nous et par nous, accomplir sa volonté en nous et par nous. Pécher, c'est empêcher Dieu d'être Dieu en nous, pour nous, et, par nous, pour tout ce qui dépend de nous. Aussi la condition la plus fondamentale du salut est que le péché soit vaincu et ôté.

Nos péchés : nous n'en sommes guère obsédés! Pourtant, même le médecin incrédule des *Clefs du Royaume*, Willie Tulloch, qui, enfant, s'était moqué de ses camarades qui, prétendait-il, voulaient acheter la rémission de leurs fautes —, au moment de mourir, murmure : « Je donnerais plus d'un shilling pour le pardon de mes péchés... » On a dit que le bouddhisme sauvait l'homme de la souffrance, mais que le christianisme le sauvait du péché : il est vraiment une Rédemption. Le christianisme accomplirait donc le vœu de Gandhi, qui disait : « Je ne cherche pas la rédemption des conséquences du péché, je cherche la rédemption du péché lui-même [11]. » Mais, dès le seuil de notre recherche, nous avons averti que nous ne pouvions nous engager ici dans une théologie de la Rédemption...

C'est cependant là où intervient d'abord Jésus-Christ, notre Sauveur.

---

11. Cf. L. Fischer, *La vie du Mahatma Gandhi*, Paris, 1952, p. 48.

VI

CIEL, SALUT ET HISTOIRE DU MONDE

Une des paroles chrétiennes les plus profondes qu'on ait dites sur le ciel est sans doute celle-ci, de Newman : « Un méchant introduit au ciel ne saurait pas qu'il est au ciel [1]. »

— Alors, direz-vous, cela ne se verrait pas?

— A quoi?

— Aux anges qu'on rencontrerait, froufroutant de la robe et des ailes; au rose des nuages et au bleu suave de l'atmosphère ; aux fleurs, aux cantiques... Et puis, tout de même, on verrait Dieu, la Vierge, les saints...

— Un méchant ne verrait pas Dieu : pour cela, il faut avoir le cœur pur (Mat. 5, 8).

Autrement dit, le ciel est d'abord au-dedans de nous [2]. Nul ne connaît Dieu qui n'ait d'abord été connu de lui, de cette connaissance de miséricorde qui ne nous *présuppose* pas, mais nous *rend* conformes à Dieu. Le ciel n'est pas d'abord un ordre extérieur de choses agréables, une

---

1. *La vie chrétienne.* Trad. H. Bremond, Paris, 1907, pp. 191 s.

2. Mot profond de S. Séraphin de Sarov. On lui faisait remarquer qu'il apparaissait tout lumineux : « Ce n'est pas étonnant, le Seigneur est avec nous, nous sommes dans l'Esprit de Dieu ». Voir Vl. LOSSKY, *Essai sur la théologie mystique de l'Eglise d'Orient*, Paris, 1944, pp. 225-227.

sorte de grande Foire aux plaisirs, où le billet d'entrée donnerait droit à goûter de tous les comptoirs [3]. Laissons à jamais cette imagerie fade et qui n'est même pas puérile, mais infantile. Exactement comme nous le ferons pour l'enfer ou le purgatoire, il faut abandonner ici nos imaginations terrestres, bêtement superficielles, et tâcher de comprendre les choses dans la perspective spirituelle du Salut et de l'Alliance d'une façon qui ne soit trop indigne, ni de Dieu, ni de nous, ni même du monde, dont le ciel n'est pas la négation, mais le modèle, d'abord perdu, puis rendu par grâce.

Le ciel, en effet, sera *un salut* où sera obtenu, mais d'en-haut et comme un don, ce à quoi s'efforce toute l'Histoire terrestre. Nous l'envisagerons ici spécialement sous ce jour, non sous l'aspect, évidemment capital, de la vision de l'essence divine. Ce serait tout un autre chapitre de théologie à développer. Le propos général de ce petit livre oriente nos réflexions sur une autre voie, également authentique et digne d'attention.

Les grandes visées de l'Histoire humaine

Cette Histoire s'efforce à deux choses. D'abord, rendre à l'homme une intégrité que blessent en lui tant de limites cruelles et tant de maux; lui apporter l'épanouissement de ce dont il porte en lui, sinon la possibilité, du moins le désir : car il sent dans sa poitrine un souffle pour aller au-delà de ce dont il touche sans cesse la limite, et il souffre de son impuissance à aller efficacement jusqu'au bout de son propre souffle. A la limite, ce désir est celui de vaincre la mort et tout ce qui lui ouvre les voies ou fait son œuvre : déchéances et misère. Ensuite, surmonter tant d'oppositions qui nous font souffrir et nous entravent, qui nous rendent les choses

3. Proscrivons tout ce qui rendrait un son de ce genre : « Les élus se proposeront, comme but de leurs voyages, non plus une ascension aux Andes ou à l'Himalaya, mais une promenade dans la voie lactée... » (Jules Souben, *Nouvelle Théologie dogmatique*, t. IX. *Les Fins dernières*, 3e éd., Paris, 1906, p. 73).

ou les hommes étrangers, adverses, alors que nous sommes faits pour aimer et être aimés, pour l'harmonie, l'unité, la paix, la communion... Qu'on réfléchisse à ce qui se fait dans l'Histoire, à ce que cherchent les hommes, on verra que, de près ou de loin, d'une façon ou d'une autre, il s'agit toujours de ces deux choses : 1° vaincre ce qui limite et blesse : faiblesse, maladie, ignorance, mesquinerie de l'existence ou servitude sociale, crainte devant l'incertitude, et finalement la mort... 2° surmonter les divisions et les oppositions.

Bien sûr, l'Histoire est aussi pleine d'actes de violence et d'injustice, qui, au lieu de guérir et de réconcilier, blessent et opposent davantage. L'homme est ainsi fait : il lui arrive de chercher le bonheur en se détruisant lui-même, de chercher la paix par la guerre et la propriété par le vol. Mais c'est tout de même le bonheur qu'il cherche, et la paix, et l'avoir. Il se trompe seulement de moyen.

Pas totalement d'ailleurs. Il obéit aussi à une certaine fatalité. Mieux : à une certaine structure ou une certaine loi de cette Histoire terrestre dans le drame de laquelle il est le principal acteur. La loi de cette Histoire, en effet, n'est pas simplement l'effort : il pourrait n'être que le déploiement rectiligne d'une énergie qui rencontrerait bien la résistance de l'inertie, mais non la contradiction ou l'opposition [4]. L'Histoire n'est pas seulement effort, mais lutte. Elle ne progresse que dans la contradiction et grâce à elle. Elle a une structure dialoguante, elle veut la tension. Elle est, oui, on peut le dire, il faut le dire : elle est dialectique. C'est pourquoi le mal et la souffrance lui sont inhérents. Elle vise à les éliminer, mais ne le peut qu'en instituant des conflits et en luttant, en assumant dans son jeu le mal qu'elle veut conjurer. Son terme n'est pas une simple maturation, mais *une victoire*.

---

4. C'est là un des points où la grande poétique cosmo-chrétienne du Père Teilhard de Chardin apparaît parfois comme insuffisante, présentant trop le développement comme linéairement optimiste et bénéfique. Cependant le P. Teilhard fait aussi leur place à l'échec et à la croix.

Notons en passant que Dieu lui-même est entré dans l'Histoire humaine *jusque-là*. Ce que nous appelons la Rédemption, ce que saint Paul appelle la sagesse de la Croix, c'est cela!

Il en sera ainsi tant que le terme ne sera pas obtenu, c'est-à-dire tant que les choses n'auront pas retrouvé une totale transparence *par le dedans*. Faute de cela, en effet, elles demeurent extérieures les unes aux autres et ne peuvent chercher l'union qu'au sein d'une distinction qui comporte fatalement des aspects d'extériorité, donc de mésintelligence et d'opposition. La quête même d'intériorité se fait, ici-bas, à partir de l'extériorité. Avant d'être surmontées, les extériorités sont, non seulement une condition, mais un des moyens de la lutte qui doit se terminer par leur défaite. Nos acquisitions se font ici-bas en allant de l'extérieur vers l'intérieur. Nous vainquons l'affaiblissement de notre corps en nous nourrissant de la substance des choses; nous vainquons la maladie en absorbant des remèdes; nous ne vainquons l'ignorance qu'en recevant, de l'expérience et de l'enseignement, par les yeux et par les oreilles, les informations du monde; finalement, nous n'allons vers la vue de Dieu que par l'extériorité de la foi... L'amitié, l'amour, se nourrissent du commerce entre personnes, mais, avant de les unir et pour les unir, ce commerce les trouve ou les met vis-à-vis, en face ou à côté l'une de l'autre : l'intériorité s'établit par le moyen même d'une extériorité dont on ne laisse pas, cependant, de souffrir.

Que l'union s'établisse, que la perfection ou la plénitude s'acquièrent en recevant du dehors, c'est ce qui, à la limite, fonde le caractère bienfaisant, pour les buts mêmes d'intériorité et de vie plénière que nous poursuivons, des contraintes extérieures : celle de l'éducation, celle de la vie sociale, celle du métier, celle de la Loi, nécessairement affectée de sanctions. Même dans l'ordre le plus intime de la communion avec Dieu, des moyens externes sont nécessaires pour établir et nourrir cette communion, dont le mouvement le plus profond, cependant, vise à les dépasser et à s'en passer. Il y a une médiation du Christ et de l'Eglise, de l'enseignement catéchistique et des sacrements; l'Alliance n'a été conclue au Sinaï que sur la base de la Loi, et celle-ci, même muée en Evangile, est sainte. Je ne puis rencontrer Dieu qu'en passant par beaucoup d'exigences qui s'imposent à moi du dehors. Toute âme religieuse en souffre. Elle voudrait que Dieu *lui-même* soit tout en elle, et il est encore si loin, tout en étant si intime!

Mais le problème est bien plus large que le domaine religieux. Nous souffrons tous de ces extériorités qui entraînent forcément des contraintes :

— La Nature et l'esprit. Il la domine, mais elle l'écrase. C'est un peu comme l'esprit et la chair : tantôt il est prompt et elle est faible; tantôt il est faible et elle l'étouffe.

— Mon corps n'est pas tout pénétré par l'esprit : il lui échappe, et leur désaccord me divise d'avec moi-même.

— L'homme et la femme sont, l'un en face de l'autre, souvent, hélas! opaques l'un à l'autre, étrangers l'un à l'autre...

— Dans la vie sociale à laquelle nous sommes liés, chacun ne s'intéresse qu'à *ses* problèmes, et finalement à soi, sans pouvoir entrer dans les questions des autres : dans ces conditions, « l'enfer, c'est les autres »...

— Allemands et Français, Algériens et Français, chacun avec sa langue, sa culture, son espérance : situation grosse d'excommunications mutuelles et de conflits éventuellement sanglants.

Faut-il poursuivre cette liste?

— Extériorité, encore, qui sépare les choses et le sens des choses, les événements et le sens des événements, qui nous demeurent obscurs, donc difficiles à supporter. Mais le sens de toutes les expressions de l'esprit leur demeure en partie étranger : on ne se fait pas comprendre... Cela vaut pour l'Ecriture elle-même, dont le sens n'est pas adéquatement donné en elle, en sorte qu'il faut une exégèse, une Tradition, un magistère, l'Eglise...

— Le social et le personnel. La puissance ne coïncide pas avec l'intelligence, encore moins avec l'amour ou la sainteté. Et souvent, elle les fait souffrir!

Afin que Dieu soit tout en tous...

Le Royaume, quand il adviendra, couronnera et assumera tous les efforts *valables* de l'homme pour vaincre la misère et les oppositions dont il souffre : car ces efforts, consciemment ou non, travaillaient pour le plan de Dieu [5]. Encore une fois, le ciel est un salut. Jésus est venu chercher et sauver *ce qui était perdu* (Luc, 19, 10). Mais le fait d'assumer et de couronner tous nos efforts valables — sans quoi, *cela* au moins serait perdu..., et le ciel n'aurait pas le caractère de juste récompense que l'Evangile lui attribue — n'empêche pas le ciel d'être par-dessus tout un don, une grâce, dépassant infiniment, et nos « mérites » (qui, eux-mêmes, sont fruits des dons de Dieu), et l'efficacité de tous les efforts de toute l'Histoire pour remporter la victoire sur les misères et les oppositions. Oui, Dieu nous donnera, gratuitement, la plénitude de cela même qu'il nous a donné et demandé de commencer.

C'est de cette plénitude que nous voudrions esquisser ici le programme. Saint Paul l'a résumé en cinq mots qui sont eux-mêmes d'une plénitude et d'une profondeur insurpassables : « Dieu sera tout en tous » (1 Cor. 15, 28). Toute notre ambition serait ici de commenter ces mots, en nous aidant de plusieurs réflexions proposées par les Pères de l'Eglise.

> Le ciel, c'est le ciel de Yahvé ;
> La terre, il l'a donnée aux fils d'Adam (Ps. 115, 16).

Ce verset résume bien l'ensemble du premier récit de la création (Gen. 1,1-2,3). Il semble que Dieu, ayant fait le monde, ou du moins la terre, l'avait donnée à l'homme pour que celui-ci la maîtrisât et la dominât, et s'était, lui, retiré dans son ciel, en un repos sabbatique (Gen. 1, 28 ;

5. Voir *Jalons pour une théologie du Laïcat*, Paris, 1953, pp. 115 s.; comp. *infra*, pp. 190 ss.

2, 2-3). Si l'on considère ce monde, il semblerait qu'avant lui, il y avait Dieu; après lui, au-dessus de lui, il y a encore Dieu; mais, entre les deux, il y a la terre, donnée aux hommes et ayant sa consistance de chose faite, et bien faite. C'est assez ainsi que nous apparaissent effectivement les choses, et nous nous en accommodons fort bien. Ce que beaucoup ont de religion répond assez exactement à ce statut, où Dieu est reconnu comme ayant créé, à l'origine, et où il est attendu à la fin quand, ayant quitté ce monde, nous nous trouverons en sa Présence — on peut prendre quelques garanties pour que la confrontation ne soit pas trop brutale, ni l'examen trop rigoureux... Mais *ce* monde nous est laissé pour le dominer et en jouir : DIEU EN EST ABSENT. C'est pourquoi tant d'hommes qui ne nient pas son existence sont cependant des athées pratiques, en ce sens qu'ils usent de la terre comme si Dieu n'y existait pas.

Nous reprendrions volontiers en ce sens (qui n'est pas le sien) une réflexion d'Origène disant que nous ne voyons que le milieu, non le principe et la fin des choses. Le milieu nous suffit : nous y établissons notre vie, qui devient ainsi terrestre, profane.

Or il est bien un aspect que la foi ne change pas dans les choses, à savoir les choses elles-mêmes, en leur nature physique. Un mètre est un mètre, une pomme est une pomme, un mal de dents est un mal de dents, avec ou sans la foi. La nature est étrangère à la sainteté : le typhon submerge une église aussi bien qu'une caserne ou une école... Mais il est un autre aspect que la foi touche et change : *l'usage* que nous faisons des choses, *le sens* que nous donnons aux choses, aux événements, aux rencontres humaines. Le Christ de l'Evangile et de l'Eglise, non encore Roi triomphant mais déjà Maître de vie, nous apprend à voir les choses *comme ayant présentes en elles leur principe et leur fin*, et à en user en conséquence. Il nous apprend à chercher la lumière qui éclaire les choses, non en elles-mêmes — dans le « milieu » — : c'est la part des sciences et des techniques, mais dans leur Principe et leur Fin, c'est-à-dire au-delà d'elles. L'Evangile, c'est cela, du moins pour autant qu'il touche la vie terrestre. Le règne de Jésus-Christ et de Dieu, c'est cela, pour autant qu'il s'instaure sur terre et en matières temporelles.

Tout l'ordre terrestre du Corps du Christ, qui est l'Eglise, vise cela : exigence de foi, exigence de croix, combat spirituel, amour. Car il faut *nous déprendre* d'un usage égoïste, et même d'un usage purement terrestre, par lequel l'homme ne chercherait que « quae sua sunt », ses propres intérêts, et *apprendre* à voir le monde comme monde DE DIEU, comme un monde qui a pour principe le cœur et les mains du Père, et pour fin ses bras et son cœur. Pas seulement comme un monde *de l'homme*, ni comme un monde seulement *pour soi*. Seule la foi le peut, qui est le principe d'une conversion exigente et profonde. Seule la croix le peut : car nous ne quittons jamais nos aises et notre égoïsme que forcés. Seul enfin l'amour le peut : *c'est lui* qui restitue leur sens aux choses en nous faisant voir Dieu en elles, comme Dostoïevsky l'a magnifiquement exprimé, en particulier dans les entretiens du staretz Sosime, des *Frères Karamazov* (IIe partie, liv. VI)[6].

LE CIEL, HEURE DE DIEU

La foi, la croix et l'amour, qui sont comme le trépied de la vie chrétienne, commencent ici-bas, dans l'obscurité, un Règne de Dieu qui se consommera, avec l'éclat d'une victoire totale, dans son Royaume. Elles commencent de faire que Sa volonté soit faite sur la terre *comme au ciel*, mais elles ne font que le commencer. Pour ceux qui auront désiré et préparé son Jour, l'heure de Dieu viendra, et ce sera le ciel.

DIEU TOUT EN TOUS

Il l'est déjà, puisque rien n'existe que par lui, mais il n'en a pas la gloire tant qu'il n'est pas reconnu comme étant le principe et la fin de tout. Tant qu'il n'est pas voulu, aimé,

6. Voir quelques textes à la fin de ce chapitre.

loué, comme étant le principe et la fin de tout. Ici-bas, durant l'histoire terrestre, le ciel se prépare, mais obscurément, partiellement et de façon précaire, dans le cœur des fidèles. Mais les hommes se comportent largement comme si le milieu de la réalité leur suffisait, comme si les choses pouvaient subsister sans leur Principe, et avoir leur vérité indépendamment de la référence à leur Fin. Sauf pour les fidèles, qui le leur restituent vaille que vaille, le sens des choses demeure extérieur aux choses, difficile à lire d'ailleurs; et, trop souvent, il demeure purement et simplement étranger, non déchiffré, inconnu.

Mais voici qu'il devient *évident* que Dieu est Principe et Fin. Cela est désormais évident, non par un laborieux et précaire développement allant du dehors au dedans, mais par le rayonnement et la manifestation du Principe même, plus intérieur aux choses que les choses ne le sont à soi. Les choses deviennent transparentes, par la vertu de ce rayonnement. Non seulement elles ont, mais elles révèlent et disent, elles proclament même, leur sens, leur sens le plus dernier, car c'est leur sens en rapport avec le Principe et le Terme absolus. On ne voit pas seulement *que* Dieu est leur Principe et leur Fin, on voit *comment* il l'est, l'a été, le sera à jamais.

Il nous arrive, quand nous sommes passés par des moments qui représentent comme un chapitre de notre vie, dont la dernière page vient d'être écrite et va être tournée, de revoir et d'apprécier d'un seul regard ce que nous venons de vivre et de faire. Par exemple, après la mort d'un des nôtres, quand on se remémore ce qui s'est passé, ce qu'on a fait; ou bien au moment d'un grand changement dans notre vie, ou, plus banalement, avant un départ, quand on a fait un gros effort, pendant les dernières semaines, pour tout conclure, tout ranger. Nous faisons retour sur un passé qui a eu ses obscurités, ses épreuves, ses moments très durs, et nous nous disons : tout de même, au total, j'ai fait ce que je devais faire, et tout a été très bien... C'est ainsi qu'au moment de mourir, Josué, qui avait guerroyé rudement et était passé par bien des aléas, reconnaissait et demandait que l'on confessât que Dieu avait bien fait et mené toutes choses :

Et voici que je m'en vais aujourd'hui par le chemin de tout le monde. Reconnaissez du fond de votre cœur et de toute votre âme que, de toutes les promesses que Yahvé votre Dieu avait faites en votre faveur, pas une n'a manqué son effet : tout s'est réalisé pour vous. Pas une seule n'a manqué son effet (Jos. 23, 14).

Il arrivera quelque chose de semblable au ciel, tant au plan de l'Histoire totale du monde, qu'au plan de nos vies personnelles. Au terme de l'Histoire du monde, qui aura été si souvent obscure, zigzagante et déroutante, nous comprendrons le sens des choses de leur dedans le plus intime, à savoir depuis Dieu. Nous verrons, non seulement qu'il a été Dieu en tout, mais comment il l'a été selon ce qu'il est, LUI, à savoir Amour et Justice. « Toutes nos questions, toutes nos angoisses, tous nos ressentiments, n'ont qu'une origine : c'est que pour nous Dieu n'est pas Dieu (...) Le Paradis, ce sera de voir comment Dieu est Dieu [7]. »

Le ciel sera aussi, par le fait même, action de grâces. Il ne sera même que cela : reconnaissance du fait que tout est de Dieu, et que tout ce qui est de lui est bon, saint, vrai, vivifiant; lecture, enfin à l'endroit, d'une Histoire qui n'avait guère été pour nous, tandis que nous la vivions, que ces fils de toutes couleurs, bizarrement entrecroisés, qu'est une tapisserie, du côté où on la fabrique...; consentement profond à la volonté et au plan de Dieu. Saint Augustin dit que toute l'occupation du ciel sera ce consentement même s'exprimant en louange : « On dira Alleluia, parce qu'on dira : Amen [8]! », et saint Thomas d'Aquin écrit que tout le culte du ciel consistera en « gratiarum actio et vox laudis : action de grâces et chant de louange [9] ».

---

7. L. EVELY, *Notre Père. Aux sources de notre fraternité*, Paris, 1956, p. 19.

8. *Sermo*, 162, 29 (*P. L.* 39, 1633). S. Augustin a des pages éblouissantes sur l'Alleluia comme cantique de la vie céleste : *Enarr. in Ps.* 148, 1 (37, 1938) ; *Sermo* 243, 8 (38, 1147) ; 252, 9 (1176-77, avec l'expression « actio quietis = Alleluia ») ; 255, 1 et 5 (1186, 1188) ; 256 (1190 s.).

9. *Sum. theol.*, Ia IIae, q. 101, a. 2 et q. 103, a. 3.

« Dieu tout en tous. » Il l'est depuis toujours, mais saint Paul dit qu'il le *sera*. C'est en cela que consistera son Royaume. Ici-bas, *nous* opérons, ou du moins nous prétendons opérer. Ici-bas, nous faisons *nos* œuvres, nous poursuivons *nos* projets, voire *nos* intérêts. La terre est une terre des hommes, non seulement au sens plein d'intérêt et de tendresse que Saint-Exupéry a donné à cette expression, mais au sens anthropocentrique d'une terre en quelque sorte laissée à l'homme, livrée à ses entreprises et à sa domination.

Viendra le sabbat de Dieu, le dimanche de l'éternité : un jour *du Seigneur*, sur une terre toute nouvelle, devenue pleinement terre *du Seigneur*. Nous cesserons d'opérer des œuvres qui n'étaient que nôtres et que nous nous attribuions, pour savoir et reconnaître que DIEU opère tout le bien, pour le laisser enfin être pleinement Dieu, c'est-à-dire opérer souverainement. Les Pères ont à ce sujet des pages magnifiques. Reproduisons-en seulement une de saint Augustin. C'est celle qui termine sa *Cité de Dieu* :

« Le septième jour, c'est nous qui le serons nous-mêmes quand nous serons remplis, rassasiés, de sa bénédiction et de sa sainteté. Alors, dans le repos joyeux, nous verrons qu'il est Dieu, ce Dieu que nous aurions voulu être quand nous avons déchu de lui en écoutant le séducteur nous promettre que nous serions comme des dieux (Gen. 3, 5)... Recréés par lui, accomplis par une grâce plus grande, nous prendrons un joyeux repos dans l'éternité, voyant qu'il est Dieu, le Dieu dont nous serons remplis quand il sera tout en tous. Car nos bonnes œuvres elles-mêmes, quand nous comprenons qu'elles sont plus les siennes que les nôtres, c'est alors qu'elles sont mises à notre compte pour nous gagner le sabbat éternel. Car si nous nous les attribuons, elles sont encore serviles : alors qu'il est dit de ce sabbat : *Vous n'y accomplirez aucune œuvre servile* (Deut. 5, 14). Aussi nous est-il dit par le prophète Ezéchiel : *Je leur ai donné mes sabbats comme un signe entre moi et eux, afin qu'ils sachent* QUE C'EST MOI, LE SEIGNEUR, *qui les sanctifie* (20, 12). Mais ceci, nous ne le reconnaîtrons parfaitement que quand nous nous reposerons parfaitement dans la joie et que nous verrons parfaitement QU'IL EST DIEU [10] ! »

La damnation consiste à être privé de la vue de Dieu. Au ciel, on le voit, non seulement en lui-même, mais en toutes choses. Feuerbach et Marx ont voulu restituer à leur vrai sujet, l'homme, les attributs que la religion nous fait aliéner indûment en les reportant sur un sujet transcendant illusoire : Puissance, Science, Sagesse, Bonté... Quand la Foi est tournée en évidence, elle restitue au contraire à leur vrai sujet, Dieu, cela même que l'homme a fait et qu'il tend toujours à s'attribuer souverainement.

Après cela, oserons-nous citer notre Péguy? Sa poésie de l'hymne à la nuit n'est pas indigne de cette théologie. C'est Dieu qui parle :

> Car l'homme, dans son travail, ne me glorifie que par son travail
> Et dans le sommeil c'est moi qui me glorifie moi-même par l'abandonnement de l'homme (...)
> O douce, ô grande, ô belle nuit, peut-être la plus sainte de mes filles, nuit à la grande robe, à la robe étoilée,
> Tu me rappelles ce grand silence qu'il y avait dans le monde
> Avant le commencement du règne de l'homme
> Tu m'annonces ce grand silence qu'il y aura
> Après la fin du règne de l'homme, quand j'aurai repris mon sceptre [11].

RÉTABLISSEMENT ET RÉCONCILIATION DE TOUTES CHOSES

« Dieu sera tout en tous. » On n'oserait pas le dire si saint Paul ne l'avait écrit; après lui, nous n'avons plus qu'à prendre au sérieux l'affirmation intrépide de ce Juif devenu chrétien, qui connaissait les exigences d'un plein monothéisme : l'uni-

10. *De Civitate Dei*, XXII, 30, n. 4-5 (*P. L.* 41, 803-04) ; comp., *De Genesi ad litt.*, VI, 25-29 (34, 306-07) ; *Serm. Frangip.*, éd. G. Morin, *Misc. Agost.*, I, p. 184 ; *De div. Quaest.* LXXXIII, q. 69, 7 (*P. L.* 40, 77), où Augustin rapproche 1 Cor. 4, 7, « quid habes, quod non accepisti ? » de 1 Cor. 15, 28. Comp. ORIGÈNE. *Com. in Cant.* (éd. Baehrens, p. 84) ; *In Numer.* hom. XXIII, n. 4 (éd. Baehrens, p. 216) ; S. MAXIME LE CONFESSEUR. *Opusc. ad Marinum* (*PG* 91, 33 s.).

11. *Porche du mystère de la deuxième vertu* (*Œuvres poétiques*, éd. de la Pléiade, pp. 663, 666).

cité de Dieu. Certes, il est seul Dieu, il n'y en a point d'autre, on ne peut le confondre avec aucun autre. Mais aussi *il est vraiment Dieu*, il agit en Dieu et trouve sa gloire dans le fait qu'on le laisse être Dieu, qu'on le reconnaisse vraiment Dieu, souverainement actif en toutes choses.

Cela veut dire que lui, unique, fera en moi toute lumière : *il sera* ma lumière; il fera en moi la paix, la joie : *il sera* ma paix, ma joie. Et ainsi de toutes choses.

Et ainsi en tous.

Du fait que *Dieu lui-même* engagera sa puissance à *faire aboutir* la création qu'il avait d'abord lancée en lui laissant courir le risque de se blesser; du fait qu'il achèvera l'esquisse sur laquelle il nous laisse présentement travailler tant bien que mal, la création du Rétablissement final dont parle saint Pierre (Act. 3, 21) après Jésus lui-même (Mat. 19, 28), jouira évidemment de cette intégrité qu'elle s'efforce de gagner. Le ciel est au-delà des ignorances, des maladies, des faiblesses, des dégradations, des pauvretés, dont nous souffrons; au-delà de la mort, qui sera vaincue la dernière (1 Cor. 15, 26). Les choses, la vie, et nous-mêmes, n'existeront plus séparés de leur sens; tout sera habité par sa signification profonde et la rayonnera aux yeux de tous. Cette restitution aux êtres de leur transparence achèvera de les retirer à cette « vanité » à laquelle ils sont présentement soumis, au témoignage de saint Paul (Rom. 8, 20) et de les établir dans *la liberté*.

Le monde terrestre est plein de contraintes parce qu'il ne gagne son dedans qu'à partir de son dehors et en ayant besoin, pour cela, d'autres êtres et d'autres hommes auxquels on reste extérieur, avec lesquels on s'oppose et se heurte. Mais si tout est donné *du dedans*, et si chaque être rayonne simplement ce qu'il est, la liberté est rendue avec l'intériorité et la transparence. Saint Paul ne cesse de faire, de cette liberté, la marque de « la révélation des enfants de Dieu » à laquelle « la création aspire » (Rom. 8, 19 s.). Il faut une loi extérieure tant que l'action ne coïncide pas spontanément avec sa vérité, mais celui dont la vérité coule du dedans comme de source, est redevenu spontanéité et liberté.

Du fait que Dieu, unique, sera tout *en tous*, un principe

de communion parfaite sera à l'œuvre dans toute la nouvelle création. Les Anglais écrivent parfois en trois membres le mot « Atonement », qui signifie à la fois expiation (rédemption) et réconciliation : « at-one-ment », réduction à l'unité, retour à l'un, restauration dans la communion. De la Pâque du Seigneur et de « Dieu tout en tous » naîtra un monde entièrement réconcilié, situé entièrement au-delà des oppositions, des impossibilités de communiquer et de communier entre « Grec et Barbare », « esclave et libre » (salarié et patron), « homme et femme » —, dont nous souffrons tant ici-bas [12].

Ce n'est pas pour rien que toutes les comparaisons que Notre Seigneur emploie pour parler du Royaume ou du ciel expriment un moment d'unanimité de beaucoup d'hommes ensemble, dans une perspective d'accomplissement et de joie : ce sera une Cité, une maison, un banquet de noces, un royaume, toutes images exprimant une situation où chacun se retrouve et où, en même temps, on est tous ensemble. La vieille dualité, tournant parfois en opposition, de la personne et de la totalité, doit cesser.

Déjà, nous le savons, nous en avons fait parfois l'expérience bénie, cette opposition tombe quand il y a vraiment *amour*. Il semble qu'en se donnant, on se perde : ce n'est pas vrai. On se trouve. On réalise une exigence profonde de la nature humaine, située au-delà des exigences superficielles de l'égoïsme, à savoir l'exigence de communion avec d'autres personnes, voire avec tout ce qui vit et avec les choses dites inanimées elles-mêmes. Notre vraie personnalité n'est pas celle qui s'affirme, tapageuse et gênante, au besoin au prix du bonheur des autres, mais celle qui aime et se donne. Au ciel, il ne restera que celle-là, car « la charité demeure » (1 Cor. 13, 8 s.). Aussi, bien des personnes

---

12. Cf. Gal. 3, 26-28 ; Rom. 10, 12. On lit, dans le Ps. Clément (2 *Cor*. 12, 2) ce texte de saveur « encratite » (= hostilité au mariage), mais profond : « Quelqu'un ayant demandé au Seigneur lui-même quand est-ce que son royaume arriverait, il répondit : « Lorsque les deux (choses) ne feront plus qu'une, lorsque l'extérieur sera comme l'intérieur, lorsque dans la rencontre de l'homme avec la femme, il n'y aura plus ni homme ni femme. »

qui auront été, sur terre, brillantes, mais sans amour, seront réduites à presque rien : de « grands » conquérants, de « grandes » vedettes; tandis que d'autres, humbles, cachées, piétinées peut-être par la vie, apparaîtront *vraiment* grandes et magnifiques.

Puisqu'il sera la révélation de l'amour — celui qui mérite vraiment ce nom —, le ciel réalisera, du même mouvement, le maximum de personnalité et le maximum de communauté. C'est dans le moment même où ma joie sera plus que jamais mienne, où Dieu sera plus que jamais mon Dieu, que pourtant nul ne dira plus : *mon* Père, mais *notre* Père; *ma* joie, mais *notre* joie, et ainsi de tous les biens dont nous serons comblés ensemble par la Source unique de toutes choses [13].

Nous parlons de communion des saints, et il faut donner à cette admirable expression toute sa force, toute la rigueur que le mot « communion » peut revêtir, en sociologie aussi bien qu'en théologie. C'est autre chose qu'un ordre extérieur obtenu par une autorité ramenant des forces dispersées à coopérer en vue d'obtenir un résultat commun. Dans la communion, si elle est pure, il n'y a pas d'extériorité, il n'y a pas d'autorité contraignante, il n'y a même pas nécessairement coopération pour produire une œuvre : il y a échange, transparence, présence des uns aux autres et don des uns aux autres. Don de quoi? De tout ce qu'on a, mais mieux encore : don de soi-même, don des personnes elles-mêmes à d'autres personnes, chacune apparaissant pour ce qu'elle est, chacune étant traitée pour ce qu'elle est. Le modèle suprême en est la communion divine des Trois Personnes. Nous en sommes bien loin ici-bas, mais le ciel sera parfaite communion des saints, parfaite communion des personnes. Recueillons, sur cette grande espérance ouverte devant nous, ces paroles qui nous viennent de Russie et où l'on

---

13. Comp. S. AUGUSTIN : *De sermone Domini in monte*, I, 41 (*P. L.*, 34, 1250) : « Diligamus quod nobiscum potest ad illa regna perduci, ubi nemo dicit : Pater meus, sed omnes uni Deo : *Pater noster ;* nec Mater mea, sed omnes illi Jerusalem : Mater nostra ; nec Frater meus, sed omnes de omnibus : Frater noster. »

retrouvera, à travers celle de Dostoïevsky, l'inspiration du Nouveau Testament lui-même :

Quand l'Evangile dit que, dans le royaume de Dieu, il n'y a ni Hellènes ni Juifs, veut-il dire seulement que devant Dieu tous sont égaux? Certainement pas : les philosophes de la Grèce, les moralistes romains, les prophètes de l'Ancien Testament le savaient avant lui. Mais il dit : Dans ce nouveau mode d'existence, dans ces nouveaux rapports entre les hommes, que le cœur a conçus et qui s'appellent le royaume de Dieu, il n'y a pas de peuples, il y a des personnes.

Tu viens de dire qu'un fait est vide de sens si on ne lui en donne pas un. Le christianisme, le mystère de la personne est justement ce dont il faut enrichir le fait pour que l'homme y trouve une signification [14].

Cette communion, cependant, n'est pas une fusion. Chacun y reste lui-même et y porte *son* nom. Quand nous disons, avec saint Paul : « Dieu tout en tous », nous n'affirmons aucun absurde panthéisme. Dieu est Dieu, et chacun est lui-même. Dieu nous a posés hors de soi : non certes en ce sens qu'il y aurait un dehors quelconque à Dieu, mais en ce sens qu'il nous a posés distincts, ayant notre être à nous, qui n'est pas celui de Dieu. Il a posé des sujets hors de lui, des personnes qui pourront à jamais dire « Je ». Sainte Claire, au moment de mourir, disait : « O Dieu, je te rends grâces de ce que tu m'as créée. » Oui, à jamais, je serai une étincelle unique, irremplaçable, portant son nom à soi, dans un Foyer qui les comprend toutes sans les absorber. Saint Maxime le Confesseur appliquait en ce sens, à l'état final du monde, le symbole du Buisson ardent. « Ce feu ineffable et prodigieux caché dans l'essence des choses comme dans l'arbuste [15] » : c'est l'énergie divine, l'énergie de Celui qui fait être sans enlever aux choses leur être propre, mais en le leur communiquant :

Je suis Celui qui fait être (Ex. 3, 14).
Voici, je fais toutes choses nouvelles (Apoc., 21, 5).

---

14. Boris PASTERNAK, *Le Docteur Jivago*, N. R. F., 1959, p. 153.
15. *Ambigua* (*PG* 91, 1148 C); cf. H. Urs VON BALTHASAR, *Liturgie cosmique. Maxime le Confesseur*, Paris, 1947, pp. 273-274.

Le ciel, c'est cette nouveauté d'une humanité enfin pleinement à Son image et à l'image du Seigneur ressuscité.

LE CIEL RAYONNE DE DIEU
IL EST LA OÙ DIEU EST TOTALEMENT DIEU

Voir Dieu! Le ciel, ce sera de voir Dieu. Oui, et cette vision sera rassasiante. Elle sera déifiante, car ce n'est pas une idée de Dieu que nous verrons, mais Dieu lui-même, se faisant connaître et goûter directement et substantiellement par son immédiate, parfaite et active Présence.

Nous avons développé ici, conformément à notre propos général, l'aspect selon lequel le ciel sera salut du monde, accomplissement de la création dans le royaume de Dieu et par le règne de Dieu. Le ciel, c'est là où Dieu règne totalement, là où il est Dieu pleinement, là où il est pleinement actif et pleinement reconnu comme Principe et Fin de toutes choses. Nous verrons alors que Dieu est Dieu, et comment il l'est, et comment il l'a été dans la double Histoire du Monde et de la Grâce; nous verrons comment s'est construit le Corps du Christ, le Temple fait de pierres vivantes...

Nous le verrons *depuis Dieu*. Nous le verrons parfaitement *parce que nous verrons Dieu* lui-même. Mais cette vision de Dieu ne s'épuise pas dans l'effet en quelque sorte cosmologique, anthropologique, historique, sur lequel nous avons insisté. Elle aura pour chacun, dans la consonance des joies de chacun et de tous, un aspect plus profond encore de béatitude personnelle et d'intimité. Car nous ne verrons pas Dieu seulement comme principe et terme de toute sa création de nature et de grâce, mais *en lui-même et pour lui-même*, en son mystère inépuisable et rassasiant. Entièrement possédés par lui, nous posséderons Dieu. Oui, LUI-MÊME!

Ce ciel est l'objet de notre espérance, mais il s'anticipe et commence d'exister ici-bas dans la vie fidèle, et ceci selon les deux aspects que nous avons dits. Selon son aspect d'intimité, dans la communion de foi et d'amour qui est la substance de la vie spirituelle; selon son aspect de monde effectivement guéri et réconcilié, par toute l'action chrétienne s'efforçant, précisément, de rendre à la création son sens en poursuivant, comme la tâche même à laquelle Dieu nous demande de collaborer, des anticipations, si précaires et si faibles soient-elles, de ce qu'il nous donnera, lui, pleinement, quand il déploiera la puissance de son règne : une restauration de la nature blessée, de l'image distordue et brisée; une réconciliation de ce qui, présentement, ne se connaît pas et s'oppose.

QUELQUES TEXTES DE DOSTOÏEVSKY

Aimer un homme *comme soi-même*, conformément au commandement du Christ — c'est impossible. La loi de la personne terrestre nous lie. Le *moi* fait obstacle. Le Christ seul a pu, mais le Christ était l'idéal éternel, l'idéal de toujours, auquel l'homme aspire et doit aspirer, en vertu de la loi de la Nature. — Cependant, après l'apparition du Christ en tant qu'idéal de l'homme incarné, il est devenu clair comme le jour que la suprême et dernière étape de l'évolution de la personne doit aboutir, précisément, à ce que l'homme découvre (tout au bout de l'évolution, au point même où le but est atteint), prenne conscience et se convainque, de toute la force de sa nature, que l'utilisation suprême qu'il peut faire de sa personne, de l'épanouissement total de son moi, c'est de l'anéantir, de le donner totalement à tous et à chacun, sans partage ni réserve. Et c'est cela le bonheur suprême. Ainsi la loi du *moi* se confond avec la loi de l'humanité, et, dans cette fusion, le moi et tous (en apparence deux contrastes extrêmes), tout en s'anéantissant mutuellement l'un pour l'autre, atteignent, en même temps, le but suprême de leur évolution individuelle, chacun séparément.

C'est cela, précisément, le paradis du Christ. Toute l'histoire de l'humanité, et celle de chaque homme en particulier, n'est qu'évolution, lutte, aspiration et réalisation de ce but.

Mais si c'est le but final de l'humanité, quand elle l'aura atteint, elle n'aura plus besoin de se développer, c'est-à-dire de chercher à réaliser, de lutter, d'entrevoir l'idéal lors de toutes ses chutes, et d'aspirer envers lui éternellement — par conséquent, elle n'aura plus besoin de vivre. L'homme sur terre n'est qu'un être qui évolue, c'est-à-dire un être non fini, un être transitoire.

Mais il est tout à fait absurde, à mon avis, d'atteindre un si grand but, si au moment de l'atteindre tout s'éteint et disparaît, c'est-à-dire si l'homme n'a plus de vie, le but étant atteint.

Par conséquent, la vie future, la vie du paradis, existe.

(Extrait d'un carnet de Dostoïevsky publié par B. Vycheslavtzev ; trad. par X. TILLIETTE : *La légende du Grand Inquisiteur...* Paris, 1958, pp. 60-61.)

Frères, aimez toute la création de Dieu; tout l'ensemble et jusqu'à la moindre poussière. Aimez chaque petite feuille, chaque rayon de Dieu! Aimez les animaux, aimez les plantes, aimez toute chose. Si vous aimez chaque chose, vous comprendrez le mystère de Dieu dans les choses. L'ayant une fois compris, vous ne cesserez de le comprendre chaque jour davantage. Et vous aimerez, enfin, le monde d'un amour total, universel. Aimez les animaux : Dieu leur a donné un principe de pensée et une joie sereine. Ne la troublez pas, ne les faites pas souffrir, ne les privez pas de la joie, ne vous opposez pas au dessein de Dieu. Homme, ne t'élève pas orgueilleusement au-dessus des animaux ! ils sont innocents et toi, tu souilles la terre par ta vanité et tu laisses derrière toi une traînée de pus. Hélas! Il en est ainsi pour presque chacun de nous! Aimez tout particulièrement les petits enfants, car ils sont innocents comme des anges; ils nous sont donnés en signe et vivent pour attendrir et purifier nos cœurs.

(Entretiens du starets Sosime : *Frères Karamazov*, liv. VI, ch. 3.)

Maman, ma douce colombe, ne pleure pas, disait-il parfois, je vivrai encore longtemps parmi vous, nous allons encore beaucoup nous amuser, et la vie est tellement gaie, tellement joyeuse!

— Ah, mon chéri, qu'y a-t-il de joyeux, si la nuit la fièvre te consume et si tu tousses comme si ta poitrine allait éclater?

— Maman, lui répondait-il, ne pleure pas, la vie est le paradis, et nous sommes tous au paradis, seulement nous ne voulons pas le reconnaître; mais si nous voulions le reconnaître, dès demain le monde entier deviendrait un paradis.

(Id., ch. 1 : Sosime raconte l'histoire de son frère.)

L'HISTOIRE DE KAWAMOTO

Sartre nous a proposé une vision du monde absurde, qui est aussi la vision d'un monde sans amour. *La Peste* d'A. Camus nous a bouleversés, et nous avons été troublés de rencontrer chez lui, dans *La chute*, un monde où il n'y a pas de grâce, pas de nouveauté de vie, pas d'espérance. Mais voici l'histoire vraie d'un journalier, Kawamoto, que nous rapporte R. Jungk (*Vivre à Hiroshima*, Paris, 1950, p. 91). C'était après le bombardement. Revenant du travail en camion, Kawamoto voit, parmi les corps alignés le long de la route et qu'on rassemble avec des crocs pour les brûler, un visage qui vivait encore. Kawamoto essaie de faire arrêter le camion, il crie : « Il est vivant! » En vain. Kawamoto n'en dort pas de toute la nuit. Cela devait décider de la suite de sa vie. « Il avait découvert à cette époque sa nouvelle voie. Elle lui fut désignée par l'exemple de deux inconnus. Dans l'un des voyages d'évacuation à Hiroshima, Ichiro avait vu une toute jeune fille se donner une peine touchante pour des malheureux déjà condamnés. Un peu plus tard, il rencontra un policier qui faisait avaler avec une patience infinie du pain trempé au petit enfant d'une femme affaissée sur le bord de la route. Dans l'obscurité de ce désert, ces deux êtres, lui sembla-t-il, avaient accompli une action valable. »

Kawamoto écrit alors : « Plus je réfléchis aux expériences

que j'ai vécues, plus clairement j'entends au-dedans de moi-même une sorte de voix qui me dit : L'essentiel de la vie est d'aider tous ceux qui sont dans la misère et qui souffrent. »

Pas de sens, la vie? Absurde, le monde? Il faut avoir des yeux pour reconnaitre leur sens : ce que saint Paul appelle « Les yeux illuminés du cœur ». Il faut aimer. Le sens du monde est alors reconnu dans et par notre libre conscience, mais comme un sens objectif et total, non comme la seule projection et création de notre liberté individuelle.

VII

QUE SAVONS-NOUS DU PURGATOIRE ?

Pour un purgatoire du Purgatoire

Cette fois encore, il faudra purifier nos représentations et nous débarrasser, sinon des images, car on ne peut penser sans elles, il en est de valables et même de belles, du moins de certaines imaginations.

Des prédicateurs, des livres [1] ont parfois représenté le purgatoire comme une organisation de tortures raffinées. Il comporterait, par exemple, une section glaciale, un étang de métal en fusion, voire une grande marmite d'huile bouillante et de pois. On raconte des histoires de mains laissant leurs empreintes en sombres brûlures sur les bois ou la tapisserie. Les *âmes* du purgatoire auraient-elles donc des mains ? Il existait même naguère, à Rome, un musée du Purgatoire, où l'on voyait de ces choses, mais il a été fermé, nous dit-on, sur l'ordre du « Saint-Office ». Celui-ci n'aurait fait, en somme,

---

1. Par exemple F. X. Schouppe, *Le dogme du Purgatoire illustré par des faits et des révélations particulières*, Paris, 1888 ; J. A. Keller, *Höllengeschichten nach den besten Quellen*, Mayence, 1899. — Des anticléricaux, (P.v. Hoenenboesch, *Der Ultramontanismus*, 2e éd. Berlin, 1898, pp. 209 s.), ou des érudits (M. Landen, *Hölle und Fegfeuer in Volksglaube, Dichtung und Kirchenlehre*, Heidelberg, 1909) ont collectionné un certain nombre de sottises sur le Purgatoire et l'Enfer.

qu'appliquer les prescriptions du Concile de Trente, qui demandait aux évêques d'empêcher qu'on proposât aux fidèles des détails discutables, dont certains même relèveraient de la superstition [2].

Parfois encore, on parle en jours, en années de purgatoire, comme s'il s'agissait de salle de police ou de prison : cela dénonce une représentation usant de catégories de pures sanctions punitives. On n'oserait pas y croire si l'on ne lisait soi-même des stupidités comme celle-ci :

> Supposons que vous commettiez tous les jours une moyenne de 10 fautes ; au bout des 365 jours de l'année, vous aurez une somme de 3.650 fautes. Diminuons, et pour la facilité du calcul, mettons 3.000 par an. Au bout de dix ans, ce sera 30.000 ; au bout de 20 ans, 60.000. Supposons que de ces 60.000 fautes, vous ayez expié la moitié par la pénitence et les bonnes œuvres ; il vous en reste encore 30.000 à acquitter. Continuons notre hypothèse : vous mourez après ces vingt ans de vie vertueuse et vous paraissez devant Dieu avec une dette de 30.000 fautes, que vous devez acquitter dans le purgatoire. Combien faudra-t-il de temps pour accomplir cette expiation ?
>
> Supposons qu'en moyenne chaque faute exige une heure de purgatoire. Cette mesure est très modérée, si nous en jugeons par les révélations des saints ; mais enfin, mettons une heure par faute, cela vous fait un purgatoire de 30.000 heures. Or 30.000 heures, savez-vous combien elles représentent d'années ? 3 années, 3 mois et 15 jours [3].(...)

Pourquoi une faute ne vaudrait-elle pas une fessée ? L'image conviendrait bien à cette conception d'un Dieu-père fouettard. Mais il suffit de réfléchir une seconde pour savoir que la durée que vivent les âmes dans l'au-delà ne se mesure pas, comme la nôtre, en jours réglés par la rotation de la terre sur elle-même, ni en années réglées par sa révolution autour du soleil. Le purgatoire a sa durée propre, et il suffit qu'il soit essentiellement une attente pour que cette durée paraisse très longue, voire intolérablement longue.

Heureusement, les enseignements les plus authentiques

---

2. Session XXV, en 1563, Dz, n° 983 (1820).
3. SCHOUPPE, p. 93.

sont bien éloignés de ces peintures proposées par des imaginations obsédées. Le traité classique de sainte Catherine de Gênes († 1510) ne contient pas *un* mot dans le sens « tortures ». Il procède tout entier d'une idée vraie, vécue dans l'expérience spirituelle, de ce qu'est Dieu, de ce qu'est une âme qui aime Dieu. « Je ne crois pas, écrit la sainte, qu'après la félicité des saints du Paradis, il puisse exister une joie comparable à celle des âmes du purgatoire » (ch. 2). Des accents analogues ne manquent pas dans la tradition catholique.

Bases bibliques et traditionnelles

Le moins qu'on puisse dire est que l'existence du purgatoire est insinuée et supposée par la sainte Ecriture. Son caractère biblique apparaît mieux encore si l'on interroge la Bible comme faisaient les Pères : non avec une attitude d'esprit étroitement juridique et littéraliste, assez profane au fond, pour exiger que chaque énoncé soit matériellement appuyé par une référence formelle, mais en y cherchant une indication normative sur le type d'attitude que demande de nous le vrai rapport religieux que nous sommes appelés à vivre. Plus qu'une simple « inspiration », mais pas nécessairement un énoncé formel direct : plutôt une indication de ce que Dieu veut qu'on fasse.

Or Dieu veut qu'on prie pour les morts; que, à l'intérieur du Corps mystique, les vivants aident les défunts. Cela nous est montré, dans l'histoire de Judas Maccabée : ayant trouvé sur le corps des soldats tombés au combat des objets consacrés aux idoles, il fit offrir un sacrifice expiatoire, dans la conviction que les défunts se purifient entre leur mort et la résurrection, et sont aidés en cela par les suffrages des vivants (cf. 2 Macc. 12, 39-46). C'est une conviction analogue qui inspirait les chrétiens de Corinthe de faire quelque chose pour les morts : dans le cas, « se faire baptiser », ce qui ne laisse pas de nous être un peu obscur (1 Cor. 15, 29).

Mat. 5, 25-26; 12, 31-32; Luc 12, 59, expriment seulement

l'idée d'avoir à acquitter sa dette jusqu'au bout. Quant à 1 Cor. 3, 10-15, où intervient le thème assez imprécis du feu, il ne constitue pas, de l'avis le plus commun des exégètes catholiques, une attestation directe du purgatoire, mais il se prête à en accueillir la doctrine. Saint Paul ne parle sans doute pas du purgatoire, mais ce que l'Eglise en dit peut s'inscrire sans peine dans ses paroles et dans les perspectives qu'elles tracent.

Les études spéciales, les articles de dictionnaire citent les nombreuses attestations de la doctrine, échelonnées au fil de la Tradition. Nous n'en retiendrons qu'une ici, parce que c'est, non seulement l'une des plus anciennes, mais la plus belle, la plus vénérable et la plus parlante. Elle se trouve dans cet extraordinaire document qu'est le Journal écrit par Perpétue en prison, tandis qu'elle attendait le martyre. Le texte à la première personne est interrompu au moment où l'on va emmener les Témoins dans l'arène, le 6 mars 203; le récit de leur mort a été ajouté par une autre main. Perpétue avait eu un petit frère, Dinocrate, qui était mort en bas âge, probablement sans avoir été baptisé. Et voici ce qu'elle écrit :

Peu de jours après (celui où la sentence de condamnation aux bêtes leur avait été intimée), pendant que nous étions en prière, je parlai malgré moi tout à coup, je nommai Dinocrate. Je fus stupéfaite de n'avoir pas encore pensé à lui et affligée en me rappelant son malheur. Et je reconnus que j'étais maintenant digne d'intercéder pour lui. Je commençai donc à faire pour lui beaucoup de prières et à pousser des gémissements vers le Seigneur. Pendant la nuit, j'eus une vision : je vis Dinocrate sortant d'un lieu ténébreux, où se tenaient beaucoup d'autres personnes ; son visage était triste, pâle, défiguré par la plaie qu'il avait lorsqu'il mourut. Dinocrate avait été mon frère selon la chair, mort à sept ans d'un cancer à la figure, dans des circonstances qui avaient fait horreur à tout le monde. Entre lui et moi je voyais un grand intervalle, que ni l'un ni l'autre ne pouvions franchir. Dans le lieu où se trouvait Dinocrate, il y avait une piscine pleine d'eau, dont la margelle dépassait la taille d'un enfant. Dinocrate se haussait comme pour y boire, et je m'affligeais en voyant cette piscine pleine d'eau, et cette margelle trop haute pour qu'il y pût atteindre.

Je m'éveillai, et je compris que mon frère souffrait. Mais j'espérais que ma prière adoucirait sa souffrance, aussi ne cessai-je de prier pour lui chaque jour jusqu'à ce que nous fûmes transférés dans la prison *Castrensis* ; en effet, nous devions combattre dans les jeux que l'on donnait en l'anniversaire de César Géta (fils de l'empereur Sévère). Pendant ce temps, jour et nuit, je pleurais, je gémissais pour Dinocrate.

Un jour que nous avions les ceps, voilà ce que je vis : Le lieu que j'avais vu plein de ténèbres était plein de lumière, et Dinocrate bien vêtu, bien soigné, joyeux. La plaie du visage semblait cicatrisée et la margelle de la piscine s'était abaissée, elle lui arrivait à mi-corps ; l'enfant y puisait librement. Sur le rebord de la margelle était un vase rempli d'eau, mais elle ne diminuait pas. Quand il fut désaltéré, il s'éloigna et se mit à jouer, en enfant qu'il était. Alors je m'éveillai et je compris que mon frère avait quitté le lieu de souffrance pour une demeure de joie [4].

Sainte Perpétue, priez pour nous !
Sainte Eglise, priez pour nous !

La satisfaction du Corps mystique

On ne peut écarter l'idée de peine de l'idée de péché, ni l'idée de satisfaction de celle d'offense faite à Dieu. Le lien entre ces choses fait partie aussi du rapport religieux tel que la Bible nous apprend à le vivre. Il appartient à la vérité de la pénitence chrétienne. Certes, cette pénitence est essentiellement *spirituelle*, elle consiste, pour l'essentiel, à tourner son cœur *entièrement* vers Dieu. mais elle n'est sérieuse que si elle est onéreuse et si elle prouve la vérité de son propos par « des fruits dignes du repentir » (Luc 3, 8). La peine qui reste au-delà du pardon lui-même est moins une « vengeance » dont Dieu ne pourrait se passer (!) que la condition nécessaire et bénéfique pour nous, du plein sérieux de notre conversion.

---

4. *Passio Perpetuae*, nn. 7 et 8 ; trad. H. Leclercq, dans *Les Martyrs*, t. I, Paris, 1903, pp. 129-130. L'attestation du purgatoire n'est pas formelle, mais suffisante (cf. H. Leclercq, dans *Dict. d'Archéol. chrét. et de Liturgie*, t. XIV, col. 424 s. Du même, *ibid.*, t. IV, col. 427-56, témoignages sur la commémoration des défunts et la prière pour eux dans le christianisme ancien). — Que Dinocrate ne fût pas baptisé, on peut le supposer d'après son âge, et surtout d'après le fait que sa sœur et un de ses frères ne l'étaient pas encore. Leur père était encore païen.

Certes, Jésus a satisfait surabondamment pour le péché du monde et pour les nôtres. Mais nous sommes des personnes, non des choses ou des vivants irresponsables. On ne peut rien faire pour nous que nous ne devions y apposer librement notre signature. La satisfaction surabondante que Jésus a offerte, il faut que nous entrions en elle : exactement comme les bonnes œuvres qu'il a préparées pour nous et dont il est écrit qu'« il faut que nous marchions en elles » (Eph. 2, 10); exactement comme le Royaume, qui est préparé et offert, mais dans lequel il nous faut encore « entrer ». Oui, il nous faut entrer dans la satisfaction du Christ, de façon vivante et personnelle, c'est-à-dire d'abord par la foi, mais aussi par les œuvres, qui doivent l'accompagner. La satisfaction du Corps doit suivre celle de la Tête : satisfaction *dans le Christ*, avec le Christ...

C'est vraiment une satisfaction *du Corps*. Celle de chacun de ses membres personnels, d'abord; mais aucun n'est isolé, et tous peuvent aider les autres. La Communion des saints est une réalité. Elle n'est pas cette espèce de puérile comptabilité que certains imaginent parfois, consistant à virer le superflu des comptes pléthoriques au bénéfice des comptes maigres. C'est une chose chrétienne, donc spirituelle et vraie, réclamant un engagement du cœur. Elle accorde ces deux affirmations complémentaires, toutes deux formulées par la sainte Ecriture : « Chacun devra porter son propre fardeau » (Gal. 6, 5); « Portez les fardeaux les uns des autres » (6, 2).

« Au Purgatoire, nous serons tous des mystiques [5] »

L'aspect de satisfaction pénale est essentiel au purgatoire ; il n'en est pas le plus profond. Le purgatoire est avant tout un lieu de *purification*.

---

5. Formule de Mary Starkey-Greig, *Le Creuset de l'Amour*, Paris, Ed. Spes, 1950, p. 40.

Une peine simplement subie ne serait pas purifiante. Les peines que Dieu laisse à ses enfants malgré son pardon, au-delà de son pardon, purifient parce qu'elles sont acceptées. Or les hommes qui passent par le purgatoire sont des hommes qui sont apparus devant Dieu en ayant foncièrement son amour dans le cœur. C'est pourquoi l'on peut dire d'eux, avec sainte Catherine de Gênes (*Traité*, ch. 8 et 14) et Newman, que ce n'est pas tant Dieu qui les bannit de sa vue : c'est plutôt l'âme qui, s'étant vue telle qu'elle fut et telle qu'elle est, s'éloigne de Dieu et se réfugie dans une sphère de purification. Elle n'est pas en état de jouir de la vision de Dieu; elle ne peut le voir encore que comme son Buisson Ardent, et l'entendre lui dire : « N'approche pas d'ici. Ote tes sandales de tes pieds — ces sandales qui portent encore toutes les poussières de la route —, car le lieu que tu foules est une terre sainte... » (Ex. 3, 5). De quoi va-t-il s'agir, en effet? De rien moins que de voir Dieu comme il est (1 Jn 3, 12). De rien moins que de devenir le lieu où, étant « tout en tous » (1 Cor. 15, 28), Dieu s'affirmera et sera pleinement Dieu en nous!

Nous avons à nous purifier, bien sûr, des restes de nos péchés, de tout ce qu'ils ont laissé en nous d'inaptitude à être transparents à son rayonnement comme un cristal. Il est Tout, Il est l'Absolu. Il est le Saint... Même si nous sommes allés à lui de notre mieux, nous y sommes allés en usant du relatif : des biens de ce monde, des activités de ce monde, c'est-à-dire d'une terre *d'hommes et de créatures*. Il faut nous désengluer de tout cela, et que l'or de notre charité se débarrasse de ses scories. Un feu doit nous purifier.

Cette image du feu est profondément biblique, mais rien, ni dans la Bible bien comprise, ni dans le dogme défini [6], ne nous oblige de tenir qu'il existe, au purgatoire, un feu

---

6. C'est ce que disent P. BERNARD (*Dict. apologét.*, t. IV, col. 518 s.) ; A. MICHEL (*Dict. de Théol. cath.*, t. XIII, col. 1250, 1263-64) ; le cardinal GASPARI (*Catéchisme cathol.*, traduction française, pp. 640-41) ; le P. J. SEGARRA (*Estudios eclesiasticos*, t. VII, 1928).

matériel, ni même que le purgatoire soit *un lieu* au sens spatial du mot.

On serait certainement beaucoup plus proche de la vérité en voyant le purgatoire dans la ligne de ces moments ou de ces états de purification de leur foi et de leur amour que connaissent toutes les âmes spirituelles qui sont entrées sérieusement dans la voie d'une adhésion totale à Dieu. Il y a les croix et les contradictions visant à nous détacher des créatures : les appuis créés nous sont retirés, pour que nous n'en ayons plus d'autre que Dieu, et cela est ressenti d'abord comme un vide douloureux : on n'abandonne pas de telles adhérences sans souffrir. Il y a l'absence du Dieu qu'on aime, la peine ressentie des obstacles qui nous séparent encore de lui, alors que cependant on se réjouit d'être dans l'ordre de sa volonté : sainte Catherine de Gênes a beaucoup insisté sur cela. Il y a enfin l'espèce de brûlure intérieure qui vient de ce que l'âme ressent à la fois la puissante attirance de Dieu et le poids de tout ce que ses péchés ont laissé en elle d'indignité. Tous les spirituels chrétiens, depuis Origène, ont parlé de ce feu allumé en eux par Dieu et qui brûle leur conscience. Aucun doute que les « purifications mystiques » ne soient une des meilleures approximations pour nous représenter le purgatoire. Douloureuses, elles sont cependant aimées de ceux qui les subissent, car elles les rapprochent de leur Dieu et sont un effet de sa miséricorde. « Au purgatoire, nous serons tous des mystiques. »

Origène encore, et les Orientaux après lui, ont en outre une très jolie comparaison. Ils parlent de « télonies », c'est-à-dire de *douanes* successives, au passage desquelles on prélève l'excédent de bagage ou la marchandise interdite, qui empêcheraient d'arriver jusqu'à la Ville, Jérusalem...

La purification du Corps mystique se prolonge et s'achève au-delà de son existence terrestre. Ses membres encore charnels connaissent comme une mise au tombeau avant cette Pâque du Monde qu'inaugurera le Retour du Seigneur et qui sera sortie du tombeau et élévation avec le Christ, jusqu'à la droite de Dieu, où nous sommes appelés à régner avec lui...

VIII

L'ENFER EXISTE, mais il n'est pas celui des diablotins cornus...

Il y a *salut* par rapport à la possibilité de manquer définitivement sa destinée. Un autre peut m'entraîner là où, en me trompant, il arrive à me faire croire qu'il est doux, pour moi, d'aller, mais où, en réalité, je trouverai la mort.

Un autre. Qui? L'être caudé et cornu des images d'Epinal ou des sculptures de nos cathédrales? Laissons sa queue et ses cornes, laissons même tout corps et toute représentation imaginative, si proche d'être imaginaire, et tâchons de nous faire une idée vraie de l'enfer et du diable : cela est indispensable pour avoir une idée vraie de ce que c'est qu'être sauvé.

L'enfer existe. Les affirmations les plus formelles de la Parole de Dieu ne permettent pas d'en douter.

La Bible du peuple juif parle souvent de deux choses qui deviendront, conjointes, des composantes de la Révélation du Nouveau Testament : la colère de Dieu contre les méchants, et le « Schéol ». Voici un texte, parmi tant d'autres. Il s'agit de l'infidélité d'Israël : « Yahvé l'a vue, et, dans sa colère, il a rejeté ses fils et ses filles (...) Oui, un feu a jailli de ma colère, il brûlera jusqu'aux profondeurs du Schéol » (Deutéronome, 32, 19 et 22).

Les paroles de Jésus

Les Israélites appelaient Schéol le lieu souterrain, caverneux, où ils plaçaient le séjour indistinct de tous les morts, sans préciser la condition des justes et celle des pécheurs. Certains textes de la liturgie des défunts prennent encore « enfers » en ce sens indistinct où le mot désigne un lieu analogue à une prison et dont on prie Dieu d'être libéré. Quand nous disons du Christ, dans le *Credo*, « Il est descendu aux enfers », nous désignons cela aussi. Il ne s'agit évidemment pas de la damnation : Jésus y descend plein d'amour, c'est incompatible avec la damnation. Cela signifie que Jésus est allé jusqu'aux profondeurs de la mort : par quoi la sainte Ecriture et les Pères n'entendent pas seulement la mort corporelle, mais cette situation où l'existence ne mérite plus le nom de vie. C'est en ce sens, c'est à cette profondeur, que la résurrection de Jésus est une résurrection *d'entre les morts*, que Pâques est le principe d'un salut intégral.

Sur le point qui nous intéresse ici, Jésus et les Apôtres affirment trois choses : 1° Il y aura une résurrection corporelle des bons et des méchants : Jn 5, 29; Act. 24, 15. — 2° Il sera rendu à chacun selon ses œuvres. Au temps de la miséricorde, ouvert à toutes les possibilités de conversion, succédera un temps de la justice. Voir 1 Thess. 1, 6-10; 1 Cor. 6, 9-10; Rom. 2, 5-11. — 3° Les méchants seront objets de la colère vindicative de Dieu. Comme dans l'Ancien Testament, on nous parle du feu de la colère de Dieu : voir Mat. 3, 7; Jn 3, 36; Rom. 2, 5; 1 Thess. 1, 10, et surtout Heb. 10, 26-31. Les méchants seront objets de malédiction, réduits à une situation de damnation, dont le lieu est l'enfer. Notre maître, Jésus, Parole vivante du Dieu véridique, en parle en termes de « ténèbres extérieures » (Mat. 8, 12; 22, 15; 25, 30) et de « Géhenne », « Géhenne du feu ». Les paroles les plus terribles de Notre Seigneur sont peut-être celles qui se trouvent dans l'annonce, à d'autres égards si consolante et si prometteuse, du Jugement : « Allez loin de moi, maudits, dans le feu éternel qui a été préparé pour le diable et ses anges... » (Mat. 25, 41).

Il y a donc du feu dans l'enfer. Et pourtant, il est tout autre chose qu'une rôtisserie sinistre, autre chose, quoi qu'en aient pensé les Anciens, que ce feu des entrailles de la terre que les volcans crachent à sa surface, comme le beau film de Tazieff nous l'a récemment rendu sensible. On parle de feu, parce que le feu est, de tous les éléments, celui qui cause la douleur la plus intense, mais c'est un feu qui brûle sans détruire. C'est un feu dont il faut se faire une idée qui soit digne de ce qu'il représente : quelque chose qui, même réel au plan du corps, est foncièrement spirituel, puisqu'il s'agit encore et toujours de Dieu, de sa créature intelligente et du rapport existant entre les deux quand il n'y a plus, chez celle-ci, de conversion possible de son péché, et, de la part de Dieu, que justice et colère.

Il faut donc fermer *La Divine Comédie*, même et surtout illustrée par Gustave Doré. Il faut nous efforcer à une représentation spirituelle. Non par philosophisme : le dogme résiste à une interprétation d'intériorité pure, comme si le feu n'était autre que le remords, par exemple. Mais par vérité.

L'Etre Absolu et l'être fini, pris, l'un et l'autre, très au sérieux

L'article de l'enfer est un chapitre de théologie, non d'art dramatique. Il traduit un aspect du rapport spirituel de l'homme avec Dieu, mais d'un homme qui est âme et corps. Et voici un premier point, tout à fait majeur : l'enfer n'est pas voulu pour lui-même. *Il n'y a pas de prédestination à l'enfer* (contre Calvin). Dieu n'a rien fait *pour* la destruction ou *pour* le malheur. L'affirmation de l'enfer est à situer et à comprendre à l'intérieur d'un Dessein entièrement positif, qui est un propos, une offre d'alliance. Elle est à voir, dans ce plan, comme résultant de la pleine vérité et du sérieux de ce qui nous est offert et des parties en cause dans ce rapport d'alliance.

Du côté de Dieu, c'est l'offre d'une communion qui englobe un salut total, en sorte que la refuser ou la manquer représente une perte totale. Dieu, c'est la Bonté, mais Dieu, c'est l'Absolu, c'est l'Acte souverain. Il est tout autre chose qu'un grand-papa gâteau qu'on pourrait finalement toujours « avoir » au sentiment ou à la lassitude. La proposition d'alliance du Dieu vivant est infiniment sérieuse. Elle traduit, de sa part, une volonté qui, méconnue ou refusée, ne peut s'évanouir dans le vide, de telle façon qu'on pourrait n'en plus parler, qu'il en serait, à la longue, comme s'il n'en avait jamais été question. La volonté de Dieu demeure comme un ordre. Méprisée, ou simplement négligée, elle sortira infailliblement ses effets : elle produira à nos dépens ceux qu'elle voulait porter à notre bénéfice. Nous rentrerons, dépouillés et vaincus, sous le règne d'un Dieu qui voulait nous associer et nous combler... Elle est traditionnelle, elle est paulinienne et biblique, cette idée : ceux qui ne seront pas venus au Règne de Dieu par la voie de la miséricorde, y rentreront par celle de la justice : « Quant à ceux qui maintenant ne se rendent pas à Sa bonté, ils reconnaîtront sa force au jour du Jugement », dit saint Irénée, qui cite Rom. 2, 4-6 [1].

Bien des philosophes ont arrêté leur méditation sur ce mystère : comment, Dieu étant l'Absolu, le Parfait et l'Infinité de l'Etre, peut-il exister des êtres finis? Il est clair que, n'étant que par l'Etre infini, les êtres finis doivent lui être rapportés. Lachelier voyait ici le fondement, ou même la nature foncière du sacrifice : « Le fond du sacrifice semble être que le fini ne subsiste en dehors de l'infini que provisoirement et comme en vertu d'une tolérance à laquelle il sent lui-même qu'il est beau de renoncer. » IL FAUT que l'être fini soit ramené à l'Etre absolu : *c'est l'ordre*. Ce qui ne l'est pas par une libre obéissance d'amour, le sera par une sujétion peineuse.

Du côté de l'homme, il y a l'immense sérieux de sa liberté. Le message biblique et le dogme chrétien supposent, sous peine

1. S. IRÉNÉE, *Epideixis*, n. 8 (*Patr. Or.*, 12, p. 761 ; trad. fr., coll. « Sources chrétiennes », 62, Paris, Ed. du Cerf, 1958).

de devenir absurdes, la réalité de cette liberté. Je peux dire Non à Dieu. Littéralement, je puis me dresser contre lui. « Je suis le jouteur de Dieu... Je porte en moi le pouvoir, sinon le droit, de faire contrepoids à Dieu » (Jouhandeau). Oui, il me donne d'aller jusque-là!

La vie présente est très précisément le temps du choix. Ses conditions sont la vie dans le corps et l'existence dans le temps. Dans la mesure où nous avons à décider du sens que prendra notre vie, nous le faisons dans les limites et selon le statut que nous impose ce double conditionnement. Ne connaissant jamais qu'un aspect des choses, et, successivement, différents aspects, nous pouvons, ici-bas, changer, et nos choix, même s'ils se croient et se veulent tels, ne sont jamais irrévocables : sauf quand Dieu lui-même les rend fermes de sa propre fermeté. La vie dans le corps, l'existence dans le temps, déterminent pour l'homme une situation où il peut changer d'orientation, bref, dans un sens ou dans un autre, se convertir. C'est pourquoi il existe ici-bas trois choses ou trois situations : une Eglise qui, dans le plus authentique d'elle-même, est la Communion des saints —, un Monde au sens où Notre Seigneur dit que le Monde le hait —, et un troisième terme : un Monde au sens neutre, simple cadre du libre usage que nous sommes appelés à faire de notre liberté.

Quand le temps d'ici-bas cesse pour nous, quand l'âme cesse d'animer son corps et le quitte, nous entrons dans une autre durée, qui ne comporte plus les conditions de celle du corps et du temps, dans un ordre de choses où, compte tenu du Purgatoire dont nous avons parlé plus haut, il n'y a plus d'entre-deux neutre, mais seulement Royaume et Anti-Règne, Vie ou Mort, Salut ou Perte. Notre liberté est fixée. Si pauvre qu'elle ait été — Dieu connaît cette pauvreté —, elle est fixée telle que la mort la saisit, en ordre à l'égard de Dieu ou en refus de lui. Quand Bossuet écrit : « L'enfer, c'est le péché même », il entend qu'il ne fait, en son fond, que réaliser la conséquence de l'attitude prise dans le temps où nous était donnée la possibilité d'en prendre librement une. Barbey d'Aurevilly disait, dans le même sens : « L'enfer, c'est le ciel en creux », et un théologien anglican contemporain, E.-L. Mascall : « La colère de Dieu n'est pas autre chose que l'amour de Dieu tel qu'il se révèle au pécheur. » Au milieu du ve siècle, saint Isaac d'Antioche avait déjà écrit : « Il n'est pas juste de dire que les pécheurs dans l'enfer soient privés de l'amour de Dieu. Mais l'amour agit de deux manières différentes : il devient souffrance dans les réprouvés et joie dans les bienheureux [2]. » Le pécheur est, par définition, celui qui n'aime pas Dieu : l'amour de Dieu ne lui est que contradiction, et, comme il est fort et brûlant, contradiction brutale et cuisante.

L'enfer est tout autre chose qu'un Grand Guignol tragique. C'est une réalité qui découle de ce qu'est Dieu et de ce qu'est l'homme, chacun en son sérieux et en sa profondeur. Aussi bien voyons-nous, et le fait est très remarquable, la réflexion contemporaine, même incroyante, quand elle s'applique à la profondeur de l'être spirituel et de la liberté, aboutir à une idée de l'enfer qui est loin d'être superficielle, même si, méconnaissant le point de vue de Dieu, de sa Majesté, et donc le sens du péché, elle est intéressée par l'homme, tournée seulement vers lui [3]. L'enquête de l'Institut Français d'Opinion Publique auprès de la Nouvelle Vague donnait, de son côté, les chiffres suivants : 40 % des 18 à 30 ans croient qu'ils retrouveront après la mort les êtres qu'ils ont aimés; 38 % croient à un Paradis, un Purgatoire et un Enfer.

L'I.F.O.P. ne nous dit pas à *quel* Enfer... Nous avons commencé de répondre à la question, du point de vue d'une théologie chrétienne authentique. Mais, nous en avons conscience, il reste bien des problèmes, graves et difficiles. Deux, en particulier, monumentaux : Comment se représenter l'aspect de peine, de châtiment, en particulier le feu ? L'homme est-il vraiment si libre qu'il puisse aboutir à *cela*?

---

2. *Homel. spirit.* XI, 1 (*PG* 34, 544D), cité par O. CLÉMENT, *Transfigurer le temps*, p. 216.

3. Nous visons des textes comme ceux de M. JOUHANDEAU, *Algèbre des valeurs morales*, Paris, 1935, 3e livre ; N. BERDIAEFF, *De la destination de l'homme*, 1934 ; DOSTOÏEVSKY ; J.-P. SARTRE, *Les Mouches* et *Huis-Clos*. Cf. H. Rondet et M. Carrouges, cités *infra*, n. 6.

LE FEU DU VRAI RENDEZ-VOUS DU DIABLE

Nous savons depuis le catéchisme que l'enfer comporte une peine du *dam* et une peine du *sens*, et que la première consiste en la privation de Dieu, la seconde en un châtiment sensible même à l'âme, puisqu'il existe antérieurement à la résurrection de nos corps. Les réflexions que nous allons faire nous feront comprendre qu'entre ces deux sortes de peines, il existe un intime lien, et que le châtiment sensible, loin d'être une sorte d'ajoute arbitraire et quelque peu sadique à la peine, déjà totale, de la damnation, doit, en sa profondeur, se comprendre à partir d'elle, comme une conséquence à partir de son principe.

Etre damné, c'est être coupé de Dieu. Si la sainteté consiste à vivre en Dieu et de Dieu, la damnation est la situation-limite de son contraire : l'existence hors de Dieu, non hors de sa Puissance, car il n'existe rien en dehors de sa Puissance, mais hors de sa Communion et de son Amour. Si le ciel, c'est « Dieu tout en tous » (1 Cor. 15, 28), l'enfer, c'est Dieu en rien, en personne. J'ai voulu construire ma vie sans Dieu, ou contre lui. Ou bien, sans vouloir directement cela, j'ai voulu ne la construire que pour moi, au risque de ne la point construire selon Dieu, au risque de la construire contre lui. Et voilà qu'au terme, quand ma vie se totalise dans son résultat, et que les fruits sont mûrs pour être cueillis et mangés, je me trouve effectivement sans Dieu, exclu du Dieu que j'ai exclu de ma vie...

Le châtiment qui s'ajoute est sensible parce que je suis un vivant corporel. Rien n'est sérieux et complet pour l'homme, qui ne se répercute en son corps. Dieu lui-même, quand il aime l'homme « jusqu'à la fin », se donne à lui corporellement : il s'engage dans une Incarnation, il institue un sacrement du corps et du sang.

La sainte Ecriture parle de cette peine du sens en des termes empruntés principalement à deux ordres de réalités. D'abord, en termes de prison : c'est comme un puits, une fosse, un gouffre où l'on descend; l'entrée en est fermée par des portes bien verrouillées. Il y règne d'épaisses ténèbres. C'est un cachot où l'on est jeté pieds et poings liés [4]. Ensuite, en termes de flammes : géhenne du feu, étang de feu, feu éternel [5]. Il est probable que les deux séries d'images sont à comprendre, s'il est possible, comme désignant une unique réalité : quelque chose comme une prison aux murs de flammes, un lieu, une situation où le cadre d'existence soit à la fois destructeur de la liberté et de la joie, comme une prison, et pénible comme une brûlure. C'est bien ainsi qu'à travers beaucoup de tâtonnements dus à une ignorance inguérissable, des théologiens de la taille de saint Thomas d'Aquin ont cru pouvoir comprendre un tout petit peu ce qui, quoi qu'on fasse et qu'on dise, restera pour nous un mystère [6].

Il faut se frayer une voie entre une sorte de fondamentalisme, c'est-à-dire de littéralisme obtus, qui ferait de l'enfer un rôtissoir aussi scandaleux qu'impensable pour l'esprit, et une interprétation symboliste, spiritualisante à l'excès, contre laquelle s'élèveraient, tant le Magistère que la Tradition patristique et théologique. C'est bon de démythiser nos représentations religieuses. C'est même nécessaire pour qu'elles ne soient trop indignes, ni de Dieu, ni de nous, ni du rapport religieux en quoi consiste tout le Projet de Dieu. Mais il ne faut pas, en critiquant les expressions plus ou moins imagées de la Révélation, en corroder les affirmations jusqu'à n'en garder que ce qui serait transparent à notre raison.

Nous parlerons donc du feu comme consistant en quelque

---

4. Pour l'Ancien Testament, voir Is. 38, 10, 18 ; Ps. 28, 1 ; 30, 4; Prov. 1, 12 ; Job 10, 20 et s. ; 17, 16 ; 38, 17. Pour le Nouveau Testament, voir 2 Pierre 2, 4 et 17 ; Jude 6 et 13 ; Apoc. 20, 1-3 ; ténèbres extérieures : Mat. 8, 12 ; 22, 13 ; 25, 30.

5. Mat. 5, 22 ; 18, 8 et 9 ; 25, 41 ; Marc 9, 44-46 ; Apoc. 19, 20 ; 20, 10, 14-15.

6. Voir saint THOMAS, *Sent.* IV, d. 44, q. 3, a. 2, qa 1 ; *Suppl.*, q. 70, a. 3 ; q. 97, a. 5. Nous avons tiré un grand profit de : H. RONDET, *Pour la réflexion théologique*, Paris, Spes, 1945 ; G. BARDY, M. CARROUGES, C. SPICQ, Ch.-V. HÉRIS, *L'enfer*, éd. de la *Rev. des Jeunes*, 1950 ; Ch. JOURNET, « Le mystère de l'enfer », in *Nova et Vetera*, 34 (1959) pp. 264-287; P. GHISONI, *Eschatologie infernale*, Paris, 1962.

réalité extérieure à nous-mêmes; tout comme les murs d'une prison ne consistent pas seulement dans un désespoir qui nous ferait croire notre situation sans issue : nous nous heurtons vraiment à quelque chose de dur, de résistant, et d'étroitement limitatif.

Nous nous souviendrons, d'autre part, de ce que la théologie nous dit [7] : Le feu? Il y a d'autres peines, mais on les résume dans celle du feu parce que c'est pour nous la plus afflictive et, sans mauvais jeu de mot, la plus cuisante, l'exposant maximum de ce qui est pénible. Le Magistère n'a rien défini concernant la nature et le mode d'action de ce feu, ni même sa réalité physique. Le dogme affirme seulement la réalité corporelle objective de la peine, il ne porte pas sur l'imagerie dans laquelle on la représente. Ce feu, en toute hypothèse, est le feu d'un autre monde que le nôtre, puisqu'il brûle sans consumer et sans s'épuiser lui-même. Ceux qui, comme saint Thomas d'Aquin, à la différence de saint Bonaventure, lui attribuent une vraie réalité physique, insistent sur une idée bien consonante à l'Ecriture. Le feu, disent-ils, est l'instrument de la colère et de la justice de Dieu [8]. Il faut considérer, non tant le feu lui-même et son aptitude à brûler, que l'action *de Dieu* punissant et, éventuellement, se servant pour cela d'un feu.

L'Enfer, c'est une existence absurde

Le damné n'est pas seul. Il appartient à un monde, il vit dans un certain monde. Mais voilà que ce monde, et les autres hommes qui y sont avec lui, et sa propre existence, lui deviennent prison et brûlure : il est lié à un monde et à une existence qui n'ont pas de sens; il le sait, il sait même que c'est irrémédiable. Ah! Il est bien essentiel à ce feu de ne pas détruire ce qu'il brûle. Etre damné, c'est être lié, de façon

---

7. Saint Thomas, *Suppl.*, q. 97, a. 1, ad 1. Le traité de S. Thomas est traduit et expliqué par R. Omez (*Le monde des ressuscités*, Paris, 1961).
8. Saint Thomas, *ibid.*, a. 5, ad 1 et *loc. cit. supra*, n. 5.

indestructible, à une existence, à des êtres, à tout un monde, d'où le sens de l'être et de l'existence est définitivement absent. C'est ne plus relever que de la Puissance de Dieu, non de sa Grâce. Il y a comme une ontologie propre du ciel, de la terre et de l'enfer. L'ontologie du ciel, c'est l'amour, la communion et l'action de grâces; celle de la terre, la possibilité d'une libre décision, c'est la foi et l'espérance, la possibilité que cela aille mieux demain, la possibilité de se convertir. L'ontologie de l'enfer, c'est la permanence dans une existence privée de signification et d'espérance. Dostoïevsky — lui encore! — a, sur tout cela, des pages d'une extraordinaire profondeur (voir en fin de ce chapitre).

Les fameux «damnés de la terre » méritaient ce nom en un sens autre et plus profond que ne le pensait Pottier, car ils étaient vraiment sans Dieu. Ils le méritaient aussi parce que leur vie était sans espérance et sans signification. Saint-Exupéry a raison : « L'homme libre est celui qui trouve une signification à son travail. » A parité de conditions matérielles, on est libre ou esclave, on se sent heureux ou misérable, selon qu'on donne ou non un sens à son existence et singulièrement à son travail. Ecoutons encore Saint-Exupéry :

> Nous voulons être délivrés. Celui qui donne un coup de pioche veut connaître un sens à son coup de pioche. Et le coup de pioche du bagnard, qui humilie le bagnard, n'est point le même que le coup de pioche du prospecteur qui grandit le prospecteur. Le bagne ne réside point là où des coups de pioche sont donnés. Il n'est pas l'horreur matérielle. Le bagne réside là où des coups de pioche sont donnés qui n'ont point de sens, qui ne relient pas celui qui les donne à la communauté des hommes [9].

Or, tout en continuant d'être, en ne pouvant s'affranchir d'exister, le damné a perdu à jamais, et il le sait, le sens de

9. *La paix ou la guerre?* dans *Un sens à la vie*, textes inédits recueillis et présentés par Cl. RAYNAL, *NRF*, 32e éd., 1956. p. 177. Notons ici, pour le problème qu'elle pose plus que pour sa vérité, la remarque de Simone Weil sur le travail manuel comme comportant toujours (?) un élément de servitude : « C'est le fait qu'il est gouverné par la nécessité, et non par la finalité. »

son existence et, avec lui, la vérité de son être. Il est en quelque sorte condamné à subsister en l'absence du vrai sens de son existence. La vie, dans ces conditions, est un bagne, une prison; nous disons parfois « un véritable enfer ». Hélas! inconscients que nous sommes, nous dirions aussi bien : « un vrai calvaire », alors que le Calvaire est le contraire même de l'enfer, puisqu'il est plein d'amour et de la signification maxima du sacrifice... La souffrance infernale est pénible, au contraire, dans toute la mesure où elle est infligée et subie, non voulue comme un sacrifice, non offerte et par conséquent non purificatrice; dans toute la mesure, donc, où elle n'a pas de sens et où l'on est impuissant à lui donner celui d'un sacrifice, car il faudrait, pour cela, aimer Dieu, et ce serait sortir de l'enfer. Oui, cette reconnaissance même de la Seigneurie du Christ, qui fait fléchir les genoux à son nom (Phil. 2, 10), dans l'enfer, n'a pas de sens, car elle est contrainte et sans joie...

Dans l'enfer, privée de son sens, l'existence est sans cesse, en même temps, maintenue et comme détruite. Dans *Les Rendez-vous du diable*, de Tazieff, on voit le volcan, inlassablement, apporter et démolir, ajouter et défaire; le dialogue du film exprime bien cela quand, à propos de l'Etna photographié en pleine activité, il a ces mots : « un mélange de création et de fin du monde »... La Rédemption, par contre, c'est le maintien, non seulement de l'Alliance, mais de la Création, malgré le péché; c'est l'offre faite à nouveau, c'est la restitution d'une signification pour la vie de l'homme et pour le monde, malgré le péché qui, normalement, n'attirerait que colère de Dieu et destruction, comme on le voit par l'histoire du déluge et par celle de Sodome. L'enfer, c'est le lieu où il n'y a pas de Rédemption, dit la liturgie.

Sauf si Dieu voulait ouvrir un chapitre tout nouveau après cette histoire-ci, dont il ne nous aurait pas livré un seul mot [10]. Cela reviendrait à supprimer l'enfer. Mais,

---

10. Si nous n'étions dispensé ici d'être complet, il faudrait mentionner une doctrine qui a eu ses partisans chez les Pères, au Moyen Age, et dont des textes liturgiques anciens témoignent : celle de la mitigation des

dans la Révélation telle qu'elle nous a été faite, il est parlé et par Jésus lui-même, d'un feu éternel (Mat. 18, 8; 25, 41), et même d'une peine éternelle (25, 46).

Hasardons une sorte de parabole. Jésus a parlé du ciel en paraboles : ce sera un festin, un repas de noces. Ne pourrait-on, pour sa contrepartie infernale, penser à la situation d'un enfant qui a suscité et encouru la colère de ses parents? Le petit n'a d'autre toit ni d'autre table : il est lié au cadre d'une maison qui pourtant, à ce moment, n'est plus pour lui un foyer, où tout lui apparaît bouleversé, incertain, hostile, sans issue. Car le lien de dépendance et d'affection qui lui permettait de vivre dans la joie, a disparu. Ainsi le monde pour le damné : les créatures, les autres, sa propre vie, tout lui est hostile et, en même temps, il ne peut s'en échapper. Ce n'est pas un foyer pour vivre, c'est une prison. Cette hostilité est une torture : l'ensemble des choses auquel le réprouvé est lié est, par lui, ressenti, sur toute la surface de son existence corporelle et spirituelle, en désespoir cuisant, morsure et brûlure, géhenne du feu... Le feu est bien réel, pas purement psychologique et moral, mais ce n'est pas celui d'une broche dont des diablotins cornus tourneraient la manivelle.

Dieu n'est pas un tortionnaire. Il est Dieu. Il punit en deçà des fautes, disent la sainte Ecriture et la théologie [11]. Mais, là où il n'est pas — il y est comme créateur, mais pas comme Dieu vivant, comme Dieu de l'Alliance, sauf par ce vide atroce qui témoigne de son absence —, c'est la damnation. Et la damnation, c'est cette géhenne-là.

---

peines de l'enfer, Dieu exauçant miséricordieusement la prière des fidèles : voir *Dict. de Théol. cath.*, art. *Mitigation.* Les actions bonnes faites ici-bas peuvent aussi valoir un adoucissement dans la condamnation : saint THOMAS, *IIIa*, q. 89, a. 6 ad 3.

11. Dieu est lent à la colère, riche en miséricorde, mais aussi justicier sévère : cf. Exode 34, 6-7 ; Ps. 103, 8 et 17-18 ; 145, 8 ; Joël 2, 13. Nombreux autres passages. Comp. 1 Jn 4, 8-10. — C'est un lieu commun de théologie, que Dieu punit en deçà et récompense au-delà des mérites : cf. par ex. S. THOMAS, *Sum. theol.*, I, q. 21, a. 4, ad 1.

Le péché, semence de l'enfer

Ces explications, si elles sont valables, nous permettent de comprendre un peu moins mal aussi ce qu'est le péché et ce qu'est le salut : le premier pas vers la damnation, et son contraire.

Le péché, c'est là où on ne met pas Dieu; ce à quoi on ne donne pas le sens que Dieu veut. Ce d'où on ôte Dieu. A la limite, et s'il n'est pas effacé par la pénitence et le pardon — mais un pardon et une pénitence pas purement fictifs; un pardon et une pénitence qui remettent Dieu dans la vie et reconforment l'action au sens que Dieu veut pour elle —, le péché, c'est l'enfer. Bossuet, nous l'avons vu, s'exprimait déjà ainsi.

Le salut, par contre, nous l'avons vu aussi, revient essentiellement à donner, à rendre un sens à la vie : son sens vrai, son sens selon Dieu, car il n'y en a pas d'autre qui soit vrai et qui soit total. Etre sauvé, c'est être arraché à une existence sans signification, désespérée, vouée à la mort sans rémission. C'est inscrire à son bénéfice le sens que Jésus a donné à l'existence et, par le fait même, l'assurance d'une vie éternelle, corps et âme, là où tout sera plein de sens, perception joyeuse du sens des choses, comme on goûte un beau fruit ou une œuvre d'art parfaite. Et donc, action de grâces.

DOSTOÏEVSKI PARLE DE L'ENFER :

Qu'est-ce que l'enfer? C'est la souffrance de ne plus pouvoir aimer. Une seule fois dans la vie infinie que l'on ne saurait mesurer ni dans le temps, ni dans l'espace, il a été donné à un être spirituel, du fait de son apparition ici-bas, la possibilité de se dire : Je suis et j'aime. Une fois, une seule fois, un instant d'amour actif et vivant lui a été donné, et c'est pour cela que lui a été donnée la vie terrestre dans ses limites temporelles. Eh bien, cet être heureux rejeta ce don sans prix, ne sut pas l'apprécier et l'aimer; il le contempla ironiquement et resta insensible. Un tel être, départi de la terre, voit le sein d'Abraham, s'entretient avec Abraham comme dans la parabole du riche et de Lazare, contemple le Paradis, peut s'élever vers Dieu, mais ce qui le torture précisément, c'est qu'il se présentera devant Dieu sans avoir aimé, et qu'il côtoiera ceux qui ont aimé, ayant méprisé leur amour. Car il voit clairement et se dit à lui-même : « Maintenant, je possède la connaissance, mais bien que j'aie soif d'aimer, il n'y aura plus de mérite dans mon amour, il n'y aura plus de sacrifice, car la vie terrestre est finie et Abraham ne viendra pas apaiser d'une goutte d'eau vive (c'est-à-dire en me faisant don de l'ancienne vie terrestre active) la soif d'amour spirituel dont je suis consumé maintenant, après l'avoir dédaignée dans la vie. Il n'y a plus de vie, et il n'est plus temps! Bien que maintenant j'eusse donné, avec joie, ma vie pour les autres, ce n'est plus possible, car la vie que l'on pouvait sacrifier à l'amour est passée, et un abîme sépare, maintenant, l'autre vie de mon existence présente. »

On parle du feu matériel de l'enfer; je frémis et je ne sonde pas ce mystère. Mais je pense que même si le feu était matériel, les damnés s'en réjouiraient, en vérité, car dans les tourments matériels, ils pourraient oublier, j'imagine, ne serait-ce qu'un instant, les tourments spirituels plus terribles. On ne saurait, d'ailleurs, leur ravir ces tourments spirituels, car ces tourments ne sont pas extérieurs, mais intérieurs. (...)

Oh! il y a dans l'enfer des âmes qui demeurent fières et féroces, malgré la connaissance incontestable et la contemplation de la vérité inéluctable; il y a des âmes effrayantes qui communient entièrement avec Satan et son esprit d'orgueil. Pour ceux-là, l'enfer est un enfer volontaire et ils ne sauraient s'en rassasier, ceux-là sont des victimes volontaires. Car ils se sont maudits eux-mêmes, ayant maudit Dieu dans la vie. Ils se nourrissent de leur orgueil haineux, comme un affamé suçant dans le désert le sang de son propre corps. Mais ils sont insatiables pour les siècles des siècles, et ils repoussent le pardon, et ils maudissent Dieu qui les appelle Ils ne peuvent pas contempler sans haine Dieu vivant, et ils voudraient qu'il n'y ait plus de Dieu de la vie, que Dieu s'anéantisse Lui-même, avec toute sa création. Ils brûleront éternellement dans les flammes de leur colère, assoiffés de. mort et de néant. Mais ils n'obtiendront pas la mort.

(Entretiens du starets Sosime : *Frères Kamarazov*, liv. VI, chap. 3)

IX

SOMMES-NOUS VRAIMENT ASSEZ LIBRES ?

SI NOUS POUVONS TOUT PERDRE, C'EST QUE NOUS POUVONS TOUT GAGNER

On prête à l'abbé Mugnier cette boutade : L'enfer existe, mais il est presque vide. Les hommes ne sont pas assez libres pour être méchants au point de le mériter! Pauvres hommes! Il suffit de les regarder, de faire le compte des conditionnements physiologiques ou économiques qu'ils subissent, de la pression sociale, du « Surmoi » qui se surimpose au Moi et l'étouffe, de l'hérédité et des déformations ou des manques de l'éducation, de la réalité, enfin, du subconscient et de l'inconscient qui suscitent nos pulsions, préparent nos complexes et débordent sans cesse le champ de notre lucidité, pour mettre un gros point d'interrogation en marge de tout hymne à la liberté humaine.

Et puis, ces mêmes pauvres hommes, sauf de rarissimes exceptions, quand ont-ils assez en mains les données de la question pour être vraiment responsables d'un refus de l'alliance que Dieu leur offre en Jésus-Christ? Ne faut-il même pas reconnaître que, pour beaucoup, la question semble bien ne se présenter jamais? Et, quand elle se présente, n'est-ce pas si défigurée, recouverte de tant d'autres choses, qu'on ne la reconnaît pas? Dès lors, ce n'est pas sur le fond qu'on prend parti, mais sur l'un ou l'autre des détails qui forment la trame superficielle de notre vie.

Il n'est pas nécessaire d'identifier Dieu pour le nier ou l'aimer

Il y a bien la réponse de l'Evangile. Car notre question se trouve sur les lèvres de Notre Seigneur (Mat. 25) : « Quand t'avons-nous vu avoir faim et ne t'avons-nous pas donné à manger? Quand t'avons-nous vu nu, et ne t'avons-nous pas couvert? » Les damnés protestent, les damnés interrogent, car ils n'ont pas conscience d'avoir jamais eu, si l'on ose dire, la chance de prendre parti contre Dieu. La réponse de l'Evangile est d'une immense portée. Nous la retrouverons quand nous aurons à parler du salut des non évangélisés. Dieu ne se présente pas nécessairement à notre libre choix, visage découvert. Il ne peut même pas se présenter ainsi : il lierait notre liberté de choix, car sa beauté serait telle, l'évidence qu'il est le Bien absolu si éclatante, que nous n'aurions plus la possibilité de le refuser. La liberté de notre option exige que Dieu garde une sorte d'incognito, elle demande une certaine ambiguïté, des conditions, en quelque sorte, crépusculaires. Encore faut-il qu'on voie suffisamment, dans ce crépuscule, pour que nous soyions responsables d'une décision prise *contre*...

Peut-on être chatié infiniment pour une faute finie?

L'enfer, tel que la Révélation nous en parle, est éternel. Il s'agit d'une perte définitive, irréparable, d'une dette que *rien* ne peut éteindre. Est-ce possible? Mes fautes ne sont-elles point passagères? Même graves, elles n'auront duré qu'un temps. Peut-on imposer, pour une faute d'un moment, un châtiment définitif?

Il faut s'entendre sur « châtiment ». Il faut exclure d'abord toute représentation qui ferait de Dieu un tortionnaire et de l'enfer une immense entreprise de supplices sans fin. Pour autant qu'un châtiment doit compenser le désordre de notre usage dévoyé, matérialiste, égoïstement jouisseur, des choses créées, il ne peut s'agir que d'un châtiment limité, proportionné au désordre commis. Il est impensable, il serait blasphématoire de penser que Dieu punisse par un châtiment illimité un désordre limité, ou encore qu'il sanctionne de façon égale des égarements de gravité très différente. Par contre, il existe un élément commun à tout péché, et même également présent dans tout véritable péché, à savoir le fait de se détourner de Dieu, de lui dire *Non.* Et ce fait, lui, est d'une gravité infinie. C'est ce que saint Anselme répondait à son interlocuteur, auquel il voulait montrer la nécessité d'un rachat de valeur également infinie : « *Nondum considerasti quanti ponderis sit peccatum*, Tu n'as pas encore réalisé toute la gravité du péché [1] ! »

De fait, nous y sommes peu sensibles parce que nous avons un bien faible sentiment de la majesté de Dieu et des exigences infinies de sa sainteté. Nous sommes sensibles à ce qui nous touche. L'aspect par lequel le péché nous fait du tort, ou fait du tort aux autres, nous émeut. A la rigueur, même, nous serions touchés à la vue de ce que le péché a coûté au Juste irréprochable : les femmes de Jérusalem s'attendrissent sur Jésus portant sa croix, épuisé et sanglant. Il les invite à pleurer sur elles-mêmes :

> « Pleurez sur vous », dit Jésus.
> Nous ne vous en privons pas,
> Mais sur nos désirs déçus,
> Non sur nos fautes, hélas ! (H. Ghéon)

Ce qui nous manque, pour pleurer sur nos fautes, c'est de comprendre la gravité du péché comme offense faite à Dieu. Nous n'en avons pas le sentiment parce que nous n'avons pas celui de la Majesté sainte de Dieu. C'est un

---

1. *Cur Deus homo ?* I, 21.

fait significatif : les saints, qui nous paraissent si purs, s'estimaient d'affreux pécheurs; les hommes qui se confessent une fois par an, à peine, et n'examinent jamais leur conscience, ne voient rien dont ils aient à s'accuser. Ils n'ont rien fait de mal, rien omis de bien... C'est normal; ils ne vivent pas devant Dieu; le Dieu très saint n'est pas la Réalité majeure, souverainement exigeante, de leur existence. Seuls les saints savent ce que c'ést que le péché, parce qu'ils ont le sens de Dieu. Eux ne s'étonnent pas qu'un éloignement définitif du Dieu Vivant sanctionne une conduite qui a méconnu et bafoué sa Majesté. Ils savent que le péché est mortel pour l'âme et que, vraiment, mort peut s'ensuivre : cette mort dont nous avons vu qu'elle n'est pas anéantissement, mais, au contraire, maintien dans une existence qui a perdu sa signification.

Peut-on aller en enfer pour un seul péché mortel?

N'est-ce pas difficile à penser, si l'on considère l'évidente faiblesse de l'homme, sa cécité, la mutabilité de sa volonté? Oui ou non, peut-on aller en enfer pour un seul vrai péché?

Si l'on tient à poser la question dans ces termes, il faudra bien répondre Oui; mais c'est une bien mauvaise façon de la poser, car c'est une façon tout abstraite, au sens le plus fort du mot, où il est proche de vouloir dire irréel. Poser la question ainsi, en effet, c'est la poser en dehors de ses conditions existentielles. La condition humaine, liée qu'elle est au corps, précisément, est telle qu'il n'y existe pas une décision pure, unique, irrévocablement créative d'un destin. Notre vie de conscience est un fleuve, une totalité, où les moments de décision ont, sauf miracle ou catastrophe, rapport à ce qui les précède, les accompagne et les suit. C'est la vie comme totalité qui décide existentiellement de notre sort éternel; c'est elle qui est option à l'égard de Dieu et de l'offre que, sous quelque forme que ce soit, il nous fait d'entrer dans sa communion ou de la refuser. Nous verrons plus loin ce qu'on peut mettre dans ce « sous quelque forme que ce soit ».

Si l'on pose la question au niveau d'actes particuliers, il est certain qu'on en trouvera peu de libres chez la plupart des hommes et que, parmi ceux-là mêmes, on risque de n'en guère trouver qui aient assez de poids pour représenter une option de destinée éternelle. A vrai dire, le fleuve de la vie de conscience dont nous parlions commence petitement, par un filet d'eau. Mais nos actes nous engagent, ils creusent le lit de notre destinée et, s'entraînant l'un l'autre, finissent par l'orienter. Ce n'est pas tant au niveau d'actes particuliers comme tels qu'il faut considérer l'homme s'engageant dans sa destinée, c'est au niveau de l'orientation générale de sa vie, si pauvre soit-elle, pour soi tout seul ou pour quelque chose au-delà de soi. Il est de la condition de l'homme de n'être pas entièrement déterminé par la nature, de n'être pas exclusivement ce que le fait le donné de nature dont il subit les conditions, comme le sont les animaux, qui ne peuvent pas modifier d'eux-mêmes le comportement dont le mécanisme leur a été donné avec la vie. L'homme, lui, a reçu une certaine nature assez étroitement conditionnée, mais *c'est lui* qui détermine *l'usage* de ce qu'il a ainsi reçu : sinon dans tel ou tel cas particulier, du moins dans son sens général et son orientation foncière. A cet égard, son existence n'est plus un simple donné qui le pousse, mais une tâche qui lui est proposée à faire en avant,

Il est vrai que ce choix profond doit se prononcer, finalement, au niveau de certains actes. Mais, d'un côté, il s'agit du sens foncier engagé dans une foule de menues déterminations, dans tout l'ensemble de cet usage de l'existence donnée, dont nous venons de parler. D'un autre côté, il existe, dans toute vie, en deçà de la folie ou de l'idiotie intégrale, des moments où une option se présente dans le sens de la générosité et où se noue, sinon, en un seul coup, la destinée éternelle, du moins, en grande partie, l'évolution ultérieure d'une âme. Nous pourrions en donner des exemples pris de la vie des saints : la rencontre du lépreux par François d'Assise, la possibilité qui se présente à la petite Thérèse

Martin de jouir un peu de la vie durant les mois qui la séparent de son entrée au Carmel... Nous pourrions invoquer des exemples empruntés aux maladies psychiques : car, à côté de ceux qui sont de pures victimes, dont la psychose a pour origine un mal organique, il en est dont la maladie est venue de la façon responsable, sinon pleinement consciente, dont on a réagi à un ennui, à une épreuve : les choses auraient pu prendre une autre tournure si l'on avait surmonté son dépit ou son égoïsme... Et, entre les deux, entre les saints et les malades, nous nous référerons, comme à un cas exemplaire moyen, à l'histoire racontée par Albert Camus dans *La chute* (N.R.F., 1956). Ce n'est pas que Camus lui-même soit pour nous une référence idéale : nous trouvons sa sincérité assez corrosive et sa critique assez stérile. Mais le cas mis en œuvre avec le talent que l'on sait est frappant : un homme honnête, bien établi, socialement estimé, a manqué, un jour, de porter secours à une jeune fille qui se noyait. Sa vie a continué à se dérouler dans le cadre honorable d'une réussite extérieure appréciable, mais elle a été, depuis lors, sourdement empoisonnée à son point de source intime, abaissée à un niveau de médiocrité humaine foncière, sans don ni générosité.

Cet honnête homme de Camus ne souhaite même pas d'en sortir, et le récit s'achève sur ces mots : « O jeune fille, jette-toi encore dans l'eau pour que j'aie une seconde fois la chance de nous sauver tous les deux ! (...) Mais rassurons-nous ! Il est trop tard maintenant, il sera toujours trop tard. Heureusement ! » (p. 170). Il n'y aura pas de seconde chance, chez Camus, parce qu'il n'y a pas de Dieu à la recherche de nos âmes : d'où l'amère ironie de cette conclusion sans espérance. Mais, dans la réalité, il n'y a pas d'exemple qu'une occasion de se racheter et de poser enfin l'option de générosité que nous avons manquée, ne soit pas offerte une seconde, une troisième fois. La vie terrestre s'écoule dans un temps qui nous est donné, précisément, pour nous convertir ou, comme dit la sainte Ecriture, pour « faire pénitence ». Toujours, sous une forme ou sous une autre, il s'agira de prendre, de façon onéreuse pour un certain moi égoïste, une option de générosité et de dépassement, une option de véritable *amour* [2]. Appelons cela le sacrifice. Le sacrifice est, en effet, le signe éclatant de la liberté, en même temps qu'il en est l'éducateur infaillible et en trace la voie royale.

L'homme est un animal qui peut poser un sacrifice.

Hypothèse d'un théologien

Mgr P. Glorieux, ancien Recteur de l'Université catholique de Lille, a proposé une hypothèse qui permettrait de concevoir cette option profonde, que nous trouvons plutôt ventilée sur toute une existence comportant quelques temps forts, sous la forme d'un acte libre précis, posé en pleine lumière [3]. Le moment de la mort comporterait la possibilité d'un choix qui, pour beaucoup d'hommes, serait peut-être le premier choix vraiment éclairé et libre qu'ils feraient, car ils ont été jusque-là conditionnés et menés beaucoup plus que mis en situation de choisir. Il ne faut pas situer ce moment *après* la mort : ce serait trop tard, mais à ce point de l'existence qui appartient encore à notre vie dans le corps mais qui touche, comme un cercle touche une tangente, l'instant où la chance de la liberté sera passée.

Les théologiens se sont montrés réservés sur cette hypothèse. Il ne faudrait pas transposer à un dernier moment, une sorte de contrepartie positive et optimiste, de ce qu'on rejetait tout à l'heure dans l'idée de damnation pour un seul péché mortel isolé des conditions concrètes de l'existence corporelle. Certes, il peut y avoir des coups de grâce, et qui sont, par définition, gratuits. Le Curé d'Ars assurait la veuve désolée d'un désespéré, que celui-ci, entre le parapet du pont et l'eau, avait eu la grâce de se repentir, et donc de se convertir.

---

2. Qu'on relise ici le texte de Dostoïevski cité à la fin du chapitre précédent.

3. « Endurcissement final et grâces dernières », dans *Nouv. Rev. théol.*, 59 (1932), pp. 865-892, avec les précisions apportées ensuite dans *Ami du Clergé*, 1933, pp. 818 s. ; *Divus Thomas*, Plais., 1938, pp. 254-278 ; enfin dans *Mélanges de Science relig.*, 6 (1949), pp. 185-216 (*In hora mortis*). Comp. R. Troisfontaines, *Je ne meurs pas*, Paris, 1960.

Si l'on admet l'hypothèse d'un choix enfin éclairé et libre au moment de la mort, il faudrait penser, ordinairement, à une sorte de totalisation des options foncières de l'existence. « Chaque pécheur, écrivait Origène, un confesseur de la foi du IIIe siècle, allume pour lui la flamme de son propre feu. De ce feu, l'aliment et la matière sont nos péchés. Il me semble que, de même que dans le corps, l'abondance des aliments, la trop grande quantité ou la mauvaise qualité de la nourriture, engendrent des fièvres..., ainsi dans l'âme, après qu'elle a accumulé en elle-même une abondante multitude d'œuvres mauvaises et de péchés, au temps marqué, tout cet amas de malices s'échauffe en vue du supplice et s'enflamme pour le châtiment [4]. »

Il faut bien avouer que de telles considérations n'éclairent pas beaucoup le mystère. Il serait presque inutile de les présenter à quelqu'un qui ne croirait pas en Dieu, voire quelqu'un qui n'aimerait pas Dieu. Seule une très forte conviction, tout à la fois, de la sainteté, de la majesté, de la justice et de la bonté de Dieu, permet de tenir sans vertige l'affirmation de l'enfer, cette affirmation étant supposée authentique, c'est-à-dire spirituelle et affranchie de tout bric-à-brac de torture.

Le Dieu saint, donnée décisive du problème

Il faut aller plus loin encore. La difficulté soulevée, dont nous ne voulons pas minimiser le poids, est posée dans les limites d'une considération de l'homme *seul.* Elle est par là, une fois de plus, *abstraite* des véritables conditions existentielles en fonction desquelles il convient de l'envisager. Car il est une donnée décisive du problème dont l'objection ne tient pas compte : Dieu, le Dieu saint, le Dieu juste, le Dieu bon, le Dieu vivant, dont toute la Révélation, qui se consomme en Jésus-Christ, nous dit qu'il est indissolublement Justice et Miséricorde. C'est lui aussi qui nous a

---

4. *De principiis,* II, 10, 4-5.

faits, et il sait de quelle boue, et combien l'étincelle d'esprit qu'il a mise en nous est tout ensemble un reflet sans prix de Son Visage, et une pauvre chose, incertaine et vacillante. Il sait ce qui, en nous, le nie ou le reconnaît, et sous quels incognitos il nous a demandé, sans que nous l'ayons reconnu, la réponse d'un peu d'amour. Il domine l'Histoire et sait dans quelle trame nous aurons été appelés à tisser obscurément notre vie. Le fond de notre option, qui nous est, à nous, si opaque et si douteux, il le connaît, il lui donne son vrai nom, il en a suscité tout ce qu'il peut avoir de bon. Il ne se trompera pas en estimant sa qualité.

Homme, tu ne seras pas jugé par des hommes, mais par ton Créateur et ton Rédempteur. N'es-tu pas rassuré?

« Me fier à Dieu, c'est-à-dire à la Justice même », disait Baudelaire (*Mon cœur mis à nu*, 1864).

AUTRES SIGNES DU SÉRIEUX DE NOTRE LIBERTÉ

Deux considérations peuvent nous aider encore à prendre la mesure d'une liberté dont nous ne nous prenons à douter que quand elle risque de nous mener à la tragédie. C'est d'abord que la tragédie n'est pas seulement dans un futur dont l'éloignement nous ferait aisément renvoyer toujours l'idée à demain : elle est présente, elle a eu lieu. Elle s'appelle Jésus-Christ assumant, avec sa croix, le péché du monde, et mourant de ce péché. Devant Jésus, devant sa croix, nous pouvons prendre conscience du réalisme avec lequel le péché ôte Dieu du monde. Nos libertés, si chétives soient-elles, ont ce pouvoir... Leur valeur est telle qu'il a fallu payer ce prix.

Leur portée est telle, aussi, qu'elles peuvent gagner le Ciel, c'est-à-dire, avec la communion de Dieu, la plénitude de signification pour notre vie, parfaitement exaltante, apaisante et joyeuse. Prenons la mesure de nos possibilités de tomber dans la nuit à celle de nos possibilités de gagner la lumière. Notre liberté, si enveloppée et vacillante soit-elle, nous apparaîtra mieux comme capable de tout perdre si nous la voyons, comme elle l'est réellement, capable de tant gagner...

X

HORS DE L'ÉGLISE, PAS DE SALUT ?

Histoire d'une formule

Parmi « les Autres », dont le salut nous inquiète, il y a le peuple innombrable de ceux qui n'auront pas connu Jésus-Christ, ni même, peut-être, l'existence de Dieu. Nous savons aujourd'hui que des milliards d'hommes, sans doute, ont vécu avant qu'une Parole de Dieu ne leur eût été adressée, car l'homme est apparu sur la terre plus de 500.000 ans peut-être même un million d'années, avant notre Père Abraham. Mais, aujourd'hui même, quelle est, statistiquement parlant, la situation de la foi dans le monde? Si le salut dépend du sens que l'on donne à sa vie en fonction de Dieu et de Jésus-Christ, où en est, à l'égard du salut, le fameux « milliard de païens » de nos expositions missionnaires : un milliard qui s'est dépassé lui-même et se dépasse chaque jour davantage? Sur la terre, en ce moment, un homme sur quatre est Chinois. Il naît, dit-on, un petit Chinois par seconde. Que deviennent les petits Chinois?

Parler du salut des « Autres » est trop vague. Dirons-nous : les non catholiques ? Mais le problème se pose pour beaucoup de catholiques de baptême, voire même catholiques de pratique. Ce serait trop peu de dire que beaucoup ne sont pas chrétiens. Le sommes-nous? Oui, en ce sens qu'être chrétien, ce n'est pas l'être devenu, on ne le serait jamais, c'est s'efforcer de le devenir. Elle est vraie, cependant, la constatation de François Mauriac : « La plupart des chrétiens n'ont jamais dépassé la lettre du catéchisme, ils n'ont pas connu Dieu. C'est un mot qui n'a jamais rien recouvert pour eux. Ils nient, mais ils ne renient pas [1]... » Mauriac parle des baptisés, des catéchisés. Nous savons que, sur les pourtours de nos grandes villes, 25 % de nos frères de destin ne sont ni l'un ni l'autre. Dès lors, parlerons-nous d'incroyants ou même d'infidèles, vocable plus compréhensif? Mais si l'on admet qu'ils peuvent être sauvés, on sait qu'ils ne peuvent l'être sans la foi, quelle que soit la forme sous laquelle cette foi existe, psychologiquement : nous y reviendrons. Ce ne sont donc point des incroyants, des infidèles...

Le mieux est de poser la question *du salut des non-évangélisés.* On désigne alors, sans rien préjuger de leur situation morale, un état de fait constatable, avouable. Le problème revient à demander : que peut-on penser, raisonnablement, du sort éternel de ceux qui, sur cette terre, n'ont connu, ni Jésus-Christ, ni même peut-être Dieu?

On peut refuser de répondre à la question, ou même de la poser, en arguant du fait que la Révélation ne nous dit rien à ce sujet. Telle est assez généralement la position des Orthodoxes et des Protestants. C'est peut-être s'exonérer un peu facilement d'un effort légitime, auquel on peut se sentir convié. Est-il sûr que la Révélation ne nous dise rien : sinon de façon formelle, du moins en ses implications qui se dévoilent quand on confronte les indications, qu'on rapproche les textes, qu'on en raisonne les conséquences? Une chose est certaine, du moins : on a parlé de ce problème au cours de l'histoire de la réflexion chrétienne. Que nous le voulions ou non, nous naissons tous avec un passé, un héritage. L'inventorier est, dans chaque domaine, le début de la culture. Faire l'histoire d'une question, c'est souvent s'en ouvrir l'intelligence. Essayons. Nous verrons que l'histoire de celle-là comporte des leçons extrêmement intéressantes et même, si l'on veut bien en tirer une conclusion, d'une singulière portée d'actualité.

---

1. *Mémoires intérieurs*, p. 189.

Les Pères et le Moyen Age connaissaient peu le monde non chrétien

Est-il formule plus fameuse que : « Hors de l'Eglise, pas de salut »? Il ne serait pas difficile d'en trouver quelques équivalents dans le Nouveau Testament. On la rencontre cependant pour la première fois, sous cette forme, sensiblement au même moment, vers 250, sous la plume de deux confesseurs de la foi qu'on ne peut connaître sans les aimer : Origène, à Alexandrie, saint Cyprien, à Carthage. S'agissant des hommes vivant après la venue du Christ, ils entendent notre axiome dans un sens absolu, exclusif. Ne faisons pas ici d'érudition, pas même d'histoire scientifique : il faudrait, alors, préciser, nuancer. Contentons-nous de citer, comme représentatif d'une certaine façon d'entendre notre formule, ce texte d'un disciple de saint Augustin, Fulgence de Ruspe (vers 525) : « Il ne faut pas douter que, non seulement tous les païens, mais tous les Juifs, tous les hérétiques et les schismatiques, qui meurent en dehors de l'Eglise catholique, iront au feu éternel qui a été préparé pour le diable et pour ses anges [2]. »

Ce qui est important à noter, c'est que l'évêque de Ruspe entend le principe « Hors de l'Eglise » *d'une façon qui l'applique à des personnes* : il ne les nomme pas individuellement — cela, aucun catholique ne l'a jamais fait! — mais il en énumère les catégories principales. Ce n'est pas que l'évêque de Ruspe, ou saint Augustin, ou saint Cyprien, eussent le cœur plus dur que nous. Ils tenaient qu'il n'y a de salut que par le Christ. Nous le tenons avec eux. Mais eux ne voyaient pas d'autre moyen d'honorer ce principe fondamental, que d'exclure du salut les hommes qui auraient ignoré Jésus-Christ ou auraient méconnu, rejeté, le moyen institué par Jésus-Christ pour porter son salut au monde, à savoir l'Eglise. Toute la question se joue sur ce point : y a-t-il, n'y a-t-il

---

2. *De fide ad Petrum*, 38, 79.

pas un autre moyen d'honorer le principe de l'unicité du médiateur de salut?

Les Pères déjà, le Moyen Age encore, savaient qu'il n'existe pas seulement des Juifs, des hérétiques et des schismatiques mêlés aux catholiques en pays chrétien, mais aussi, au-delà de frontières à l'intérieur desquelles l'Eglise se trouvait plantée, d'autres peuples. Populairement, au Moyen Age, on parlait de l'*Ethiops*, du Noir. Légendairement, on croyait à l'existence d'êtres mi-homme et mi-chien, comme on peut en voir représentés sur l'admirable tympan de Vézelay. Les plus renseignés pouvaient avoir quelque idée de ce que des missionnaires déjà, tels Asselin et Jean de Plancarpin en 1245, avaient rencontré en Perse et dans le Turkestan.

Le Moyen Age *savait* qu'il existait d'autres pays et d'autres peuples au-delà du cercle de la chrétienté, mais, dans l'ensemble, il en était peu curieux et il en était peu inquiet. Peu curieux : il n'avait guère l'idée d'y aller voir. Il n'était pas, comme nous le sommes devenus, friand de pousser les portes entr'ouvertes et de franchir les limites. Quand nous lisons, par exemple, dans Joinville, au sujet des fruits exotiques charriés par les eaux limoneuses du Nil : « Et l'on dit que ces choses viennent du Paradis terrestre », nous sommes étonnés que le bon Chevalier ne se soit pas enflammé pour tirer la chose au clair, sinon même pour y aller voir. Et cela a été ainsi d'un bout à l'autre, jusqu'au jour où quelqu'un, Christophe Colomb, a voulu y aller voir : il n'a pas trouvé le Paradis terrestre, mais l'Amérique...

Ces hommes, par surcroît, nous semblent avoir été médiocrement inquiets du sort des « Autres ». Le fait a été étudié dans le cas de saint Bernard : une âme vibrante et magnanime, s'il en fut. Comment l'expliquer? Sans doute l'évidence de l'Eglise, de son extension triomphale, était-elle si grande alors qu'elle réduisait beaucoup la vigueur de la conscience qu'on pouvait avoir d'un au-delà de la chrétienté. Cette conscience n'influait pour ainsi dire pas sur les idées et ne refluait pas sur la position théologique des questions. On avait pourtant dès lors élaboré, d'une manière qui n'a guère été dépassée, une analyse de la conscience errante et une théorie de la foi implicite. Mais on n'appliquait ni l'une ni l'autre à notre problème.

Viennent les grandes découvertes

Il en fut autrement, avec le temps, quand, après les grandes découvertes géographiques de la fin du XVe et du début du XVIe siècle, les missionnaires, principalement les Jésuites, firent progressivement la découverte anthropologique d'humanités civilisées *et bonnes*. La position théologique des problèmes finit par en être affectée. On a très justement noté qu'entre les Jansénistes, liés au texte de saint Augustin, Docteur de la prédestination et de la grâce, et les Jésuites, dont un bon nombre connaissaient l'Inde, la Chine et le Japon, la différence était celle d'une ignorance ou d'une connaissance d'humanités non chrétiennes. Et peu importe ici que les Jésuites aient, au début, cédé à un optimisme peut-être naïf et à un besoin de concordisme qui leur faisait retrouver, dans les croyances chinoises ou japonaises, les mystères mêmes de la foi chrétienne. Petit à petit, des considérations nouvelles s'imposaient. Les esprits avaient déjà notablement évolué quand, sur la fin du XVIIIe siècle et au début du XIXe, ils se trouvèrent en présence, dans les anciens pays chrétiens eux-mêmes, d'une situation nouvelle : populations entières installées dans le Protestantisme depuis plusieurs générations et qui ne connaissaient plus autre chose, depuis longtemps, que la Réforme; ignorance du christianisme répandue dans d'assez larges portions de la société; enfin — on ne peut méconnaître ce facteur d'influence sur les esprits catholiques eux-mêmes —, le développement des idées de tolérance et la réclamation de droits pour la conscience individuelle, qui marquent le XVIIIe siècle.

C'est un fait qu'à partir de Pie IX, la considération de la bonne foi, qui était faite, dès le XVIIe siècle, dans les catéchismes, trouve expressément sa place dans les documents pontificaux, comme la contrepartie de la condamnation très forte et très nécessaire que les Souverains Pontifes font de l'indifférentisme en matière de religion.

La théologie catholique a gardé la formule « Hors de l'Eglise »..., mais il faut bien reconnaître qu'elle lui donne aujourd'hui un sens différent de celui que lui donnaient ses créateurs, Origène et saint Cyprien. Nous verrons bientôt lequel. En un mot, il ne s'agit plus d'appliquer la formule à quelque personne concrète que ce soit, mais d'affirmer objectivement que l'Eglise du Christ est mandatée et qualifiée, et qu'elle est seule, comme Eglise du Christ, mandatée et qualifiée, pour apporter le salut de Jésus-Christ à *tous* les hommes. La formule doit donc être dorénavant considérée comme répondant, non pas à la question : *Qui* sera sauvé ? mais à celle-ci : *Qu'est-ce* qui est mandaté pour exercer le ministère du salut ?

Il faut toujours passer des mots a l'expérience

Nous voudrions, avant d'apporter de plus complètes explications, tirer une leçon de portée générale de l'histoire que nous avons très schématiquement résumée. Voici.

L'Eglise s'instruit au contact des faits. Elle a mieux compris sa mission et ce qu'elle est pour les hommes, à mesure qu'elle a pris conscience de certaines dimensions de l'humanité et du monde. La vérité reste la même, mais elle est saisie de manière nouvelle, et sans doute plus authentique, quand on a davantage connu les hommes et le monde, *tels qu'ils sont* : autrement étendus, autrement vieux, autrement bons, que ce qu'on avait cru d'abord. Au fond, le progrès intellectuel consiste en grande partie à passer des mots à l'expérience, des formules apprises et récitées aux conclusions personnellement éprouvées, bref, des fictions aux réalités. Nous pourrions remplir un volume d'exemples et de références historiques. Nous nous contenterons — car la chose, on le comprendra, est de grande conséquence —, de noter comment, en matière de mission et de pastorale, voire même, pour une part, de doctrine sociale et morale, la connaissance qu'on prend du monde et de l'homme, de leurs dimensions et de leur profondeur, conditionne puissamment notre accès à une vérité qui doit, d'un peu simpliste et quelque peu infantile qu'elle était, devenir pleinement avertie et adulte. N'est-ce pas l'expérience qu'ont faite tant d'esprits apostoliques, dans les Missions lointaines, dans la Mission intérieure, aussi bien qu'en Œcuménisme ?

Si le bon Joinville n'éprouvait pas le besoin d'y aller voir, encore qu'il fût un homme singulièrement averti, nous, nous avons fait cette expérience, et nous ne l'oublierons pas de si tôt : chaque fois que nous y sommes allés voir, nous avons appris quelque chose. Et même beaucoup !

Le Salut des non-évangélisés

Un des traits de la situation religieuse actuelle est que les laïcs posent des questions difficiles, dont le traitement, même élémentaire, supposerait des bases de connaissances qu'ils n'ont pas. Ces questions ne sont pas le fait seulement, ni même principalement, du groupe minoritaire des chrétiens vraiment « mordus » : elles sont posées souvent par des hommes qui se trouvent aux confins de la pratique, et même de la foi. Tel est le cas de celle qui nous occupe, et qui est sans doute, dans l'ordre des questions qui font scandale, la plus souvent posée : que faut-il penser de l'adage « Hors de l'Eglise, pas de salut »? Plus précisément, que penser des possibilités de salut des non-évangélisés?

La question demeure compliquée. Il y a des points certains, tenus par tous. Il en est d'autres où les explications avancées ne sont pas unanimement reçues. Nous tâcherons ici de nous tenir le plus près possible des principes les plus communs.

Il y aura un Jugement universel

Au soir du Monde, c'est-à-dire, d'abord, pour chacun, au soir de sa vie, nous serons jugés, et jugés sur ce que nous aurons fait tandis que nous vivions dans nos corps (2 Cor. 5, 10). Rien n'est mieux attesté dans les saintes Ecritures, que cette vérité très assurée : Dieu est juste, et il rendra à chacun selon ses œuvres. Les textes sont si nombreux que nous n'en donnons ici que la référence : Ps. 62, 13; Job 34, 11; Mat. 16, 27 (comp. 13, 39; 25, 19 et suiv.); Luc 14, 14; Rom. 2, 6, 12-16 (à lire!); 1 Cor. 2, 3 et 8; 4, 5; 2 Cor. 5, 10;

11, 15; Eph. 6, 8; 1 Pierre 1, 17; Apoc. 2, 23; 20, 12; 22, 12; (comparer 14, 15); Gal. 6, 7-9; 2 Tim. 4, 14.

Il faut aller plus loin et tirer, de cette vérité très certaine, les conséquences qu'elle contient. La vie dans le corps, la vie dans le temps, celle de cette terre, représente le moment du choix. Pauvre liberté que la nôtre, si l'on considère le choix déterminé de telle ou telle chose, car nous subissons alors aussi souvent que nous ne choisissons; mais liberté réelle si l'on considère le sens total que nous donnons au fait global de notre existence. A cet égard, chacun fixe son cœur d'une certaine manière, à travers la médiocrité des jours, dont la chronique est enregistrée au Livre de Vie. Le Jugement du Véridique fera notre compte, au terme, plus sûrement qu'une machine électronique : un compte qui ne consistera pas seulement dans la somme quantitative de nos actes, mais aussi et surtout dans le dégagement de leur *signification* à l'égard de Dieu, de son Plan ou de sa Volonté.

Alors, l'heure du choix sera passée, il n'y aura plus de moment intermédiaire, mais seulement vie ou mort (sauf le cas où la vie, certaine aux termes du jugement rendu, sera cependant différée pour un temps de nécessaires purifications). Et voilà une conséquence majeure : le bien ou le mal de nos vies terrestres sont un bien ou un mal *par rapport à la destinée surnaturelle de l'homme*, dans le Christ. Leur rétribution sera mort ou vie éternelle. On ne pourrait échapper à cette conséquence que de trois façons, dont deux sont tout à fait impossibles, et la troisième fort invraisemblable : ou par la négation de tout cela, ou par une doctrine de transmigration des âmes (métempsychose), qui attribuerait à l'homme des possibilités renouvelées de choix tant qu'il n'aurait pas clairement opté pour (ou contre) Dieu. Mais l'hypothèse est gratuite, et elle est contredite par la sainte Ecriture : voir Appendice I. — Enfin, par la thèse, naguère proposée par L. Billot [4], selon laquelle le plus grand nombre des hommes

4. L. BILLOT, « La Providence divine et le nombre infini d'hommes hors de la voie normale du salut », dans les *Etudes*, vol. 161-176 (1919-1923).

ayant été incapables d'une véritable option spirituelle, seraient ainsi voués à une destinée naturelle, dans les Limbes dont il faut bien avouer, cependant, que la sainte Ecriture n'en parle jamais...

Qui dit jugement universel dont les arrêts soient vie ou mort, dit possibilité universelle et réelle de salut éternel. Qui dit rétribution selon les œuvres, telle qu'elle apporte vie dans le Christ ou mort éternelle, dit que l'existence de tout homme réalise une signification globale et profonde qui, sous quelque forme qu'aient été prises les options dans lesquelles cette signification s'est décidée, a un sens par rapport à Dieu. Entendons : par rapport au vrai Dieu, au Dieu Vivant, celui d'Abraham, celui de Moïse et de Jésus-Christ.

C'est ce qu'entendait dire saint Thomas d'Aquin dans un texte célèbre, d'une hardiesse tranquille, dont M. Jacques Maritain a heureusement élaboré l'indication laconique : « Lorsqu'un homme arrive (moralement) à l'âge de raison, la première chose à laquelle sa pensée doit se porter, c'est délibérer de lui-même. Et s'il s'ordonne à la vraie fin, il reçoit la grâce et le péché originel lui est remis [5]. » Sans doute notre idée actuelle de la personnalité, notre connaissance de la vie psychologique et morale comme d'un flux continu, nous porteraient-elles à voir cette arrivée à l'âge de raison et cette délibération sur soi-même, comme consistant moins dans un acte unique et explicite, que dans un dégagement progressif de cette attitude profonde que nous prenons à l'égard de nous-mêmes, des autres, de la vie, de l'Absolu moral ou spirituel. L'analyse serait à reprendre en ce sens. Sa portée ne changerait pas. Elle est, à tous égards, décisive.

---

5. THOMAS D'AQUIN, *Sum. theol.*, I-II, q. 89, a. 6 (rapproché de q. 109, a. 3) ; J. MARITAIN, « La dialectique immanente du premier acte de liberté », dans *Nova et Vetera*, 20 (1945), pp. 218-135, repris dans *Raison et Raisons*, Paris, 1947, pp. 131-165 ; voir aussi *Neuf leçons sur les Notions premières de la Philosophie morale*, Paris, 1951, surtout la 6e leçon, et Ch. JOURNET, *L'Eglise du Verbe incarné*, t. II, Paris, 1951, pp. 792 et suiv. Voir encore M. SECKLER, « Das Heil der nichtevangelisierten in thomistischer Sicht », in *Theol. Quartalsch.*, 140 (1960) pp. 38-69.

LES ÉTAPES DE L'ACCESSION A LA FOI SALUTAIRE

Si l'adage « Hors de l'Eglise, pas de salut » était à prendre comme excluant du salut toutes *les personnes concrètes* qui n'appartiennent pas effectivement à l'Eglise catholique, la question du salut final se recouvrerait avec celle de savoir qui est membre de l'Eglise. Mais c'est trop peu de dire que cette façon d'entendre la formule ne s'impose pas : il faut dire qu'elle est exclue, officiellement exclue. C'est ce qui est apparu de la façon la plus nette quand, le 13 février 1953, l'excommunication fut lancée par Rome contre le Père Léonard Feeney, un Jésuite américain, parce qu'il s'entêtait à soutenir publiquement l'interprétation stricte et littérale de notre formule [6]. Etrange situation que celle d'un homme qui finissait par se faire rejeter de l'Eglise pour tenir, contre celle-ci, que sont exclus du salut tous ceux qui se trouvent, de fait, hors de cette Eglise!

Quelques mois avant que cette excommunication ne fût portée, le Saint-Office avait publié une importante lettre adressée au cardinal Cushing, archevêque de Boston, en date du 8 août 1949, demeurée d'abord inédite, dans laquelle il exposait largement et clairement la doctrine actuelle de l'Eglise : nous en tirerons profit plus loin. Ce document se référait lui-même à l'encyclique de Pie XII sur le Corps

---

6. Voici un résumé de cette histoire. En avril 1949, le Père Recteur de *Boston College* renvoyait trois professeurs laïcs de son établissement, qui s'entêtaient à soutenir que devaient être damnés tous ceux qui n'étaient pas, de façon expresse, membres de l'Eglise catholique. Le Père Léonard Feeney, qui dirigeait, depuis 1942, le Foyer des étudiants catholiques auprès de l'Université Harvard, de Cambridge (U.S.A.), ayant pris publiquement la défense des trois exclus, et ne voulant pas en démordre, finit, pour cette raison, par être, après différents avertissements et sanctions, excommunié, le 13 février 1953. Heureuse faute, serait-on porté à dire, car elle nous a valu une lettre du Saint-Office au cardinal Cushing, archevêque de Boston, en date du 8 août 1949, mais rendue publique seulement en 1952, et qui est un « exposé des motifs », ou, équivalemment, de la doctrine de l'Eglise en cette matière : texte français dans la *Documentation catholique*, 2 nov. 1952, col. 1395-1398.

mystique, datée du 29 juin 1943, où le pape avait apporté des précisions décisives. On ne parlerait de « membres *de l'Eglise* » que pour ceux qui en font effectivement partie par le baptême et la communion avec les évêques unis au pape. Pour les hommes qui, sans en faire partie, ne laisseraient pas d'être justifiés, donc de posséder la foi et la charité surnaturelles et d'être engagés sur la voie du salut, Pie XII les disait « ordonnés au Corps mystique » [7]. Ces hommes ont en eux, sous forme de justice morale et de grâce de Dieu, des dispositions qui doivent faire d'eux des sauvés de Jésus-Christ, des membres de son Corps, mais ils n'appartiennent pas effectivement à ce Corps en tant qu'il comporte ici-bas d'être visible et désignable, c'est-à-dire de s'identifier avec l'Eglise. Ils sont bien dans la ligne de vie du Corps mystique, ils ne sont pas (encore) effectivement dans son unité visible.

Cet enseignement nous invite à considérer de plus près les étapes de l'incorporation au Christ. D'une façon géné-

---

7. Encyclique *Mystici Corporis*, *Acta Apost. Sedis*, 1943, p. 243 (trad. frse, éd. Bonne Presse, p. 57). On peut noter que la Constitution dogmatique de Vatican II, *Lumen Gentium*, n'a pas retenu ce vocabulaire. Elle s'exprime ainsi (n° 16) sur le sujet que nous traitons :

« Dieu lui-même n'est pas loin de ceux qui cherchent à travers les ombres et les images un Dieu inconnu, puisqu'il donne à tous vie et souffle et toutes choses (cf. Act. 17, 25-28), et que, Sauveur, il veut que tous les hommes soient sauvés (cf. 1 Tim. 2, 4). Car ceux qui, sans faute de leur part, ignorent l'Evangile du Christ et son Eglise, et cependant cherchent Dieu d'un cœur sincère, et s'efforcent, sous l'influence de la grâce, d'accomplir dans leurs œuvres la volonté de Dieu qu'ils connaissent par la voix de leur conscience, ceux-là peuvent obtenir le salut éternel. La divine Providence ne refuse pas les secours nécessaires pour leur salut à ceux qui sans faute de leur part ne sont pas encore parvenus à une connaissance explicite de Dieu, et s'efforcent, non sans le secours de la grâce, de mener une vie droite. Tout ce qui se trouve en eux de bon et de vrai, l'Eglise l'estime comme une préparation à l'Evangile, donnée par celui qui illumine tout homme pour qu'il ait enfin la vie. Mais trop souvent les hommes, trompés par le Malin, ont perdu le sens dans leurs raisonnements, ils ont transformé en mensonge la vérité de Dieu et ont servi la créature plutôt que le Créateur (cf. Rom. 1, 21 et 25) ; ou vivant et mourant sans Dieu dans ce monde, ils sont exposés au pire désespoir. Aussi, pour procurer la gloire de Dieu et le salut de tous ces hommes, l'Eglise, se souvenant de l'ordre du Seigneur disant : « Prêchez l'Evangile à toute créature » (cf. Mc 16, 16), met son soin le plus actif à promouvoir les missions. »

rale, la situation spirituelle devant laquelle nous nous trouvons actuellement, nous pousse à une semblable considération de ce qu'on pourrait appeler l'étalement dans le temps, du processus de notre union au Christ. C'est ce qu'a fait, par exemple, le Père P.-A. Liégé, en diverses études, par une très éclairante distinction, dans l'Eglise, des niveaux suivants, auxquels doivent répondre des fonctions du ministère : communauté catéchuménale, communauté de foi, communauté eucharistique; à quoi suivra, de l'autre côté du voile, une communauté de gloire. Nous ne sommes plus, en effet, en un temps de chrétienté où, dans une société unanimement catholique, on était de l'Eglise totalement et en une fois. La société d'aujourd'hui est faite de nombreux incroyants, dont beaucoup, à coup sûr, sont loyaux, et dont certains tendent en tâtonnant vers la Foi —, d'une très large zone d'indifférence ou de non-pratique, même chez les baptisés —, enfin de plusieurs autres mondes moraux et spirituels que le monde catholique [8]... On ne peut plus envisager l'appartenance au Christ de façon simple et monolithique. De plus en plus, on devra considérer comme des moments de foi d'avant la foi, de christianisme implicite, de préparations, de cheminement où l'orientation est déjà acquise, mais non la conclusion ni la plénitude de cela même qui est visé. Un grand nombre de problèmes pastoraux se situent au niveau de ces étapes antérieures : car un grand nombre des hommes à qui nous avons affaire ne sont pas ces catholiques de plein exercice, ces chrétiens déclarés, qu'a connus la chrétienté ancienne de façon quasiment exclusive. Du moins ne faisait-on pas attention, alors, au cas des non-convaincus.

Nous ne sommes pas démunis pour penser ces problèmes, au moins au plan des principes les plus généraux, car l'Evangile, surtout celui selon saint Jean, nous propose une vue très riche et très précise du processus d'accession à la Foi, ou au Christ, ou au Royaume de Dieu. Il n'est que d'en rappeler les principaux éléments.

---

8. Voir *supra*, Avertissement, n. 2.

L'ACCESSION AU ROYAUME DE DIEU SELON L'EVANGILE IL Y A UNE FOI D'AVANT LA FOI ET DES GRACES D'AVANT LA GRACE

Les trois premiers évangiles rapportent beaucoup de paraboles, mais aussi nombre de miracles. Le quatrième évangile contient plus de discours doctrinaux que de paraboles, mais il est plein d'actions réelles qui sont en même temps significatives, et il contient toute une théologie de l'accession à la foi à partir des « signes » que pose Jésus; à partir du signe qu'il *est* lui-même. Le quatrième évangile est l'évangile dramatique par excellence. Il s'agit, d'un bout à l'autre, de savoir si Jésus sera reçu, qui l'emportera, des ténèbres ou de la lumière [9]. La lumière se propose d'une manière telle qu'on sera coupable de ne pas la reconnaître, car elle s'annonce assez pour nous faire un devoir, au moins, d'y être attentifs; mais elle se propose d'une façon assez indécise, assez ambiguë même, pour ne point nous contraindre, en sorte que ceux qui la refusent peuvent invoquer des raisons de le faire. Ce n'est pas la pure évidence objective qui décide, encore qu'elle soit suffisante pour rendre la foi raisonnable : c'est le cœur, au sens pascalien du mot, si proche de son sens biblique : non le sentiment, mais la disposition profonde de la conscience et de la personne totale [10].

---

9. Sur cet aspect, en deçà des études techniques, voir l'Introd. de D. Mollat au fascicule de la Bible de Jérusalem, pp. 21-22 ; M.-F. BERROUARD, dans *Rev. des Sciences philos. et théolog.*, 1949, pp. 361-89 ; X. LÉON-DUFOUR, dans *Nouvelle Rev. théolog.*, 1954, pp. 464 suiv. — Il est clair que l'Apocalypse montre le même drame se poursuivant dans la vie de l'Eglise.

10. Noter comment l'Evangile prend la suite du courant des « Anawim » ou des Pauvres (au sens spirituel du mot), sur lequel on lira A. GELIN, *Les Pauvres de Yahvé*, Paris, 1953.

Trois grands génies chrétiens, qui sont foncièrement de la même famille, ont donné une grande synthèse répondant à la division des esprits en soumis et rebelles : 1. Saint AUGUSTIN, dans sa *Cité de Dieu* (« deux amours... » = liv. XIV, ch. 28 : *P. L.*, t. 41, col. 436). — 2. PASCAL, dont le roman de J. MALÈGUE, *Augustin ou le Maître est là*, illustre bien la profonde analyse de l'accession à la foi ou de son refus. Texte représentatif : « Il n'était pas juste que Jésus-Christ parût d'une manière

Nous prendrions volontiers comme exemple de signe miraculeux la guérison de l'aveugle-né, racontée de façon détaillée au chapitre 9 de saint Jean. Il est indispensable de le relire pour voir, dans un exemple concret, ce dont nous ne pouvons ici donner qu'une sorte d'épure.

Saint Jean aime parler de « signes ». Le « signe » est un fait qu'on rencontre dans la vie, mais qui tranche sur la multitude des autres, tantôt très fort, tantôt moins : à la limite, même, le signe donné serait, quant à sa matérialité de fait, assez banal. La guérison d'un aveugle de naissance sans mettre en œuvre de moyens médicaux, est vraiment extraordinaire. Mais, quand Jésus, par exemple, attire Nathanaël à soi, simplement en lui disant : « Avant que Philippe t'appelât, quand tu étais sous le figuier, je t'ai vu » (Jn 1, 45), il n'y a peut-être là, si l'on veut s'en tenir au dehors et à l'événementiel des choses, qu'un fait naturellement explicable. Nathanaël y perçoit pourtant d'emblée, et la qualité messianique de Jésus, et un appel à le suivre. C'est qu'un signe est surtout caractérisé par l'aptitude à devenir *significatif* pour quelqu'un dans la vie de qui quelque chose émergera et prendra sens à sa rencontre. A cet égard, l'extraordinaire au

divine et absolument capable de convaincre tous les hommes ; mais il n'était pas juste aussi qu'il vînt d'une manière si cachée qu'il ne pût être connu de ceux qui le chercheraient sincèrement. Il a voulu se rendre parfaitement connaissable à ceux-là. Et ainsi, voulant paraître à découvert à ceux qui le cherchent de tout leur cœur, il tempère sa connaissance, en sorte qu'il a donné des marques de soi visibles à ceux qui le cherchent et non à ceux qui ne le cherchent pas. Il y a assez de lumière pour ceux qui ne désirent que de voir, et assez d'obscurité pour ceux qui ont une disposition contraire. » (*Pensées*, frag. 430). Il est clair que ces vues sont liées, chez Pascal, avec celles sur les Trois Ordres (frag. 793, cf. *supra*, p. 26) et sur les deux avènements, d'humilité et de gloire. — 3. Newman, frappé par le développement de l'incrédulité qui commençait d'apparaître comme une réalité collective, un courant de l'Histoire, a proposé une analyse moins purement intérieure et personnelle que celle de Pascal, des deux types opposés de l'homme religieux et de l'homme rationaliste : voir les textes rassemblés et résumés dans J.-H. WALGRAVE, *Newman. Le développement du Dogme*, Paris-Tournai, 1957, pp. 162, suiv. — Tel est aussi, dans sa perspective à lui, l'esprit de la puissante synthèse spirituelle de S. Ignace, telle que la fait bien comprendre le livre du P. H. RAHNER, *Servir dans l'Eglise. Ignace de Loyola et la genèse des Exercices*, Paris, 1959.

niveau de la matérialité du signe, a peu d'importance. L'important est la valeur signifiante, c'est que je perçoive quelque chose. Cela suppose une conscience éveillée, ou à tout le moins ouverte. Mes dispositions entrent dans la perception du « signe » pour ce qu'il veut être.

Hélène a mis, ce matin, un ruban rouge. Quoi de plus banal? Mais, si André a un peu de cœur pour elle, cela lui dira quelque chose. Autrement, non, et Hélène ne remettra pas son ruban...

On voit bien, dans la guérison de l'aveugle-né, se dessiner deux attitudes. Il y a l'aveugle lui-même : un homme sans instruction, mais dont toutes les réponses révèlent la droiture, l'âme sans artifice, sans auto-défense égoïste — elles évoquent un peu celles de Jeanne à ses juges... —, et qui finit par dévoiler son attitude profonde quand, retrouvant Jésus, il répond à sa question : « Crois-tu au Fils de l'Homme? » — « Et qui est-il, Seigneur, pour que je croie en lui? » (9, 36). C'est de cette façon aussi qu'en 1886, Charles de Foucauld, non convaincu encore mais déjà consentant, disait : « Mon Dieu, si vous existez, faites que je vous connaisse! » On trouve là, en somme, à travers une méconnaissance, un vœu de la lumière et même, au plan de l'attitude morale ou vitale, une affirmation prête à s'expliciter. Il y a, au contraire, « les Juifs » : cette expression, dans l'évangile de saint Jean, désigne, à travers les contradicteurs réels de Jésus, le monde qui refuse. Ils sont fermés, leur siège est fait; ils ont raison et ne sortiront pas de *leurs* positions. C'est jugé d'avance : Jésus ne peut venir de Dieu, puisqu'il n'observe pas le sabbat. Seront exclus de la Synagogue tous ceux qui adhéreront à lui. L'homme qui est aujourd'hui devant eux, les yeux dessillés et lucides, ne peut pas être le même que celui qu'on a connu aveugle. C'est un mauvais et qui, par surcroît, voudrait faire la leçon aux savants!

Jésus prononce, à leur sujet, des paroles d'une immense portée : « C'est pour un jugement que je suis venu dans le monde : pour que voient ceux qui ne voient pas (= qui n'ont pas la prétention de voir, et donc de n'avoir pas besoin d'être éclairés) et pour que ceux qui voient (= qui prétendent voir) deviennent aveugles. » Puis, aux Pharisiens qui demandent : « Sommes-nous des aveugles, nous aussi? » : « Si vous étiez des aveugles (= si vous ne prétendiez pas voir), vous seriez sans péché. Mais vous dites : Nous voyons ! Alors votre péché demeure » (9, 39-41). Bien d'autres passages de l'Evangile et, à dire vrai, tout l'Evangile, proclament la même chose : il y a, dans l'homme, une possibilité de « voir » ou de ne pas voir. Il peut faire un usage tel de ses yeux qu'il ait des yeux pour voir vraiment, ou qu'il en ait pour ne pas voir. Tel est le sens du texte d'Isaïe (6, 9-10) cité souvent dans l'Evangile : « Afin qu'ils aient beau voir et n'aperçoivent pas, qu'ils aient beau entendre et ne comprennent pas, de peur qu'ils ne se convertissent et ne vivent... » Voir Mat. 13, 11; Marc 4, 11; Luc 8, 10; Jn. 12, 40; Act. 28, 26-27; comp. Rom. 9, 10-18; 11, 6-8; Mat. 13, 10-17.

Les *paraboles* jouent un rôle analogue à celui des *signes*. Qu'on se rappelle, par exemple, celle des vierges folles et des vierges sages, ou celle des invités au festin (Luc 14, 15 suiv.), ou celle du fils prodigue : « Un homme avait deux fils... » (Luc 15, 11 suiv.). Mais, également, le bouleversant apologue par lequel le prophète Nathan fait comprendre au roi David la noirceur de son péché (2 Sam. 12). Une parabole utilise un fait tout simple, un fait de la vie courante : des invités qui se récusent..., un riche qui veut s'emparer, par surcroît, du chétif avoir d'un pauvre...Quoi de plus banal? Mais ce fait est présenté comme un miroir dans lequel on est invité à lire sa propre histoire, à comprendre sa propre situation à l'égard de la vérité transcendante et irrécusable qui veut régler notre existence. Il est, lui aussi, significatif, pour qui veut bien le comprendre. Quand Nathan propose à David l'apologue du riche qui, pour régaler un ami, s'empare de l'unique brebis du pauvre, David comprend dans un éclair que *c'est lui* cet homme! Car il a pris la femme d'Urie et même, pour couvrir son forfait, a monté un scénario au cours duquel Urie devait trouver la mort. Quand Jésus nous propose la parabole des invités au festin, je réalise soudain qu'en effet, je récuse de réelles invitations intérieures à la générosité et que celui qui allègue l'excuse de tant d'affaires urgentes, *c'est moi!*

Seigneur, vous avez dit mon âme...

Mais je pourrais aussi remettre à demain de tirer les conclusions; je pourrais m'étourdir, me « divertir », penser à autre chose; je pourrais éviter soigneusement d'aller jusqu'à mon âme. C'est ce qu'essayait instinctivement de faire la Samaritaine, et Jésus, chaque fois, la ramène à elle-même et à la signification de la rencontre qu'il lui est donné de faire. Il la ramène, non à ce « soi-même » d'égoïsme et de simple complaisance en ses désirs du moment, qui est, lui aussi, divertissement, mais à un soi-même de réflexion, d'attention, qui peut recevoir la visite de Quelqu'un qui l'appelle à se dépasser. Le monde actuel excelle à étourdir les hommes; il les sollicite, les accable et les satisfait, tout à la fois. De façon insidieuse, il est aussi efficace qu'une bombe H pour atomiser, volatiliser et disperser en fumée cette vivante image de Dieu qui, en chacun de nous, attend que l'Esprit l'appelle.

En sorte que la disposition intime de celui auquel paraboles ou « signes » sont proposés, intervient de façon décisive : elle lui permet ou elle l'empêche, selon son orientation, d'en saisir la signification pour sa vie, ou de ne pas la saisir. Nous sommes ici au point précis où l'économie évangélique des paraboles et des signes comme économie de dévoilement du Christ et de l'accession à la foi, peut éclairer la question du salut des non-évangélisés.

Dans l'Evangile, la foi au Christ pleinement dévoilé et connu intervient — ou est refusée — au terme d'un processus qui s'ouvre par la mise en présence d'un « signe » ou d'une parabole, et au cours duquel il s'opère comme une approche progressive — ou, au contraire, un éloignement progressif — de la Vérité vers l'homme et de l'homme vers la Vérité, dans une demi-lumière qui suffit aux âmes de bonne volonté et une demi-obscurité qui fournit, aux autres, l'occasion et la justification de leur dérobade. N'exposant pas ici pour elle-même cette psychologie de l'accession à la foi, nous n'analyserons pas en détail les attitudes d'ouverture et les attitudes de refus. L'Evangile contient, à ce sujet, de très riches indications. Le refus des « Juifs » — au sens johannique du mot — y apparaît toujours comme un refus de tout dépassement, un refus de toute mise en question des positions habituées, homologuées, établies. C'est connu, c'est jugé... L'acceptation, l'ouverture à la Bonne Nouvelle est, par contre, réponse positive à une invitation à *sortir de soi*. Toujours, il s'agit de préférer quelque chose — mais sans doute serait-il plus exact de dire : « quelqu'un » — à un certain soi-même égoïste (voir note 10).

L'important pour nous est de voir que la foi définitive et déclarée, qui répond à la vérité sur le Christ enfin pleinement dévoilé, intervient au terme d'un mouvement d'approche mutuelle de la Vérité et de la conscience. La foi (ou son refus) se prépare au cours de ce processus, dans des attitudes qui, psychologiquement et moralement, sont déjà *des préformations de la foi* et, en même temps, des préformations de l'amour ou de la charité. On sait que, le plus communément, la sainte Ecriture ne sépare pas l'amour de la foi et ne parle que d'une foi vivante, incluant la charité. Cela pose d'autant moins de difficultés, au niveau des préformations, que l'attitude où la foi se préforme et celle où se préforme la charité, sont foncièrement la même : il s'agit de sortir de soi-même, de ne pas demeurer prisonnier de cet instinct dévoyé qui nous fait rechercher notre intérêt, notre propre justification, tout ramener et subordonner à nous-mêmes, au risque d'écraser les autres et de ne rien reconnaître qui dépasse et domine notre MOI. Saint Paul caractérise la charité par le fait qu'elle ne cherche pas son propre intérêt : cf. 1 Cor. 13, 5; Col. 2, 21; etc. C'est dans le même sens que la tradition chrétienne a vu la grande ligne de clivage spirituel entre les hommes : « Deux amours ont fait deux cités : l'amour de soi jusqu'au mépris de Dieu a fait une cité terrestre; l'amour de Dieu jusqu'au mépris de soi a fait la cité du ciel » (saint Augustin).

Or, ce qui est remarquable, c'est que les préformations

de la foi et de la charité se dessinent en nous par des options qui se prennent à l'égard d'une vérité — disons : de Dieu ou de Jésus-Christ — encore voilée et qui ne se présente pas *en elle-même*, mais sous d'autres espèces et d'autres noms. Quand Jésus retrouve l'aveugle-né qu'il a guéri, et lui demande expressément : Crois-tu au Fils de l'Homme? il a devant lui un homme qui y croit déjà virtuellement, implicitement, bien qu'il ne le connaisse pas et ne l'ait pas identifié. La foi s'est formée en cet homme, dans l'attitude profonde qu'il a prise à l'égard du « signe » et de Celui qui, caché encore, signifiait son approche dans ce signe. Si l'aveugle-né était mort avant que Jésus ne l'eût retrouvé dans le Temple, n'eût-il pas appartenu au peuple des sauvés, bien que n'ayant pas expressément reconnu son Sauveur?

Il y a ainsi une foi implicite : non exactement au sens où la scolastique du Moyen Age en a tant parlé, à savoir au sens d'un implicite *logique*, d'une inclusion d'une vérité ou d'une idée, non encore reconnue, dans une autre déjà connue; il s'agit plutôt d'un implicite *réel*, analogue à celui que récèle tout germe vivant. La théologie parle de l'« initium fidei », de la foi en son état initial, et elle réclame pour elle des secours de Dieu, parce que le mouvement ainsi amorcé est celui-là même qui, s'il va jusqu'à son terme, aboutira à la foi, à la charité parfaite, à la justification, et donc au salut et à la vie éternelle : le Saint-Esprit doit y être à l'œuvre dès le commencement, puisque ce commencement est celui d'un « jaillissement en vie éternelle » (cf. Jn 4, 14).

Parlant de cette sorte de pré-Eglise, d'Eglise d'avant l'Eglise, au seuil de l'Eglise, qui se forme ainsi par un début de foi, saint Augustin, après avoir évoqué le cas du centurion Corneille avant son baptême, écrit : « Il se produit ainsi des inchoations de la foi, qu'on peut comparer à la conception d'un enfant; mais il ne suffit pas d'être conçu pour parvenir à la vie éternelle, il faut encore naître [11]... » C'est par le baptême qu'on naît de cette naissance qui fait de nous des citoyens du Royaume de Dieu (cf. Jn 3, 5).

---

11. *De diversis Quaest. ad. Simplicianum*, 1, 2, 2 (*P. L.* t. 40, col. 112).

Le Don de Dieu dans le Christ et dans l'Eglise

Il y a donc une gestation de la vie d'enfant de Dieu, qui ne s'achève que par notre mise au monde de Dieu dans le Corps du Christ, c'est-à-dire par le baptême et toute cette vie dans l'Eglise, à laquelle le baptême nous introduit. Il ne faut donc pas, sous prétexte que l'ignorance du Christ et de l'Eglise n'enlèvent pas toute possibilité de salut, tenir pour peu de chose le don que Dieu nous a fait, et les réalités de son Dessein positif de grâce. Il faut nous élever à une vue de foi, seule adéquate à la réalité. Aux yeux du corps, en effet, ou de la société (qui vit tellement de mensonges ou d'apparences!) qu'est-ce que le baptême, qu'est-ce que l'eucharistie? Des cérémonies ou des gestes qui parlent au cœur..., des concessions faites à la coutume..., des porte-bonheur... Aux yeux de la foi, ce sont des actes *de Dieu* par lesquels, bien au-delà de toute visée de nos intentions morales vers lui, il nous met lui-même spirituellement, et nous fait vivre, dans le Corps de son Fils bien-aimé, humilié ici-bas, mais promis à l'exaltation de la gloire. De même que l'âme n'habite un corps humain que s'il existe en un certain état d'intégrité, de même l'Esprit de Dieu, qui nous fait parfaitement ses fils, n'habite que dans l'Eglise, là où existent tous les éléments du Corps du Christ. En dehors d'elle, il y a des actions du Saint-Esprit : il n'est pas donné lui-même, en Personne; il y a des dons de justice et de vie vouée au salut, il n'y a pas la plénitude des biens de l'Alliance : filiation divine, incorporation réelle au Christ, habitation du Saint-Esprit en nous [12].

Dans l'Eglise — si on y est vraiment; si on en est vraiment... — on n'est pas seulement promis au salut : on vit de la vie sauvée; on vit dans le Royaume de Dieu et dans la communion des saints (cf. Col. 1, 12). L'Eglise est, dans le monde, le lieu dans lequel et le moyen par lequel la Création reçoit

12. Voir l'App. III de notre *Mystère du Temple*, Paris, 1958.

tout son sens. Le « monde » s'en moque : il ne s'intéresse à l'Eglise que pour ce qu'il y a, précisément, de moins intéressant en elle, la part de « monde » qu'elle abrite encore : sa pompe, sa puissance humaine. Mais « aux yeux du cœur, qui voient la sagesse », il s'agit de tout autre chose : de reconnaître et d'embrasser le plan de Dieu, le don de Dieu.

Tel est, nous l'avons vu, le sens qu'on reconnaît maintenant à la formule : « Hors de l'Eglise, pas de salut. » Un sens *entièrement positif*, à savoir : il y a, dans le monde, *une* réalité qui représente le Don que Dieu lui a destiné et fait pour le sauver, c'est-à-dire pour le faire aboutir à la Vie en sa communion : c'est Jésus-Christ, préparé par les prophètes, mort et ressuscité pour nous, maître de vérité, et qui a confié à l'Eglise, son Epouse et son Corps, le dépôt de la Parole et des sacrements qui sauvent.

L'Eglise d'ici-bas, issue de la Croix et de la Pentecôte, n'est pas le Royaume plénier, mais elle en est le germe et le commencement : son principe spécifique d'existence n'est pas autre que le principe du Royaume lui-même, l'Esprit de Jésus, mais donné dans la foi et possédé seulement en « arrhes » (Eph. 1, 13-14; 2 Cor. 1, 22; Rom. 8, 14-27). Elle est faite, depuis le début, pour unir à Jésus-Christ tout ce qu'il y a d'hommes et tout ce qu'il y a dans l'homme. Elle est, en ce sens, LA médiation même du salut pour toute créature qui y est appelée (Marc 16, 15); elle est Mission universelle, du même souffle par lequel elle existe. Ces hommes qui sont sur la voie du salut à partir d'une rencontre de Dieu dont l'Eglise n'a pas été corporellement le ministre, ces hommes qui sont, pour autant, « ordonnés au Corps mystique », ne lui sont pas étrangers. Ils sont destinés à la rejoindre pleinement au terme, quand elle deviendra elle-même Communauté de gloire et Royaume parfait, mais, dès ici-bas, ils lui sont destinés et elle leur est destinée. Ils existent spirituellement par l'Esprit qui est son principe d'existence à elle et qui, dominant le temps comme l'espace, les incline secrètement à la rejoindre, tout comme il l'anime, elle, à les concevoir en intention et en ferveur, et à les porter dans les entrailles de sa prière, de son zèle, de sa fidélité d'Epouse totalement ouverte et offerte au vouloir, sur elle, en elle et par elle, de son Epoux, le Sauveur du Monde [13].

Tout ce qui se prépare ainsi sur terre s'effectuera eschatologiquement, quand viendra à terme tout ce qui aura été conçu dans le long enfantement de l'Histoire (cf. Rom. 8, 22). Ce sera le temps d'une pleine révélation, « Quidquid latet apparebit » : l'intention, le vœu de l'Eglise, de porter tous les enfants de Dieu, l'intention secrète, le vœu secret de tous les hommes de bonne volonté, d'entrer dans l'Alliance du Corps du Christ, se rencontreront, se révéleront l'un à l'autre, se reconnaîtront et s'embrasseront, comme Ananie reconnut Paul et Paul reconnut Ananie (Act. 9, 6 et 10-17), comme Pierre reconnut Corneille et Corneille reconnut Pierre (Act. 10).

Comment peut-on rencontrer Jésus-Christ et prendre parti a son égard, sans le connaitre?

Un théologien du XIIe siècle, Hugues de Saint-Victor, a écrit ceci : « Il y a trois façons dont nous pouvons vérifier la qualité de membres du Christ : au niveau de la prédestination, au niveau des dispositions et au niveau d'une incorporation effective. La première façon relève de Dieu, qui ordonne à la vie éternelle; la seconde se réalise quand un païen ou un mauvais chrétien se repent sincèrement et marche dans les voies de la vérité et de l'amour; la troisième s'effectue quand on se soumet aux sacrements de l'Eglise : le païen, au baptême; le chrétien, à l'absolution du prêtre. La première s'accomplit par un acte de Dieu seul, la seconde par l'usage de notre liberté, la troisième par le ministère sacerdotal [14]... »

Le théologien médiéval visait à bien distinguer les éléments et les causes du destin surnaturel de n'importe quelle personne

---

13. Voir, dans cette perspective, J. FRISQUE, « Hors de l'Eglise il n'y a pas de salut », dans *Eglise vivante*, 7 (1955), pp. 98-107, et les études proposant l'idée d'une sacramentalité intentionnellement universelle de l'Eglise, citées *infra*, pp. 159-160.

14. *De potestate ligandi et solvendi*, 20 (*P. L.* t. 176, col. 1172).

individuelle. Mais nous pouvons transposer son analyse à des catégories d'hommes relevant chacune d'une étape du grand processus salutaire. Laissons de côté, ou plutôt supposons acquis le premier moment, celui de la prédestination divine, qui échappe aussi bien à notre connaissance qu'à notre décision — encore que toute une école de théologie catholique pense qu'elle inclut la prévision de celle-ci... Arrêtons-nous au second moment, celui où un païen, ou quelque mauvais chrétien, est en mal de se convertir, au sens moral, et non confessionnel, du mot, c'est-à-dire d'ordonner sa vie selon la rectitude. Cela peut se faire sous une très grande variété de formes, au point de vue des idées ou représentations conscientes; même chez le mauvais chrétien qui, par définition, connaît Jésus-Christ (?), cela peut se faire, par exemple, par rapport à son devoir d'état, à une occasion d'option généreuse, à l'occasion d'une rencontre, d'un sermon, d'un exemple qui l'a frappé... Le théologien médiéval pensait à un païen qui rencontrerait l'Evangile. Mais ce que nous savons aujourd'hui du monde, et pas seulement des univers lointains d'Extrême-Orient, mais de certaines zones de notre propre pays, de notre propre ville, nous amène à envisager le cas d'un païen, ou même d'un homme baptisé dans le mois qui a suivi sa naissance, catéchisé, peut-être, entre 9 et 12 ans, et qui, passé cet âge, n'a rien connu, rien pratiqué, voire a tout oublié, du christianisme. Toute sa vie post-pubertaire, donc réelle, lui a parlé de tout autre chose. N'est-il pas, lui aussi, un non-évangélisé? La troisième étape est ici exclue : l'étape du baptême, celle de la confession, bref, l'étape des sacrements de l'Eglise par lesquels se consomme l'incorporation au Christ ou l'entrée dans son Royaume.

Certes, si le contenu de la foi est proposé en plénitude, il en résulte, pour celui à qui il est proposé, une très grave responsabilité. « Allez par le monde entier proclamer la Bonne Nouvelle à toute la création. Celui qui croira et sera baptisé sera sauvé; celui qui ne croira pas, sera condamné » (Marc 16, 16). Si le Christ se déclare, et dans la mesure où il se déclare, on serait coupable de ne pas le reconnaître : « Si je n'étais pas venu et si je ne leur avais pas parlé, ils n'auraient pas de péché; mais maintenant, ils n'ont pas d'excuse à leur péché (...). Si je n'avais pas fait parmi eux des œuvres... » (Jn 15, 22 et 24). Il y a, dans la parole qui propose la Bonne Nouvelle, quelque chose d'infiniment redoutable. Elle joue un peu le rôle de la Loi, elle fait éventuellement de celui qui, avant de connaître, ne savait pas, un transgresseur. La parole juge, ou du moins, elle pose devant ceux qui l'entendent un fait par rapport auquel, en se situant, en passant à sa droite ou à sa gauche, ils se constituent eux-mêmes brebis ou boucs. Et pourtant, *on doit* proposer le message. Les préparations attendent ce terme, qui est une condition de la gloire que Dieu veut recevoir de ses libres créatures. Jésus lui-même voulait amener ceux à qui il proposait le « signe » ou la parabole, ou le témoignage, au moment où il dirait, comme à la Samaritaine : « Je le suis, moi qui te parle » (Jn 4, 26), ou à l'aveugle-né : « Tu le vois, c'est lui qui te parle » (9, 37).

Mais qu'est-ce que proposer pleinement l'Evangile? L'explicite, la plénitude, le caractère effectif de la proposition sont-ils tout entiers dans une expression *objective* complète? Suffit-il qu'une affirmation de vérité soit faite, quant à soi, pour que cette vérité soit vraiment annoncée et proposée? En ce cas, le *Requerimiento* des Conquérants espagnols en Amérique du Sud et au Mexique était une pleine proposition de l'Evangile. On sait en quoi consistait cette pratique qui, à elle seule, peut faire comprendre le fossé qui sépare un monde éthique ancien, purement objectif, et un monde éthique moderne, qui — comme les théologiens depuis le XVIe siècle, les catéchismes depuis le XVIIe, et les papes depuis Pie IX — se refuse à prononcer la formule « Hors de l'Eglise... », sans inclure une considération des possibilités concrètes du sujet moral humain et, en conséquence, de sa bonne foi.

Le *Requerimiento*, imaginé par Martin Fernandez de Enciso en 1513, consistait dans la lecture solennelle, aux Indiens, d'un document ou Manifeste, rédigé en espagnol ou en latin, qui proposait un bref historique du monde depuis sa création, suivi d'un récit de l'institution de la papauté, aboutissant à la donation faite par le trop fameux Alexandre VI aux rois d'Espagne, des îles et de la « Tierra Firma ». Après quoi les Indiens étaient requis : 1° de reconnaître « l'Eglise comme Souveraine et Maîtresse du monde entier, le grand prêtre appelé le pape, et, en son nom et place, le roi et la reine Jeanne, en vertu de ladite donation »; 2° de permettre qu'on les enseignât dans la religion chrétienne. Si les Indiens n'obtempéraient pas, on avait le droit de les réduire en esclavage comme idolâtres, de les priver de leurs biens et de leur faire tout le mal possible : ce dont eux seuls porteraient la responsabilité [15].

Hélas! Cette effroyable théologie a été appliquée à coups d'arquebuse et à coups de fouet!

Nous sommes devenus, aujourd'hui, tellement sensibles à l'aspect inverse de la réalité, qu'il faudrait plutôt nous rappeler la nécessité de s'inquiéter de la vérité, de la reconnaître et de l'honorer. Mais nous sommes plus avertis de ce que c'est que *pouvoir* entendre; nous gloserions volontiers la parole évangélique ainsi : « Celui qui, *ayant entendu ou pu entendre*, ne croira pas, sera condamné. » Nous n'avons pas tort d'inclure la considération des possibilités subjectives des hommes dans l'idée de *proposition suffisante* de l'Evangile. Ces possibilités subjectives, nous ne les voyons pas seulement psychologiques ou morales : questions de vocabulaire, d'attention, etc.; nous les voyons aussi historiques et sociales. Nous savons que la pression sociale, le poids des préjugés hérités, l'esprit de corps, les complexes collectifs, interviennent puissamment pour modifier les conditions auxquelles la présentation d'un message peut être, au moins statistiquement — car il faut toujours réserver l'exception individuelle —, considérée comme réelle, effective et valable.

En toute hypothèse, il reste l'immense masse de ceux qu'aucun message chrétien n'a atteints. Et aussi tous ceux que ce message n'a atteints, de fait, que sous une figure

---

15. Voir L. HANKE, *Colonisation et Conscience chrétienne au* XVIe *siècle*, trad. F. Durif, Paris, 1957, pp. 29-39.

qui n'est pas vraiment la sienne : la figure du Dieu-gendarme, celle du pseudo-merveilleux, celle du sentimental fadasse, qu'un homme adulte ne peut que vomir, etc. Je pense, par exemple, à une petite enquête que j'avais faite auprès d'enfants du XIIIe arrondissement de Paris : quelle idée avaient-ils de Noël ? L'un d'eux répondit : « Noël, c'est pour des sous ! »

Ici, le processus d'accession à la foi est comme interrompu avant la moindre proposition du Nom en qui seul nous pouvons être sauvés; là, il est interrompu parce que la proposition est objectivement ou subjectivement insuffisante, donc qu'elle est comme n'étant pas. Et pourtant, ces hommes — de beaucoup la plus grande partie dc la pauvre humanité — 1° ont été rachetés par le Christ — ils sont connus, aimés de lui; 2° seront jugés sur leurs œuvres, par un Dieu parfaitement juste, qui sait ce qu'il leur a donné, et jugés de telle manière que la sentence soit mort ou vie, damnation ou salut. Ce qui, nous l'avons vu, suppose que leurs œuvres traduisent une option profonde prise, *réellement*, à ce niveau.

Qu'allons-nous dire ?

Nous dirons ce que la théologie dit, d'une façon plus ou moins satisfaisante, depuis longtemps, sinon depuis toujours, et qui a reçu, il y a une quinzaine d'années, la consécration de l'important document romain dont nous avons déjà parlé, à l'occasion de ce qu'on a appelé l'Affaire Feeney (voir *supra*, n. 6).

« Seigneur, quand t'avons-nous vu... ? » ou l'incognito de Dieu

Il convient de faire une distinction entre ce qui est nécessaire au salut par la nature intrinsèque des choses, et ce qui l'est par une institution positive de Dieu. Aimer Dieu de charité est absolument nécessaire : faut-il dire que ce soit une condition du salut ? C'en est plutôt la substance même. Etre sauvé, c'est pouvoir donner (cela suppose une grâce), puis donner effectivement, à sa vie, son véritable sens selon Dieu. Ainsi nul ne peut être sauvé s'il n'a *réellement* dans le cœur l'amour de Dieu et un amour de soi-même, des autres hommes et du monde, conforme à celui de Dieu.

Il y a, par contre, des conditions de salut qui sont telles en vertu d'un vouloir positif de Dieu, non d'une nature intrinsèque des choses. C'est le large domaine de ce qu'on peut appeler les formes historiques du Propos de salut de Dieu : sous l'Ancienne Disposition, l'appartenance à la descendance d'Abraham; sous la Nouvelle Disposition, la foi expresse à l'Evangile effectivement rencontré, entendu et connu, l'entrée dans l'Eglise par le baptême, l'usage effectif des sacrements du salut : « Celui qui croira et sera baptisé sera sauvé... » (Marc 16, 16); « Si vous ne mangez la chair du Fils de l'Homme et ne buvez son sang, vous n'aurez pas la vie en vous » (Jn 6, 33). Ces choses sont saintes : Dieu nous les a données et veut que nous nous en servions pour nous approcher de lui. Mais, dans certaines circonstances, à savoir si nous souffrons, à leur égard, d'une impossibilité physique de les connaître ou d'accéder à elles, ou même simplement d'une impuissance morale à les reconnaître, Dieu accepte que, faute d'une profession explicite, par hypothèse impossible, nous les tenions seulement par la vertu d'un désir. Lequel? Celui de nous conformer à sa volonté. Inclus dans l'amour de Dieu, il vise implicitement tous les éléments positifs de cette Volonté, même si nous sommes, par les circonstances, dispensés de les embrasser effectivement, voire de les connaître.

Cette distinction n'est-elle pas l'un des sens possibles de la mystérieuse parole de notre Maître : « Tout homme qui dira une parole contre le Fils de l'homme, cela lui sera remis, mais pour celui qui aura blasphémé contre le Saint-Esprit, il n'y aura pas de rémission » (Luc 12, 10; Mat. 12, 32)?

Après avoir rappelé cette doctrine, le document romain concluant doctrinalement l'affaire Feeney, ajoutait : « Il n'est pas toujours nécessaire que ce souhait soit explicite, comme dans le cas des catéchumènes. Lorsque quelqu'un est dans une ignorance invincible, Dieu accepte un désir implicite, ainsi appelé parce qu'il est inclus dans la bonne disposition de l'âme par laquelle on désire conformer sa volonté à celle de Dieu. » *Implicite* signifie « plié dans », « contenu dans ». Si j'ignore, d'une façon moralement invincible, donc non coupable, les déterminations positives prises par Dieu pour le salut des hommes, une disposition à les suivre est *réellement* contenue dans celle, tout à fait générale, que j'ai d'obéir à la Volonté de Dieu.

Encore faut-il que Dieu soit connu et qu'on l'aime, et qu'on soit disposé à obéir à sa Volonté... Pensons aux non-évangélisés de Chine, d'Afrique, aux hommes d'avant le Christ, aux mal-évangélisés de nos grandes villes, aux sans-Dieu de la chère et profonde Russie... Où et comment ont-ils rencontré Dieu pour pouvoir l'aimer ? Il faudra serrer de plus près cette question de l'implicite chrétien. Elle est, du reste, posée par un grand nombre de faits et de recherches de la pastorale actuelle, dont beaucoup tournent autour d'un statut et d'une « pastoration » (le mot n'est pas entièrement juste ; il faudrait parler d'évangélisation) des baptisés qui se tiennent sous le porche ou sur les marches de l'Eglise plutôt qu'auprès de l'autel. Et qu'on pense, sinon comme solution, du moins comme problème, à ce qu'a été le Mouvement Populaire des Familles.

Les Pères, les Apôtres même, semblaient penser que l'Evangile avait été vraiment proclamé par toute la terre. Pour les temps antérieurs à cette proclamation, le Nouveau Testament parle de « temps de l'ignorance ». C'était aussi le temps d'une « patience de Dieu », qui veut laisser aux hommes le sursis nécessaire pour se repentir [16] : voir Rom. 2, 4; 3, 26; 2 Pierre 3, 9; comp. 1 Pierre 3, 10; Act. 17, 30; 14, 16. Saint Paul va même jusqu'à dire que Dieu, alors, n'imputait pas aux hommes leurs péchés (Rom. 3, 25).

Nous ne pouvons plus penser que l'Evangile ait été pro-

---

16. Oserions-nous suggére rcette analogie très humaine ? Les parents qui, comme époux, sont parfois impatients l'un envers l'autre, et qui sont exigeants pour leurs grands enfants, sont extrêmement patients pour les tout-petits parce que ceux-ci *ne savent pas* et ne sont pas coupables. Ainsi la « patience de Dieu » répond à notre « ignorance », et la colère de Dieu à ce que nous faisons de mal, nous trouvant dans la possibilité de savoir...

clamé par toute la terre. Aussi sommes-nous tentés d'étendre cette idée de Patience de Dieu à toute situation où l'évangélisation n'est pas *vraiment acquise.* Mais peut-être cernerons-nous mieux la réalité en appliquant aux non-évangélisés, à ceux à qui Jésus-Christ n'a pas été dévoilé pour ce qu'il est — « Je le suis, moi qui te parle... » —, ce que nous avons dit du stade de préformation de la foi et de l'amour, voire de foi initiale ou d'amour de Dieu à l'état naissant.

Dans l'Evangile, au contact personnel de Jésus, l'attitude profonde d'ouverture ou de fermeture, de sortie et de don de soi ou de recherche de soi-même, se formait et se déclarait à l'occasion d'un « signe », d'une parabole, d'un témoignage formel. Sous quelles espèces peut se décider, en l'absence personnelle du Seigneur, cette attitude profonde qui, puisque tous seront jugés sur elle, et voués, par elle, à la vie ou à la mort, doit être finalement, *au point de vue réel*, une attitude prise à l'égard de Dieu?

Nous entrons ici dans le très vaste domaine de la rencontre réelle de Dieu par des moyens (des médiations) qui ne sont pas ceux de l'Histoire positive du salut, puisque, par hypothèse, ceux-ci ne sont point parvenus ou ne sont pas connus. C'est le domaine, pourrait-on dire, de l'incognito de Dieu : on le rencontre réellement, c'est réellement avec lui qu'on dialogue, mais il ne s'appelle pas Dieu, on ne sait pas que c'est lui. Le chanoine J. Mouroux a parlé joliment de « rencontre enfouie » [17].

La théologie nous met aujourd'hui tout à fait à l'aise sur ce que l'implicite surnaturel peut avoir d'inconscient [18].

---

17. Dans *Parole et Mission*, janv. 1959, pp. 44 et suiv.

18. L. Martin Chauffier ayant écrit, au sujet de son camarade communiste de déportation Roger Vailland, qu'il était « iconoclaste par amour caché d'un Dieu dont il redoute à la fois la rencontre, et désire l'approche », Roger Vailland portestait. Il s'adressait à ses amis : « Vous me connaissez, vous avez lu mon livre. Quel mot? Quel geste? Quel acte manqué? Quel bredouillis? Quel lapsus? Quoi d'interprétable par n'importe quelle méthode d'interprétation peut-il supposer en moi l'amour de Dieu ou de n'importe quel dieu?... S'il est un problème qui me soit étranger, foncièrement étranger, pas seulement intellectuellement, mais physiologiquement étranger, c'est bien, me semble-t-il, le problème religieux... » (« Je ne cherche pas Dieu », dans *Action*, 28 décembre 1945). — Roger

Elle est également unanime à concevoir très largement ce domaine de l'incognito de Dieu ou de l'implicite chrétien. Encore faut-il préciser quelques conditions très générales auxquelles cet incognito peut être celui *de Dieu*, et cet implicite, un implicite *chrétien.* Nous en voyons deux majeures, dont chacune demandera une sérieuse explication.

1° *Un Absolu, et qui tire de nous une étincelle d'amour.*

Ce en quoi je trouverai éventuellement Dieu et l'aimerai sans le connaître, doit pouvoir susciter, de ma part un acte analogue en structure à celui de la charité. On devra y trouver un aspect de don de soi, un caractère d'absolu, et pas de ces conditions limitantes qui s'opposeraient à la visée universelle qu'exige la charité.

Il faut d'abord que ce en quoi l'on est invité à rencontrer Dieu sans le savoir, ait un certain caractère d'absolu qui soit reconnu comme tel, et réellement honoré.

Mais cela ne suffit pas, car ce qui est pour nous une fin a toujours un certain caractère d'absolu. Des hommes poursuivent comme fin l'argent, ou la jouissance, ou la gloire, ou la puissance. Ce sont pour eux des absolus, voulus de façon inconditionnée. Ce ne sont pas des absolus vraiment transcendants, qui nous fassent sortir de nous-mêmes et nous donner à autre chose : c'est nous que nous y recherchons et que nous y rencontrons. Il faut un absolu qui nous dépasse et nous fasse nous dépasser, donc nous donner. L'amour d'avant la charité doit être un véritable amour s'il veut être le début de cette charité; il doit être un mouvement par lequel on se donne; sans quoi, il ne pourrait servir de

---

Vailland avait raison au plan des idées, ou même des vouloirs conscients. Mais le plan psychologique est précisément celui auquel il ne faut pas se placer ici. Il s'agit d'une implication *réelle* contenue dans nos options et nos actes. Les communistes ne nous disent-ils pas qu'en refusant de nous engager dans tel sens, le leur, sous prétexte de ne pas prendre position dans un débat qui oppose les hommes, l'Eglise apporte *en réalité* son appui aux forces de réaction ? Nous pensons à quelque chose d'analogue. Il n'y a pas de neutralité dans le grand conflit qui oppose Satan et Jésus-Christ. Mais seul Dieu peut juger des cœurs.

première matrice à la charité, il ne saurait en être une préformation.

Par contre, dès qu'on sort de soi, dès qu'on se donne à un bien qui nous dépasse, dès qu'il y a *vraiment* amour, il y a possibilité de rencontrer, sous les espèces d'un Absolu, le Dieu caché qui veut nous attirer et nous sauver. Car il est à l'œuvre de son côté. L'amour ouvre sur l'infini, s'il mérite vraiment son nom, c'est-à-dire s'il n'est pas pur déploiement sentimental, mais don de soi. S'il s'adresse à un Bien absolu ou transcendant, il nous met dans un sentiment d'insuffisance personnelle. Nous croyons que, dans tout amour de ce type, affleure une grâce de Dieu. Le mot de Notre Seigneur au sujet de Marie-Madeleine : « Ses péchés, ses nombreux péchés, lui sont pardonnés, puisqu'elle a montré (parce qu'elle a montré) beaucoup d'amour » (Luc 7, 47), peut désigner l'amour dont Madeleine fait preuve (envers le Christ) comme *le signe* d'un pardon total, dont Madeleine connaît la vérité et l'étendue; il peut aussi désigner l'amour (non précisé quant à son objet) de Madeleine comme *ce qui lui a valu* le pardon le plus large. En ce cas, ne pourrait-on penser que, dès qu'il y a amour — quel qu'en soit l'objet, mais *vraiment* amour, sortie de soi, et on ne peut « aimer » n'importe quoi ainsi... — il y a grâce de Dieu, il y a remise initiale dans la ligne de vie, dans le sens du monde, dont la consommation totale sera le Paradis [19]?

---

19. En technique théologique, nous nous référerions, non seulement à la doctrine de l'*initium fidei* (commencement, préconception de la foi), mais à l'idée thomiste que si l'homme peut accomplir un acte (naturel) bon *quelconque* sans une *grâce* de Dieu, par exemple un acte technique de sa profession, il ne peut, sans une grâce de Dieu, poser un acte moralement bon engageant son intention profonde, et donc situé dans la ligne de la justification ou de la condamnation. Au plan d'une illustration littéraire, qu'on nous permette de citer, encore une fois, Dostoïevsky : « Il (Dieu) viendra, le jour du Jugement, et demandera : « Où est la fille qui s'est sacrifiée à une marâtre méchante et phtysique, et pour les enfants des autres? où est la fille qui a eu pitié du vilain ivrogne, son père terrestre, sans reculer devant son ignominie? » Et il dira : « Viens ! Je t'ai déjà pardonné une fois... Je t'ai pardonné une fois... Cette fois-ci encore tes péchés nombreux te sont pardonnés, car tu as beaucoup aimé. » Et il pardonnera à ma Sonia. Il lui pardonnera, je sais qu'il lui pardonnera... » (Marméladov, dans *Crime et Châtiment*, ch. 1).

Quand Pie XII disait, conformément à la théologie traditionnelle, qu'« un acte d'amour peut suffire à l'adulte pour obtenir la grâce sanctifiante et suppléer à l'absence du baptême [20] », il pensait à l'acte d'amour *de Dieu*, mais admettait certainement que Dieu puisse y être visé à travers des représentations assez pauvres, voire même sous d'autres noms que le sien. Tel est le cas des hommes — des peuples entiers! — élevés dans d'autres religions : soit monothéiste, l'Islam, soit tout à fait païennes. Un Bénédictin missionnaire allemand a écrit une grosse étude très documentée sur l'amour de Dieu dans les religions non chrétiennes [21]. « Il n'existe pas de religion païenne, conclut-il, où on ne trouve aucune sorte, aucun vestige, d'amour de Dieu » (p. 442). Certes, cet amour est souvent bien indigent à l'égard de ce que serait une pleine révélation de la charité du Christ, mais, dans l'ignorance de celle-ci, il est une médiation supplétive de cette charité en formation dans une âme, sur la base de laquelle ces hommes peuvent être justifiés et sauvés.

Quand on fait le compte des possibilités de connaître au moins l'existence d'un Dieu, et sa qualité de rémunérateur équitable, qui existent dans le monde, comme l'a fait, par exemple, le P. Riccardo Lombardi [22], on est presque étonné de les reconnaître plus considérables qu'on ne se l'était figuré d'abord. Pauvre connaissance de Dieu, souvent dégradée, et si grièvement impure! Elle peut être, cependant, elle aussi, une médiation de suppléance. Pourtant, dans le cas de certains hommes de nos pays, qui ont été baptisés et catéchisés dans l'enfance, on peut se demander si les vraies options de destinée, celles dans lesquelles on déclare et on engage son amour, ont été prises dans le domaine catalogué

---

20. Discours aux sages-femmes du 29 oct. 1951, *Documentation cathol.*, 1951, col. 1480.

21. Th. OHM, *Die Liebe zu Gott in den nichtchristlichen Religionen. Die Tatsachen der Religionsgeschichte und die christliche Theologie*, Krailing vor München, 1950.

22. Voir R. LOMBARDI, *La Salvezza di chi non ha fede*, Rome, 1943 (4e éd., 1949) ; trad. anglaise *The Salvation of the Unbeliever*, Londres, 1956.

comme religieux et où sont employés les mots : Dieu, Jésus-Christ, salut, etc. Certes, Dieu, Jésus-Christ, l'Evangile, sont, en soi, de façon souveraine, les réalités, qui réclament un engagement total de notre liberté, au niveau du sens profond de la destinée. Mais, pour certains, qu'en est-il? Dans les relations que, concrètement, ils ont eues avec ces réalités souveraines, ont-ils accédé vraiment au plan de la liberté, au plan de l'amour? Ont-ils une seule fois, passé l'âge de la première communion, c'est-à-dire passé l'âge pré-adulte, engagé leur liberté et leur amour, en matière religieuse, avec le sérieux qu'ils ont mis dans quelque option d'amour humain, de métier, de politique, de lutte pour quelque cause?

En tout cas, il y a la masse des hommes qui n'ont aucune connaissance de Dieu, ou une connaissance qui n'en est pas une et qui ne met, sous le mot « Dieu », qu'un contenu ridicule, odieux même, peut-être. La question que nous venons de poser vaut pour eux a fortiori. Leur rencontre de Dieu ne se ferait-elle pas sous les espèces d'un de ces maîtres-mots qui recouvrent, ceux-là, un Absolu transcendant auquel ils ont peut-être engagé leur amour, et que nous écrivons souvent avec une majuscule : Devoir, Paix, Justice, Fraternité, voire même Humanité, Progrès, Bienfaisance, d'autres encore, que nous évoquerons plus loin? Il arrive que les hommes se donnent à ces idéaux, au prix de leur intérêt personnel, de leur tranquillité; au prix d'eux-mêmes, voire de leur vie. N'y a-t-il pas là véritablement amour? Mais il est une réalité privilégiée pour servir de signe paradoxal de Dieu, par rapport à quoi des hommes peuvent déclarer leur orientation profonde, c'est le Prochain. Le Prochain!

Il est privilégié par sa nature même, parce que le prochain est une personne, donc une réalité à l'égard de quoi on se situe de façon adéquate par l'amour [23]; ensuite, parce que

---

23. Parce que toute personne a un certain caractère d'absolu et ne peut jamais être adéquatement traitée en pur moyen. Maine de Biran a montré que nous avons l'idée d'absolu, mais que nous ne pensons un absolu réel que comme personne.

la rencontre d'une personne se prête autrement que la rencontre de réalités objectives, à être signifiante de la Personne de Dieu; et encore parce que la médiation du prochain se prête mieux à rester pure, que celle de certaines choses dont nous parlerons plus loin : elle échappe mieux à l'adultération que le Malin arrive à y introduire. Mais le prochain est privilégié surtout parce que, effectivement, Dieu a mis sa Présence en lui. Il est juste, il est nécessaire, de parler du « mystère du prochain », et ceci au sens précis où le mot « mystère » désigne, dans la langue des Pères, une réalité qui a un sens au-delà d'elle-même, dans la ligne de la réalité dernière, à laquelle va toute l'Histoire du salut. Or déjà humainement, nous ne savons jamais au juste ce que nous avons rencontré dans la personne du prochain. Je me rappelle ce prêtre parisien qui racontait, sur ses vieux jours, comment il avait, vers 1880, reçu un prêtre italien qui demandait l'hospitalité. On lui avait donné une chambre en mansarde. Quand Don Bosco — car c'était lui — fut canonisé, le prêtre disait : « Si on avait su que c'était un saint, on lui aurait donné la belle chambre...! » Encore moins savons-nous, divinement, le vrai nom de nos rencontres. Abraham reçoit trois voyageurs, et c'est Dieu qu'il hébergeait... (Gen. 18). Simon de Cyrène est requis par les soldats de donner un coup de main pour porter la croix d'un condamné inconnu qui ne pourra la traîner jusqu'au bout : et c'était celle du Sauveur!

Ce qui était occasionnel sous l'Ancien Testament est devenu comme une loi depuis qu'en Jésus-Christ Dieu a assumé notre humanité. Le texte souverain est ici celui où notre Maître nous a dit avec précision sur quelles bases se fera le Jugement : « J'ai eu faim, et vous m'avez donné à manger... — Seigneur, quand nous est-il arrivé de te voir affamé et de te nourrir? — En vérité, dans la mesure où vous l'avez fait au plus petit *de mes frères*, c'est à moi que vous l'avez fait... » (Mat. 25). Il est vrai que ces paroles s'adressent directement à ceux qui, connaissant le Christ, ne savaient pas que c'était lui qu'ils avaient rencontré dans les hommes affamés, assoiffés, nus, prisonniers..., bref, dans la misère humaine. Ils ne savaient pas qu'ils avaient rempli le premier commandement en honorant le second. Il reste cependant l'affirmation d'un implicite *réel* des actes, dépassant tout implicite de connaissance. Nous serons jugés sur ce que nous aurons fait, non sur ce que nous aurons connu [24]. Il reste qu'*en se faisant homme, Dieu a pris des frères* [25]. Peut-être faut-il voir ici un aspect non encore théologiquement dégagé, mais très réel, de l'idée, fréquente chez les Pères grecs, selon laquelle, en se faisant homme, en assumant une nature humaine individuelle, le Christ a assumé la nature humaine tout entière, et en a profondément transformé la situation. Un des effets de l'Incarnation rédemptrice serait d'avoir restauré la valeur de la personne humaine comme significative de Dieu : elle était, originellement, faite à son image... Ce qu'on appelle assez communément la Rédemption objective, le fait que *nous appartenons à un monde sauvé*, aurait renouvelé la structure morale du monde en y mettant cette possibilité de rencontrer Dieu dans nos frères, devenus les siens!

2° *Danger que le divin ne soit dévoré par l'humain.*

Ce danger peut revêtir deux formes.

La première serait que nos attitudes à l'égard des idéaux en question ne comportent concrètement, en nous, des conditions qui équivaillent pratiquement à nier ou à exclure le caractère chrétien de l'implicite spirituel de ces attitudes.

---

24. L'implicite divin dont nous parlons est en premier lieu celui de l'amour de Dieu, réellement impliqué dans un amour vrai, s'adressant à un objet bon et absolu. Il existe par la qualité de l'amour, supposant elle-même des grâces du Dieu qui veut que tous les hommes soient sauvés, c'est-à-dire aient la possibilité réelle de rencontrer un moyen de salut. Dans quelle mesure un implicite divin se réalise-t-il *objectivement* dans toute personne humaine comme telle et existe-t-il par la vertu de cette implication objective? Cela demanderait une étude particulière. Plus généralement, il faudra préciser ce qu'il y a de changé dans la réalité du fait que nous appartenons à un monde sauvé.

25. On lira avec profit Théo PREISS, *La vie en Christ*, Neuchâtel et Paris, pp. 82-90.

Il existe une foi d'avant la foi et un amour d'avant la charité, mais, s'ils doivent en être le début, ils doivent en avoir déjà les traits essentiels, ou, à tout le moins, ne pas les contredire. Il peut y avoir une passion de la justice qui trahirait en réalité la justice, parce qu'elle en exclurait certains hommes; ou un amour qui trahirait la charité, parce qu'il en nierait pratiquement l'universalité, ou le désintéressement, ou quelque autre valeur essentielle. Encore une fois, ce n'est pas n'importe quel amour, ni n'importe quel absolu, qui peut constituer un moyen de rencontrer DIEU. Même s'ils ne portent pas son nom, il faut qu'ils reflètent son visage. Dieu ne peut pas prendre l'incognito de la haine, ou de l'égoïsme jouisseur, ou de l'orgueil [26]...

L'humain trop humain attaque l'éventuel divin des médiations créées, d'une seconde manière, plus redoutable encore. Car ces médiations sont objectivement, ou peuvent devenir, subjectivement, des idoles. Qu'en aimant Amida, le bouddhiste qui est dans l'ignorance invincible du vrai Dieu, honore en réalité celui-ci : admettons-le. Admettons aussi comme possible, *sous réserve de ce qui a été dit plus haut*, que des païens de bonne foi aient pu servir Dieu sous le nom de Soleil, par exemple. Quel problème! Ce sont des médiations « religieuses », mais objectivement fausses et même abominables. La Bible les appelle « Honte ». Mais il y a ces médiations des idéaux naturels, finalement relatifs à l'homme, encore qu'ils soient un reflet du Bien et de la Sagesse incréés : ceux que nous avons nommés — Devoir, Paix, Justice, Fraternité —, puis d'autres, plus humains encore : Humanité, Progrès, Liberté, Science, Bienfaisance. Et pourquoi pas Nation, Parti...? Chacun en complétera la liste. Quel danger qu'au lieu de voiler Dieu en le signifiant, ces absolus de remplacement ne prennent, en effet, sa place, qu'ils ne perdent toute ductilité de « signe » et ne deviennent des idoles indûment adorées à la place de Dieu!

---

26. La foi et l'amour, étant des attitudes fondamentales et premières de la personnalité, existent tout entières, comme attitudes, à chacune des étapes de leur développement.

Soyez béni, mon Dieu, qui m'avez délivré des idoles
Et qui faites que je n'adore que Vous seul, et non point Isis et Osiris,
Ou la Justice, ou le Progrès, ou la Vérité, ou la Divinité, ou l'Humanité, ou les Lois de la Nature, ou l'Art, ou la Beauté,
Et qui n'avez pas permis d'exister à toutes ces choses qui ne sont pas, ou le Vide laissé par votre absence...

Au niveau de la foi et de la ferveur personnelles, quel chrétien ne reprendrait avec joie le *Magnificat* de Paul Claudel? Mais qui, voulant penser un problème très réel, n'en estimerait aussi les condamnations un peu simples?

Les « Puissances » dont parle saint Paul sont-elles de la mythologie?

Il existe, dans les épîtres de saint Paul, une donnée assez mystérieuse, sur laquelle les savants ont passablement discuté, au cours des dernières années. L'Apôtre parle de « Puissances ». Ce sont des réalités qui apparaissent, tantôt comme collectives, tantôt, et le plus souvent, comme personnelles. Elles sont hostiles au Christ et aux chrétiens, qui doivent mener contre elles leur principal combat : on lira Eph. 6, 10 suiv.; 2, 2 (comp. Rom. 8, 38). Mais le Christ les a déjà vaincues, par sa victoire pascale, et il les domine : Col. 2, 15; Eph. 1, 21; 1 Pierre 3, 22. Il achèvera cette victoire en les réduisant totalement : 1 Cor. 15, 24 suiv. Nos lecteurs se reporteront aux textes cités.

On pourrait traiter ce thème des « Puissances » comme relevant de représentations mythiques et périmées, celles d'une époque et d'un milieu qui ne sont plus les nôtres. Ce serait prendre les choses de bien court. Mieux vaut s'efforcer de saisir l'idée extrêmement profonde et, nous espérons le montrer, très importante pour des chrétiens conscients de leur vocation au XXe siècle, qu'expriment ces textes pauliniens, et d'autres qu'on pourrait en rapprocher [27].

---

27. Notre réflexion a été aidée par P. Benoit, « Le monde peut-il être sauvé? » dans *Vie intellect.*, juill. 1949, pp. 3-20.

Il y a certaines structures grâce auxquelles ou dans lesquelles l'action humaine se déploie et se démultiplie. Nos attitudes spirituelles, qui, purement spirituelles, resteraient notre secret, se communiquent, se multiplient, deviennent agissantes, en se traduisant et en s'incorporant dans la matière : l'outil me donne la puissance; ce que j'ai créé restera après moi... Nos attitudes spirituelles se démultiplient davantage encore lorsqu'elles se traduisent ou s'incorporent dans une structure collective. Un seul esprit, qui tient les leviers, peut diriger ou influencer tout un monde; qui s'est rendu maître des centres nerveux de la Puissance, oriente d'innombrables options. Comme l'homme accomplit sa destinée en donnant une signification aux choses, à son travail, à sa vie personnelle, familiale, professionnelle et civique, on suppute les possibilités ouvertes par cette structure matérielle et sociale de l'action humaine.

Satan, l'Opposant au Règne de Dieu (Satan signifie : Contradicteur, Opposant), cherche à dominer et à utiliser ces structures pour empêcher que le monde et la vie humaine ne prennent leur sens selon Dieu. Jésus l'appelle « le Prince de ce monde » (Jn 12, 31; 14, 30; 16, 11; comp. Luc 4, 6; 1 Cor. 2, 6), saint Paul, « prince de l'empire de l'air » (Eph. 2, 2), et même « dieu de ce monde » (2 Cor. 4, 4). Le combat entre les ténèbres et la lumière, dont nous avons vu qu'il est le thème général de l'évangile selon saint Jean, se mène aussi, entre le Christ et le démon, à ce niveau des signes, où les options d'orientation de la vie se prennent, où se préforment, soit, dans la sortie et le don de soi, la foi et la charité, soit, dans la recherche de soi, de sa gloire et de sa puissance, l'incroyance et la mort spirituelle. L'ambiguïté des médiations que nous avons envisagées — et qui recouvrent assez largement ces structures matérielles et collectives où se démultiplient nos options spirituelles —, les « Puissances » liées à Satan les travaillent dans un sens où ni Dieu, ni les hommes, ne trouvent leur compte, et qui aboutira à la mort. Les « Puissances », oui, des réalités à la fois personnelles et collectives : des courants de l'Histoire, des mouvements du monde, de grandes idéologies, qu'un esprit malin fomente, attise, inspire, essaie d'orienter dans le sens de la première tentation — « Si vous dépassez les limites, si vous enfreignez la Loi, vous serez comme des dieux... » — et dans le sens de la seconde : — « Je te donnerai tout cela, si tu te prosternes devant moi... » — : le sens des tentations de toujours.

Notre Père! Que ton Règne vienne... Et ne nous soumets pas à la tentation, mais délivre-nous du Malin !

Urgence d'une Eglise et de chrétiens missionnaires

La mission de l'Eglise est immense comme le monde. Les disciples du Seigneur n'auront jamais fini d'évangéliser l'homme partout où il existe, et d'abord en eux-mêmes. Car c'est une créature innombrable et profonde : un animal — et si étroitement lié à son corps, aussi bien chacun sera-t-il jugé sur « ce qu'il aura fait dans son corps, soit en bien, soit en mal » (2 Cor. 5, 10) —, mais un animal qui construit lui-même sa vie, et pas seulement en créant des choses, par son travail, mais en lui donnant une signification, en la référant à un principe spirituel d'existence. En cela consiste le propre le plus spécifique de la condition humaine. L'homme crée librement des choses, par le travail, et il crée de l'homme, librement, par le sens qu'il donne à sa vie.

Tenons-nous-en aux points précédemment évoqués à propos du salut des non-évangélisés. Nous parlerons alors de l'urgence d'annoncer Jésus-Christ aux hommes pour que, donnant par lui et en lui son vrai sens à leur vie, ils entrent dans les voies du salut et de la glorification de Dieu.

On dit parfois : puisque le salut est si largement possible, puisqu'il existe, en somme, des médiations de remplacement, à quoi bon l'effort missionnaire? Si la bonne foi fait le travail de la foi, pourquoi s'évertuer à inculquer celle-ci, au prix d'une peine, finalement, si mal récompensée?

Il faut croire que la question ne représente pas une véritable objection contre l'entreprise missionnaire, car c'est un fait : l'époque où les esprits se sont ouverts à ce qu'on appelle la solution large de notre problème, a été aussi celle de la plus grande expansion missionnaire. Du reste, c'est en grande partie grâce à la Mission qu'on a mieux compris la portée exacte de l'adage : « Hors de l'Eglise, pas de salut. »

Aristote dit : On prouve le mouvement en marchant. La Mission se pose par son propre dynamisme... Psychologiquement, humainement, on pourra parler de hantise de la frontière non atteinte, de besoin d'en reculer les bornes. Il y a des hommes particulièrement sensibles à cette hantise et à ce besoin : belle race d'hommes! Bibliquement, chrétiennement, on trouvera, en tête de toutes les pages de l'Histoire qu'ils ont écrite, le mot de saint Paul : « L'amour du Christ nous presse » (2 Cor. 5, 14); on verra un mouvement unique se propager, comme les ondes depuis ce point de l'eau où la pierre a été jetée, à partir de la Pâque du Christ, qui s'achève dans notre Pentecôte [28]. Car ce qui presse les apôtres, ce n'est pas tant *leur* amour, qu'ils référeraient au Christ, c'est l'amour *du Christ* qui se communique à eux, habite leur cœur, prend dans leur vie donnée, comme un relais ou un nouvel élan, et veut, par eux, s'étendre au monde. « Je suis venu apporter le feu sur la terre » (Luc 12, 49). Il n'y a pas à chercher des raisons pour justifier l'amour. Il est, par lui-même, communicatif de bien.

Il a pourtant ses raisons, et il peut les proposer. En rapport, plus spécialement, avec la théologie du salut qui a été expliquée, deux grands motifs rendent la tâche d'évangélisation urgente et nécessaire.

1° *La Gloire de Dieu.* C'est d'abord le Plan de Dieu, duquel dépendent l'existence et la qualité d'existence des choses. Or le projet divin qui lance le monde et lui fait atteindre son but est, un peu comme les fusées que nous larguons vers le ciel, à visée unique, mais à deux étages. Le Christ rend son mouvement et son sens à la création première; il la remet sur son axe et lui rend la propulsion nécessaire pour aller jusqu'à son terme. En Dieu, le projet était conçu dès

---

28. Voir notre *Pentecôte*, Ed. du Cerf, 1956.

le début ainsi. Il ne peut donc être ce qu'il doit être qu'en Jésus-Christ et par lui. Si Dieu, les deux fois, a fait la mise de fonds décisive, il nous a été confié, les deux fois, d'achever : comme un élève à qui le maître a donné le sens du problème, ou indiqué les lignes de l'épure, mais qui doit finir le tracé ou boucler la solution. La mission du monde, c'est le travail; le travail de l'Eglise, c'est la mission. Le sens du monde, c'est Jésus-Christ, et l'Eglise est le moyen par lequel il est reconnu et réalisé en plénitude.

La plénitude n'existe que là où Dieu est vraiment présent et actif tel qu'il a voulu l'être. Or le terme de son Dessein est que Lui-même prenne corps ct se fasse communauté. Un philosophe chrétien, quelque peu théosophe, à vrai dire, F. Chr. Œtinger, a écrit cette parole profonde : « La fin des œuvres de Dieu est la corporéité. » Et, en effet, Dieu prend un corps d'homme, en Jésus-Christ; il fait habiter en lui « la plénitude de la Divinité » (Col. 2, 9), par lui, il nous touche corporellement en même temps que spirituellement. Et le résultat de ce qu'il nous communique ainsi, c'est l'Eglise, la communauté des fidèles, qui est, spirituellement mais véritablement, le Corps du Fils de Dieu. Le plan de Dieu, donc la vérité du monde, ne se réalise que quand, au-delà des tâtonnements par lesquels ils essaient de se frayer un chemin vers le ciel (cf. Act. 17, 27), les hommes saisissent cette échelle qui leur est jetée d'en haut : l'échelle du corps de Jésus-Christ, qui est le corps du Serviteur se donnant à tous par amour. On ne peut monter en elle que par des degrés d'amour humble et servant; c'est toujours l'échelle de la croix, c'est-à-dire juste l'inverse de ce que le démon propose aux hommes dans la multiplicité et la monotonie de ses tentations. C'est à cela qu'on se livre par la foi, porte par laquelle on entre dans l'Eglise des saints. Tel est le vrai sens de la vie : c'est le chemin, et plus que le chemin, c'est déjà le commencement du ciel.

Il y va de la gloire de Dieu, mais aussi bien du salut, c'est-à-dire du bonheur final des hommes. Nous sommes évidemment beaucoup moins sensibles à la gloire de Dieu qu'à notre bonheur. C'est une illusion, car les deux sont inséparables.

Mieux : ils sont réellement la même chose [29]. Dieu reçoit sa gloire quand son Dessein se réalise, c'est-à-dire quand sa création aboutit. Les demandes du Pater, qui s'enchaînent l'une à l'autre et s'expliquent l'une l'autre, visent globalement cette unique réalité qui, à travers la volonté de Dieu, notre pain de chaque jour, la libération des prises du Malin, est, à la fois, règne ou gloire de Dieu et salut ou bonheur pour nous.

Que Jésus-Christ soit connu, suivi, que son Royaume qui est, sur terre, l'Eglise, soit dilaté, abondamment peuplé et vitalisé par la Parole et les sacrements qui dérivent de Jésus-Christ, ce n'est pas seulement, pour Dieu, une plus grande gloire; c'est aussi, pour les hommes, un salut plus assuré, plus riche. « Je suis venu pour qu'ils aient la vie et qu'ils l'aient en plus grande abondance » (Jn 10, 10).

En toute hypothèse, c'est pour l'Eglise et, en elle, pour ceux qui sont appelés à ce service, une *nécessité* (comp. 1 Cor. 9, 16). Il est possible que, par la miséricorde du Dieu juste, des hommes soient sauvés sans avoir connu Jésus-Christ; *l'Eglise* elle, *doit* le leur faire connaître. Comme Saint John Fisher l'écrivait à Cromwell : « Je ne condamne pas la conscience d'un autre : leur conscience peut les sauver; mais c'est la mienne qui doit me sauver, moi. » Annoncer l'Evangile est, pour l'Eglise et pour nous, une nécessité, parce que le Peuple de Dieu a été constitué sacrement universel du salut et a reçu le mandat : « Allez par le monde entier, proclamez la bonne nouvelle à toute la création. Celui qui croira et sera baptisé sera sauvé; celui qui ne croira pas sera condamné » (Marc 16, 15-16; Mat. 28, 19-20). Le Décret de Vatican II *Ad gentes*, sur l'activité missionnaire de l'Eglise (nº 7) tire de là cette conclusion que « l'activité missionnaire garde intactes aujourd'hui et à jamais sa force et sa nécessité ».

---

29. Pour ceux qui voudraient approfondir techniquement ce point extrêmement important, voir J. HUBY, « Salut personnel et gloire de Dieu », dans *Etudes*, 204 (5 sept. 1930), pp. 513-523 ; M. BLONDEL, *L'Etre et les êtres*, Paris, 1936 ; H. DE LUBAC, « Le motif de la création dans « L'Etre et les êtres », dans *Nouv. Revue théolog.*, 65 (1958), pp. 220-225 ; H. BOUËSSÉ, « Théologie et Doxologie », dans *L'Année théolog.*, 11 (1950), pp. 193-212, 189-303.

2° *Reprendre le combat des Prophètes, et continuer celui du Seigneur lui-même.* Il faut nous faire à l'idée que ce monde n'est pas neutre. Il l'est sans doute dans sa trame matérielle, il ne l'est pas comme monde des hommes, c'est-à-dire dans l'usage que nous en faisons et dans la signification que, à travers cet usage, nous donnons à notre vie. Il faut nous remettre dans la perspective de saint Jean, incorporée à la synthèse des grands génies chrétiens tels que saint Augustin, saint Ignace de Loyola et Newman [30]; il faut voir l'histoire spirituelle du monde comme un immense drame qui se joue entre deux camps dont les chefs sont respectivement Jésus et Satan. Jésus a mené cette lutte et il a vaincu Satan : soit dans sa tentation, où le Mauvais lui proposait un usage du monde tourné vers la Puissance et la Gloire de l'homme, soit dans sa Passion où, une fois encore, il y allait du sens authentique et des vraies voies de la vie : serait-ce de la garder pour soi, serait-ce de la donner par amour?

Nous ne croyons plus guère aux diableries. Pourtant, les pèlerins d'Ars peuvent voir le lit du pauvre et saint curé, à demi-calciné... Disons que, chez nous, le démon n'emploie plus guère de procédés primitifs. Les récits anciens, par contre, en sont pleins. Admettons qu'ils en ont rajouté, qu'ils en ont vu là où il n'y en avait pas. On peut garder l'idée qu'il y en a tout de même eu, si l'on considère qu'il y en a encore. Il suffit de lire les récits des missionnaires en terres païennes : des terres qui n'ont pas été exorcisées comme l'ont été les nôtres, par une longue célébration des sacrements et une longue histoire de sainteté chrétienne. C'est un fait que les missionnaires trouvent devant eux une situation où, souvent de façon sensible, le démon tient les hommes sous son misérable empire. Il les avilit de toute manière; il les aliène à des terreurs infantiles, alors que le Christ les libère et les ennoblit. Il faut souhaiter qu'un

---

30. La perspective de saint Jean est aussi celle des évangiles synoptiques : voir E. MERSCH, *La Corps mystique du Christ. Etudes de théologie historique*, 2e éd., Paris-Bruxelles, 1936, t. 1, pp. 30 et suiv., et cf. *supra*, p. 122, n. 9.

historien bien informé et sainement critique recueille un jour les éléments de ce chapitre de missiologie.

Le démon ne nous tient plus par le fétichisme et la sorcellerie. Voire! Mais il a trouvé mieux pour « posséder » les hommes : ces grandes structures collectives grâce auxquelles il pervertit cet usage du monde à travers lequel les hommes sont appelés à donner à leur vie, dans le Christ, un sens d'ouverture, de foi, d'amour, de communion fraternelle et de service. Il a ses alliés dans l'Argent, la Puissance, l'Opinion et ses instruments, le Parti, la Race, la Nation, voire dans le Progrès, le Confort, la Production, l'Image en sa forme commercialisée, qui risque d'empêcher les hommes de se tourner vers le dedans et d'y écouter le Maître intérieur. Semblablement, nous y avons, nous, nos idolâtries...

Voilà un des buts majeurs des missions : et où il s'avère une fois de plus que la mission n'est pas seulement en Afrique ou en Chine. Elle est coextensive à l'Eglise et à la vie des chrétiens. Elle est une lutte pour le Christ contre l'empire des démons. Elle reprend l'esprit et le combat des Prophètes, l'esprit et le combat d'Elie, contre toutes les formes de l'idolâtrie, les grossières et les subtiles, contre les « Puissances » qui pervertissent le sens du monde et de la vie. Il nous revient de lutter contre la démonisation des structures du monde et de témoigner, dans l'œuvre humaine que nous poursuivons avec les autres, de la charité du Christ. C'est la tâche, c'est la responsabilité du Corps apostolique, dont les évêques sont les membres principaux, et, avec eux, les prêtres qu'ils ordonnent pour les seconder. C'est la tâche de tout chrétien conscient de sa responsabilité, à l'endroit de la vie du monde, modeste ou élevé, obscur ou illustre, où son destin l'a placé et où il doit témoigner de sa fidélité. Nous pouvons, nous devons tous entrer dans le combat spirituel, où il ne peut y avoir des neutres. « Qui n'est pas avec moi est contre moi », « Qui n'est pas contre vous est pour vous » (Mat. 12, 30; Luc 9, 50; 11, 23).

On raconte qu'au premier congrès des Jeunesses communistes, après la Révolution de 1917, Lénine tint un discours. Tous étaient dans l'attente de ce qu'il allait dire. Il commença en prononçant ces trois mots : « Apprenez! Apprenez! Apprenez! » Il nous semble que si un paradoxal équivalent chrétien de Lénine, mettons saint Paul ou saint Pierre, avait à haranguer l'Eglise réunie dans l'attente de ce qu'il dirait, le discours pourrait bien commencer par ces trois mots : « Evangélisez! Evangélisez! »

RÉCAPITULATION, EN GUISE DE CONCLUSION

« Hors de l'Eglise, pas de salut. » Nous avons vu que cette formule ne prétend porter un jugement sur la situation personnelle d'aucun homme, mais qu'elle signifie : l'Eglise fondée par Jésus-Christ est, dans le monde, la réalité qui, seule, contient en son authenticité et sa plénitude, le principe du salut. Dans le combat entre le démon et Dieu, elle est seule assurée de ne pas faillir (cf. Mat. 16, 17-19). Elle nous a été donnée pour que, par elle, en elle, la vie ne périclite pas, mais reçoive son sens et atteigne son but, en Dieu.

Ceux qui, sans faute de leur part, ne lui appartiennent pas, peuvent cependant, au contact de réalités qui sont, pour eux, l'occasion de déclarer le fond de leur cœur, concevoir un germe de foi et de charité, de la façon dont, dans l'Evangile, au contact des « signes » et des paraboles, se dessinait une disposition de refus ou d'accueil [31]. La question majeure est de savoir si l'on se cherchera soi-même ou si l'on se donnera. Ceux qui ont conçu ce début au moins d'amour de Dieu, veulent implicitement suivre sa volonté; ils ont un désir implicite et inconscient du baptême et de l'Eglise, ils sont, à quelque degré, « ordonnés au Corps mystique ».

---

31. Nous avons parlé de « foi d'avant la Foi » et de « grâces d'avant la Grâce », avec l'intention de désigner, par les mots à majuscule, le moment parfait de foi et de grâce, le moment de la justification. Mais, dans le cas où l'Eglise n'est pas connue, ni le baptême reçu, sans qu'il y ait faute (bonne foi), la justification, donc la Foi et la Grâce, peuvent intervenir dans la trame de ce que nous appelons « foi d'avant la Foi » et « grâce d'avant la Grâce ». Nous écrivons ici pour nous faire comprendre des laïcs, non pour les théologiens de profession.

Désir implicite, ordre au Corps mystique, devraient normalement aboutir par la rencontre formelle du message évangélique. Faute de quoi, et sauf miracle ou coup de la Providence comme on en cite des exemples dans les Actes (Corneille : chap. 10) ou l'histoire des missions, la rencontre de Jésus-Christ se fera « eschatologiquement », c'est-à-dire au terme. Beaucoup d'hommes connaîtront alors, pour la première fois, le visage et le nom qu'ils auront aimés sans le savoir.

Si le genre du présent exposé souffrait plus de technicité, nous proposerions ici une idée esquissée déjà par les Pères, à partir d'une donnée scripturaire, à notre avis très importante. Il s'agit de la descente du Christ aux « enfers » et du rôle qu'elle joue dans l'histoire du salut [32]. Ce rôle est celui d'une rencontre de la Personne du Christ, d'un contact avec *son corps rédempteur*, pour les hommes qui n'avaient pas eu la possibilité de le connaître. D'après plusieurs Pères grecs, cette rencontre et ce contact sont, pour ceux qui ont vécu avant le Christ ou en dehors de l'Eglise, le moment où achève de se déclarer, en présence de son objet, la disposition favorable qu'ils avaient conçue envers le Christ, et où se réalise l'équivalent du baptême. Le désir implicite de celui-ci se consomme dans la Réalité. Ceux qui auraient cru au Christ s'ils avaient vécu au temps de l'Evangile et l'avaient rencontré, sont délivrés et s'incorporent pleinement à son Corps, auquel leurs bonnes dispositions, soutenues par les grâces de Dieu, les avaient ordonnés [33].

Nous aimons, pour notre part, reprendre, en élargissant peut-être son sens primitif, la belle prière que nous

---

32. Voir Rom. 10, 6-7 ; Act. 2, 24-31 (Col. 1, 18) ; Eph. 4, 8-9 ; 1 Pierre 3, 18-20 ; 4, 5-6 ; Apoc. 1, 18 ; peut-être Eph. 5, 14. Cf. *Le mystère du Temple*, Paris, Ed. du Cerf, 1958, pp. 324 s.

33. Ainsi non seulement Clément d'Alexandrie et Origène, mais l'Ambrosiaster, saint Cyrille d'Alexandrie, saint Jean de Damas, Œcumenius : cf. *Dict. de Théol. cath.*, t. 4, col. 597-598, et, pour saint Cyrille, A.-M. DUBARLE, dans *Rev. des Sciences phil. et théol.*, 1948, pp. 359-62.

transmettent les anaphores (prières eucharistiques) les plus anciennes, celle, en particulier, de la *Didachè* (*Doctrine des Apôtres*), écrit non biblique très probablement contemporain des Apôtres, et même antérieur à plusieurs documents du Nouveau Testament :

De même que ce pain rompu, d'abord semé sur les collines, une fois recueilli est devenu un, qu'ainsi ton Église soit rassemblée des extrémités de la terre dans ton Royaume ; car à toi appartiennent la gloire et la puissance pour les siècles! Amen.

Souviens-toi, Seigneur, de ton Église, pour la délivrer de tout mal et la parfaire dans ton amour. Rassemble-la des quatre vents, cette Église sanctifiée, dans ton Royaume que tu lui as préparé ; car à toi appartiennent la puissance et la gloire pour les siècles. Amen [34] !

Voici une histoire réelle, qui s'est passée en octobre 1955. Le papa d'un garçon de dix ans, aveugle pratiquement, de naissance, avait amené le petit de Bretagne à Lourdes, faisant onéreusement le pèlerinage pour implorer : « Seigneur, que mon enfant voie! » A Lourdes, pendant le chemin de la croix, soudain, les yeux se sont ouverts. Le premier regard du petit fut pour son père dont, pour la première fois, il découvrait le visage. Et sa première parole a été : « Bien! Il y en a du monde ici...! » N'est-ce pas une parabole de ce qui se passera au terme, quand beaucoup d'hommes, ouvrant enfin les yeux, découvriront le visage de leur Père, et que tous, étonnés par la générosité de Dieu, diront : Il y en a du monde, ici?

Quelle Jérusalem nouvelle
Sort du fond du désert brillante de clartés,
Et porte sur le front une marque immortelle ?
Peuples de la terre, chantez :
Jérusalem renaît plus brillante et plus belle.

---

34. *Didachè*, 9, 4 et 10, 5. Question de date : J.-P. AUDET, *La Didachè. Instructions des Apôtres*, Paris, 1958. — Comp. Anaphore de Sérapion (début IVe siècle).

D'où lui viennent, de tous côtés,
Ces enfants qu'en son sein elle n'a point portés [35] ?

35. *Athalie*, III, 7, avec référence globale à Isaïe, 49, 18-21 ; 54, 1-3 ; 60, 4 (comp. Bar. 5, 5-6 ; Zac. 2, 8). Le plan du salut se présente comme ponctué par une série d'exodes, dont le premier, celui d'Egypte, renouvelé dans le second, le retour de Babylone, annonce le « passage » du Christ en sa Pâque, et le fruit de celle-ci en la Pâque finale du monde. Chaque fois, mais la dernière fois seulement en une plénitude définitive, se réalise la vérité du *salut* : « Je dirai aux prisonniers : « Sortez ! », à ceux qui sont dans les ténèbres : « Montrez-vous ! » (Is. 49, 9). Au terme seulement, ce qui était caché sera manifesté, « Quidquid latet apparebit » ; et la « présence enfouie » de Dieu, et le « vœu » du Christ et de Dieu, et le « vœu » du Christ et de l'Eglise qu'il y avait dans les cœurs, et l'intention de salut universel dont cette Eglise elle-même était tout animée ; cf. Rom. 8, 18 s.

Toutes les religions sont-elles bonnes ?

Racines psychologiques d'un slogan

Une solution, en somme, large de la question du salut des non-évangélisés ne revient-elle pas à remplacer la foi par la bonne foi ? Or, dans la bonne foi, nos contemporains sont à l'aise. Ils sont avec elle et ils sont convaincus qu'elle est avec eux : une alliée d'autant plus sûre qu'elle paraît s'identifier avec leur existence même. On l'a dit très justement, « la tentation du monde moderne, c'est de montrer qu'on n'a pas besoin de Dieu pour faire le bien[1] ».

Nous ne voulons pas attaquer les valeurs de sincérité, même si le monde actuel en abuse et en fait presque sa religion. Elles portent en soi une possibilité de consonance profonde avec l'Evangile, qui est exigence d'authenticité. Elles traduisent souvent, chez nos contemporains, au sein d'un monde déshumanisant, une réaction salubre en faveur de l'homme, une recherche de communion authentique, qui a le tort, seulement, de s'arrêter en des formes mineures, sinon même illusoires. Il ne s'agit pas ici de critiquer la sin-

---

1. O. Clément, *Transfigurer le temps*, Paris, 1959, p. 156. Le Père L. Bouyer écrit, plus âprement : « Rien n'est neutre : voilà une évidence apocalyptique qu'un certain optimisme chrétien néglige trop lorsqu'il s'imagine les « infidèles » voguant tous sans le savoir sur les eaux de la grâce sanctifiante et conservant une inaltérable charité à travers même les plus apparentes turpitudes » (Préface à la trad. frse de J. V. Langlead Casserley, *Absence du christianisme*, Paris, 1957, p. 10).

cérité en général, mais seulement, en liaison avec le chapitre précédent, l'abus qu'on pourrait en faire. Nous ne voulons pas méconnaître la valeur de la bonne foi — les pages précédentes le montrent assez! — mais la protéger contre son propre mythe et l'empêcher de se dévorer elle-même.

L'homme moderne est convaincu, non seulement de sa propre bonne foi, mais de la suffisance de cette bonne foi. Il croit volontiers que la vérité ou l'erreur n'interviennent pas dans son salut, qui serait une pure affaire de loyauté dans les intentions. Il a reçu de quelques-uns de ses prophètes la mystique de la sincérité. Mais, cette sincérité, il ne la conçoit que par rapport à lui-même, sans considérer qu'elle est soumise à une appréciation de valeur et qu'une attitude subjectivement sincère peut être fausse et destructrice. Hitler n'était-il pas sincère? N'y a-t-il pas des hommes qui savent mentir avec les yeux bleux? Quand quelque richissime professionnelle de l'impudicité, comme Françoise ou Brigitte, communique à ses admirateurs le message de sa sincérité, il faut bien le dire, c'est une destruction de ce qu'il y a de plus noble dans l'homme, parce que c'est une destruction de sa responsabilité. Je ne l'aime plus, dit Brigitte, j'en prends un autre... Comme c'est simple, n'est-ce pas? Cela veut dire : il n'y a en moi que moi-même, et un moi-même réduit à l'épiderme, à l'instant immédiat. Je ne prends pas la responsabilité de mes actes. Toute responsabilité est une réponse, comme le nom l'indique. Elle suppose que je ne suis pas seul, qu'un autre a barre sur moi et sur mes actes. Elle est le contraire même d'une mystique de la pure sincérité à la Rousseau ou à la Gide.

Cette fausse mystique de la sincérité, avec la perte du sentiment de dépendance, d'une réponse à donner à qui a le droit de la réclamer, est une des causes de la perte du sens du péché, si caractéristique de l'homme contemporain. Il s'enveloppe du sentiment de son innocence, il n'a jamais manqué à rien ni à personne. Au fond, il n'a pas de dette, il ne se sent pas redevable. Comme Descartes a opéré une réduction de l'évidence à la conscience de la pensée, l'homme moderne opère une sorte de réduction de toute obligation à lui-même et à sa conscience. C'est en toute liberté et avec une innocence qui n'éprouve plus le besoin de se couvrir de feuilles de figuier, qu'il cueille et goûte les fruits de l'Arbre de la science du bien et du mal, c'est-à-dire qu'il prétend déterminer par lui-même, en dehors de toute sujétion à un commandement positif, ce qui est bien et ce qui est mal. Sans doute devrait-on dire plutôt : ce qui lui est bon et ce qui lui déplaît.

L'homme moderne ne s'intéresse qu'à lui-même

Cette réduction à la conscience, elle-même affranchie, c'est-à-dire coupée, de ses références objectives, est, dans ces conditions, une réduction à l'homme. L'homme moderne ne s'intéresse qu'à lui-même. Il ne se règle plus sur des motifs pris d'en haut, mais sur son intérêt, son confort, son plaisir. Chateaubriand, observateur parfois perspicace des grandes transformations auxquelles il avait assisté, notait, sous l'Empire, que la société française passait d'une morale des Devoirs à une morale des Intérêts!

L'homme moderne s'attache au résultat de toutes choses *pour l'homme*. Il accueillerait même la religion si elle sert l'utilité de l'homme. « Des Sœurs de charité, oui, mais des Carmélites, à quoi bon ? » Si la religion sert à faire respecter l'autorité des parents, à équilibrer la société et la santé, à garantir la tranquillité du pays, à secourir ce qui reste de misères, soit ; nous admettrons qu'il en faut. Mais on l'apprécie en raison de ses résultats bénéfiques pour la vie terrestre. Et même si l'on va plus loin, si, avec, tout de même, un nombre encore considérable de nos contemporains, on garde une attitude positive sur la religion *en elle-même*, volontiers on apprécie sa valeur, abstraction faite des questions de vérité ou de légitimité exclusive. Même s'il ne les a pas lues, l'homme moderne a retenu, quant à leur sens, certaines pages de ses maîtres du XVIIIe siècle. Depuis les Encyclopédistes et Kant, il croit qu'on ne peut guère atteindre une vérité définitivement vraie en matière religieuse ou métaphysique, réserve faite des impératifs moraux dont la source est la conscience. Il n'a pas lu Lessing, mais il admet spontanément la conclusion de *Nathan le Sage*. S'il a un sentiment religieux, l'homme moderne pense volontiers que l'essentiel est de monter la montagne : peu importe par quel chemin. Il n'en est pas qui s'impose : le meilleur est celui qu'on se trace.

Il n'est pas jusqu'aux réflexions que nous-mêmes avons faites, qui ne le confirment indûment dans son idée que toutes les religions se valent : la bonne est celle que l'on pratique. N'avons-nous pas, en effet, reconnu un certain décalage entre *l'idée* qu'on peut avoir (ou ne pas avoir), et *la pratique*, et même une certaine primauté effective de la pratique sur l'idée? On ne sera pas jugé sur ce qu'on aura connu, mais sur ce qu'on aura fait. Ce ne sont pas ceux qui disent : Seigneur, Seigneur...

A cet égard, un certain indifférentisme moderne croit trouver un *confirmatur* de ses positions dans ce qu'il prétend avoir cent et cent fois observé : les catholiques — les chrétiens — ne sont pas meilleurs que les autres. A quoi s'ajoute encore le souvenir confus, mais inépuisablement inspirateur de conclusions pratiques, de certains faits historiques : l'assurance dogmatique s'est souvent muée en intolérance, et l'intolérance a élevé des gibets, des bûchers, torturé et massacré sans merci. On ne saurait guère surestimer l'influence qu'ont eue les Guerres de Religion et les persécutions sur l'évolution des idées modernes vers le libéralisme et l'indifférentisme dogmatiques.

Les papes, les apologistes catholiques, n'ont cessé de lutter contre cet indifférentisme, instruits qu'ils étaient par l'expérience qu'il n'y a pas de porte plus largement ouverte à l'irréligion. Le passage est rapide, en effet, de « Toutes les religions se valent » à « Aucune ne s'impose », puis à : On peut se passer de toutes, on peut « avoir la sienne » et garder, l'honnêteté, qui est leur commun dénominateur utile... L'encyclique du bon pape Jean XXIII, *Ad Petri cathedram*, du 29 juin 1959, a encore un paragraphe contre ce fléau de l'indifférentisme.

On pourrait en réfuter les maximes en montrant, par

une étude comparée, qu'il est faux que toutes les religions se vaillent. C'est au terme d'une enquête et d'une analyse rationnelles qu'Henri Bergson avait conclu en faveur du catholicisme des mystiques et des saints... Nous n'entrerons pas ici dans cette voie, nous nous contenterons de juger l'indifférentisme du point de vue du problème que nous avons traité, celui du salut, et dans le cadre même de la solution large qui est, aujourd'hui, d'enseignement commun.

L'indifférentisme détruit la bonne foi

Il n'y a bonne foi que s'il y a ouverture active à l'égard de la vérité telle qu'on est à même de la connaître. Mais celui qui professe, dès le principe, que tout se vaut, et qu'il n'y a pas à se mettre en peine de la vérité, détruit en soi les racines mêmes de la bonne foi, puisqu'il professe une indifférence de principe à l'égard de la vérité. Il la traite, non en amie, mais en étrangère, non comme un trésor de grand prix, mais comme une chose sans importance. Il se situe lui-même en dehors de son royaume.

La bonne foi n'est pas une fade indifférence au vrai, une espèce d'inculture morale qu'on prendrait pour de l'innocence. C'est une plante qui pousse à un certain niveau de vie vertueuse, c'est-à-dire d'usage bon de notre liberté.

Il en est de même, disons-le en passant, de la tolérance, qui est comme sa cousine germaine. Ce n'est pas une faiblesse qui laisserait tout passer parce qu'elle ne serait elle-même attachée à rien; c'est une attitude vertueuse et profonde, celle d'un esprit assez épris de vérité pour n'accepter d'en mépriser aucun élément, où qu'il se trouve, et si mêlé soit-il à de très certaines erreurs. Evidemment, cela suppose qu'on soit assez informé de l'état réel des choses, pour rejeter la ridicule fiction selon laquelle toute la lumière serait d'un côté, et les ténèbres de l'autre. L'intolérance est généralement à base d'inculture ou de simplisme... Mais n'est-il pas significatif, ce résultat d'une enquête de l'I.F.O.P. sur les attitudes religieuses de la Nouvelle Vague ? A la question :

« Une personne d'une autre religion peut-elle être sauvée? » 60 % des jeunes de 18 à 30 ans répondent : oui; dans ces 60 %, les catholiques pratiquants et convaincus représentent 80 % (*Inform. cath. internat.*, 15 déc. 1958, p. 18).

L'indifférentisme suppose que nous serions seuls au monde, ou dans un état de liberté souveraine et créatrice, conditionnant nous-mêmes notre vie, et conditionnés par rien, nous *situant* à notre gré, et n'étant *situés* par rien. Quel enfantillage! Religieusement parlant, nous sommes conditionnés ou situés par une initiative de Dieu. Nous ne sommes pas dans la condition d'un pays qui n'aurait, dans le monde, ni voisin, ni partenaire : une sorte d'île d'Utopie, séjour d'un peuple sans histoire, qui déroulerait son monologue puéril dans une innocence de rêve. Mais Robinson Crusoé lui-même a fini par rencontrer une bande d'anthropophages, des mains desquels il a pu arracher Vendredi!

Dieu ne *s'impose pas* — c'est pourquoi nous pouvons faire comme si nous ne l'avions jamais vu —, mais il propose à l'homme son alliance. Il en multiplie les signes, qui n'ont pas la valeur contraignante de l'évidence, mais qui demandent l'attention. Précisément, notre bonne foi est mesurée, d'un côté par la puissance d'attraction des signes de l'approche de Dieu qui nous sont proposés, de l'autre, par les possibilités d'attention qui nous ont été départies. Mais si nous nous laissons complètement étourdir et devenir inattentifs, par veulerie ou indifférence, nous stérilisons radicalement la bonne foi en nous. Nous ne vivons plus qu'en rêve une innocence que nous avons tuée. Nous nous croyons intacts et libres, mais nous ne le sommes pas : la situation n'est plus vierge.

Il en est un peu, toutes proportions gardées, comme après le moment où une puissance politique a offert son alliance ou son amitié à une autre. Pensons, par exemple, puisque cela a été le début du drame dans lequel nous avons été si dramatiquement engagés, au Manifeste algérien du 31 mars 1943, de Ferhat Abbas, suivi du Projet de réforme du 26 mai 1943. Il est clair — en tout cas, il est devenu de plus en plus clair depuis 1954 — qu'un document de ce genre représentait, de la part d'une réalité politique qu'on peut appeler, prudemment, la Personnalité algérienne, un *acte* ou une initiative qui créait une certaine situation. A l'égard d'une revendication qui, *alors*, prenait la forme d'une offre d'alliance, l'indifférence ou l'ignorance avait, en réalité, valeur de refus, et donc, virtuellement, de mépris ou d'hostilité. Chez ceux, du moins, qui avaient les moyens de savoir, elle ne pouvait plus être innocente.

Le temps de la colère viendra...

D'une façon générale, tout don reçu, toute possibilité possédée, crée une obligation correspondante. On ne reçoit rien en vain, ni sans que ce soit grevé d'un devoir. « A qui on aura donné beaucoup, il sera demandé beaucoup » (Luc 12, 48). Une bête n'a pas de responsabilité. Un homme en a une, à proportion des dons de conscience et de connaissance qui lui ont été impartis.

Et, bien sûr, beaucoup d'hommes ont été si pauvrement dotés que Dieu leur demandera peu : « Au petit, par pitié, on pardonne, mais les puissants seront châtiés puissamment » (Sag. 6, 6). Pourtant, je suis personnellement effrayé de la légèreté avec laquelle un très grand nombre d'hommes, pour ne parler que de ceux que je côtoie et rencontre tous les jours, éliminent tranquillement de leur vie la question de Dieu et de l'offre qu'il nous fait de son alliance, dans l'Evangile de Jésus-Christ, dont l'Eglise des saints est au milieu de nous le signe. Oui, tranquillement, ils font comme si le problème n'existait pas, La cloche sonne, qui annonce qu'on va célébrer près d'eux, pour qu'ils s'y unissent, le sacrifice de l'Alliance d'amour : ils continuent leur bricolage domestique, ou leur promenade, ou leur farniente au bord de l'eau. Ah! S'ils n'avaient aucun moyen de savoir : les Chinois ou les Thibétains, par exemple, qui n'ont jamais entendu parler de Jésus-Christ, sont excusés de ne pas s'enquérir de lui : ils seront, comme dit saint Paul, jugés sans loi positive sur celle de leur conscience (Rom. 2, 14). Mais ces hommes que je rencontre ont des moyens de connaître; ils devraient s'inquiéter. Ou même ils ont connu Jésus-Christ, ils ont eu, de lui, une première approche. L'Alliance leur a été offerte. S'ils y restent sourds, le temps où elle demeure offerte dans la patience de Dieu passera. Le temps de la colère viendra. Et, de même qu'en Algérie on a fini par entrer dans un drame dont on n'est pas sorti qu'on n'ait payé très cher et jusqu'au dernier centime : de même ceux qui auront ignoré, par légèreté ou égoïsme, le message de paix de Dieu ou, comme dit l'Evangile avec tant de force et de tendresse, ceux qui n'auront pas reconnu le temps où ils ont été visités (Luc 19, 44), verront venir un moment où, l'heure du choix étant passée, ils vendangeront avec désespoir les raisins de la colère.

Effroyable légèreté de l'homme moderne, qui s'imagine que tout s'arrangera toujours, au moins les choses très graves; qu'il n'y a, en Dieu, que pardon, sans possibilité de sévérité. Or il est bien vrai que Dieu est bon, lent à s'irriter, prompt à pardonner (cf. Exode, 34, 6-7; Ps. 130, 4 et 7), mais aussi qu'il ne tolérera pas qu'on se gausse de lui sans fin, de lui, le Dieu très saint! « Celui qui (ayant entendu ou pu entendre) ne croira pas sera condamné » (Marc 16, 16); « Par ton endurcissement et l'impénitence de ton cœur, tu amasses contre toi un trésor de colère, au jour de la colère où se révélera le juste jugement de Dieu, qui rendra à chacun selon ses œuvres » (Rom. 2, 5-6). Le Curé d'Ars disait, dans son style direct, auquel son amour de Dieu donnait un accent irrésistible : « Le Bon Dieu n'est pas méchant, mais il est juste... Croyez-vous, après que vous l'aurez méprisé toute votre vie, qu'il va se jeter à votre cou [2] ? »

Tout homme porte une possibilité de se perdre à jamais. C'est excessivement sérieux.

---

2. B. Nodet, *Le Curé d'Ars, sa pensée, son cœur* (Nlle édition, « Foi Vivante », 1966), p. 166.

Morts avant l'aurore de la raison

A quel prêtre la question n'a-t-elle pas été posée par une mère tourmentée : « Mon enfant ne serait-il pas dans le ciel de Dieu, parce qu'on n'a pu le baptiser à temps? »

La mort des petits enfants est la chose la plus bouleversante. Ce n'est pas une épreuve pour le cœur seulement, mais pour la foi. Et le problème de leur destinée éternelle est un de ceux dont la solution est la plus difficile en synthèse théologique.

Les hommes d'aujourd'hui sont moins sensibles au point de vue *de Dieu*, du caractère gratuit du salut qu'il donne, des conditions objectives auxquelles il attache ce salut, qu'au point de vue *de l'homme*, et même de l'individu humain. Du moment que « ce n'est pas de leur faute », il semble que ce serait, sinon injustice formelle, du moins inacceptable dureté, si ces petits étaient exclus de la plénitude du bonheur que les adultes peuvent espérer.

Mais il y a d'autres raisons au fait que le problème du sort éternel de ces petits enfants ait si fréquemment occupé l'actualité théologique dans ces dernières années. La question est venue souvent des plus chrétiens parmi les jeunes ménages. D'autre part, certains courants d'idées qui inspirent le tempérament religieux des chrétiens d'aujourd'hui, semblaient offrir de nouvelles valeurs à la réflexion théologique : foi de l'Eglise, plan de Dieu, réalité de la Primauté universelle du Christ, mystère de la mort... Il s'en faut cependant que tous les théologiens aient conclu dans un sens, disons : large, consolant ou favorable.

Deux remarques s'imposent au préalable. 1° Quand on nous pose la question, on pense au sort des enfants de parents chrétiens morts sans baptême, mais le problème déborde immensément celui-là. Il se pose pour tous les hommes morts avant l'éveil de la raison, c'est-à-dire avant ce moment où, s'ils n'ont pas entendu parler de Jésus-Christ ou n'ont pas été baptisés en son nom, ils peuvent poser un acte moral ou libre concernant l'orientation générale de leur vie : acte sur la base duquel, dans l'ignorance où ils sont de bonne foi à l'endroit du vrai Dieu, ils pourront cependant être justifiés et sauvés. Il s'agit donc de millions de ces petits frères humains dont la longue et pitoyable somme forme ce qu'on appelle, dans les statistiques, « la mortalité infantile », et dont un si grand nombre, précisément, sont venus à la vie dans des pays ou dans des temps où le baptême chrétien était inconnu.

2° Une question préjudicielle se pose : que *peut*-on savoir au sujet d'un tel problème? A partir de quoi et comment peut-on, *a priori*, savoir quelque chose? Le sentiment chrétien est une grande et sainte chose, mais il ne suffit pas, et demande à être éclairé. D'où peut venir ici la lumière? De la source d'où vient toute connaissance chrétienne valable : la sainte Ecriture, dans laquelle nous est communiquée la pensée de Dieu, telle qu'elle est entendue dans la tradition de l'Eglise. En second lieu, de la réflexion chrétienne mettant en œuvre ce qu'on appelle « l'analogie de la foi ». On entend par là ce qu'une doctrine, en elle-même mal éclairée, reçoit de lumière du rapport qu'elle a avec d'autres points mieux éclairés et mieux connus, des consonances qu'on peut découvrir entre elle et d'autres réalités assurées ou d'autres doctrines bien attestées.

Un texte de saint Paul semble, au premier abord, pouvoir éclairer notre problème, celui de 1 Cor. 7, 14, où, parlant des mariages entre païens et chrétiens, l'Apôtre dit que le conjoint chrétien sanctifie le conjoint non chrétien, puis ajoute : « S'il en était autrement, vos enfants seraient impurs, alors qu'ils sont saints. » Sans aucun doute, saint Paul entend que les enfants nés de parents dont l'un au moins est chrétien, sont, de ce fait, voués à être membres du peuple de Dieu, voire même déjà membres de ce peuple. Mais il ne dit rien ici qui porte sur leur sort éternel, encore moins sur le sort éternel d'enfants morts sans avoir été baptisés. Pour appliquer ce texte à notre problème, il faudrait lui faire subir une extension ou une extrapolation telle qu'il y perdrait sa valeur de témoignage scripturaire. On peut cependant y trouver une certaine indication : le fait de naître de parents chrétiens n'est pas indifférent au point de vue de la situation religieuse : il a une certaine valeur d'introduction dans l'Alliance.

Il est un certain nombre de points, substantiels et positifs, sur lesquels tous les catholiques sont d'accord.

1° En toute hypothèse, les enfants auxquels nous pensons ne sont pas malheureux. Même s'ils sont exclus de la forme suprême de communion avec Dieu, qui est de le voir comme nous sommes vus de lui (1 Cor. 13, 12), de partager, comme des fils, son héritage et sa gloire, ils ne sont pas soumis aux peines infernales. Ils ne souffrent pas de cette atroce brûlure d'être indestructiblement liés à une existence qui n'a plus ni sens ni espérance d'en avoir un. Ils ne sont pas châtiés. Ils aiment Dieu de tout l'amour dont est susceptible une créature non régénérée dans le Christ.

2° Ils rentrent d'une certaine façon dans la Rédemption du Christ, car ils font partie d'une humanité qu'il a rachetée tout entière. En disant cela, cependant, on ne parle que de ce qu'on appelle assez communément la Rédemption objective. Peu importe qu'on utilise ou qu'on évite les expressions « Rédemption objective, Rédemption subjective ». Il suffit qu'il y ait un sens où *nous sommes* déjà sauvés, où *tous* les hommes *sont* sauvés, et un sens où il faut encore faire son salut, puisqu'aussi bien, on pourrait le manquer. Nous sommes sauvés en ce sens que la juste colère de Dieu est apaisée, sa justice satisfaite. L'Alliance s'offre à nous de nouveau, ouverte. Mais il faut y entrer. Il faut que cette Rédemption soit appliquée *aux personnes*. Toute la question est de savoir à quel titre, complet ou incomplet, et de quelle façon elle est appliquée aux petits enfants.

3° Il existe une certaine structure, c'est-à-dire des moyens ou conditions pour cette application de la Rédemption : le baptême et la foi. « Celui qui croira et sera baptisé sera sauvé; celui qui ne croira pas sera condamné » (Marc 16, 16). Dans le baptême, le Christ fait *tout* : c'est vraiment une seconde naissance. C'est pourquoi l'on peut baptiser des bébés qui n'apportent aucune coopération personnelle. Ce qu'il faut de foi, du côté de l'homme, est représenté et anticipé dans le parrain, dans l'initiative qu'il prend, conjointement avec les parents de l'enfant, de présenter celui-ci au baptême : initiative qui est, pour autant, un engagement à initier l'enfant à la foi. Il reviendra à l'enfant, parvenu à l'usage de la raison et de la liberté, de ratifier l'engagement pris. Telle est la voie normale du salut, celle qui est liée à l'institution essentiellement apostolique ou missionnaire que Dieu a donnée au monde comme la suite de l'œuvre de « Celui qu'il a sanctifié et envoyé dans le monde » (Jn 10, 36).

Si cette voie *ne peut* être suivie — parce que, sans qu'il y ait faute morale de la part de cet homme, l'Evangile n'est point parvenu jusqu'à lui, ou ne lui a pas été « suffisamment » proposé —, il en est une autre, qui finit par la rejoindre : une libre orientation foncière de la vie, telle qu'elle implique un acte d'amour de Dieu, donc un acte de foi. Contenant réellement une volonté d'obéir à Dieu, cette disposition a valeur d'un désir du baptême, même si celui-ci n'est ni connu ni concrètement offert. Nous avons expliqué cela plus haut.

Jusqu'ici, tout le monde est d'accord, mais pas plus loin.

Pour les petits auxquels nous pensons, l'une et l'autre des deux voies indiquées sont fermées : la première, parce que, nés de parents chrétiens, ils n'ont cependant pas été baptisés, ou que, nés de parents païens, l'hypothèse du baptême ne s'est même pas présentée; la seconde, parce que leur développement mental les situe avant la possibilité même d'une option quelconque, donc, une seconde fois, en dehors de l'hypothèse [1].

C'est du moins ce qu'ont dit, jusqu'ici, la plupart des théologiens. Quel sort réservent-ils donc à ces plus pitoyables parmi les sauvés de Jésus-Christ? Ils bénéficient, disent-ils, dans l'œuvre du Seigneur, de tout ce que peut en recevoir un fils d'Adam, en deçà d'une application *personnelle* effective (par les deux moyens susdits). Ils ressusciteront non pour une résurrection de jugement (Jn 5, 29), ni pour le feu ni pour le désespoir, mais pour une résurrection de bonheur naturel. Non sans un amour de Dieu naturel, mais cependant sans l'intimité et la gloire que recevront, dans le Royaume, les fils d'adoption. On appelle cette situation ou ce lieu « les Limbes ». Ce mot vient du latin *limbus*, qui signifie « bord » : les Pères qui, les premiers, l'ont employé, pensaient à quelque chose *en bordure* de l'enfer; on pourrait aussi bien y voir une situation *en marge* de l'économie, essentiellement christologique, du salut. Le P. Lorson disait, en une manière qui n'a de poétique que l'apparence : « La nursery éternelle [2]... »

Il faut bien avouer, cependant, que la réalité ainsi désignée n'apparaît, ni de près ni de loin, même par mode de suggestion, dans la Révélation biblique. Elle serait assez, en théologie, ce qu'était Neptune en astronomie entre le moment où Leverrier en déduisait l'existence, par le calcul, comme nécessaire à l'équilibre du ciel, et celui où Galle trouvait effectivement la planète au bout de son télescope, sensiblement à l'endroit où Leverrier la situait. On peut dire que ces Limbes représentent une doctrine communément enseignée, dans l'Eglise catholique, mais qui n'a jamais fait l'objet d'une définition dogmatique [3].

---

1. En somme, n'ayant fait et pu faire aucun acte *personnel*, ces enfants n'arriveraient devant Dieu que tels que leurs parents les ont faits : ou baptisés, et ainsi régénérés dans le Christ, ou avec la tache originelle, et ainsi exclus de la communion des fils de Dieu.

2. P. LORSON, *L'avenir mystérieux des âmes et du monde*, Paris, 1941, p. 113.

3. Voir A. MICHEL, dans *Ami du Clergé*, 14 juin 1951, col. 378 (et dans *Enfants morts sans baptême*, Paris, 1954, p. 17); E. BOUDES, « Réflexions sur la solidarité des hommes avec le Christ », dans *Nouv. Revue théolog.*,

On peut se demander si la prolongation d'un *tertium quid* au-delà du Retour glorieux du Seigneur, est bien consonante à l'ensemble du plan de Dieu tel que la sainte Ecriture nous le fait connaître. Ici-bas, tant que dure l'Histoire, au cours de laquelle nous exerçons vaille que vaille notre liberté dans la durée temporelle et dans nos corps charnels, il existe une Eglise, un monde au sens damnable du mot, et un cosmos qui n'est ni Règne ni Antirègne, mais simple cadre neutre d'existence et de choix. Mais dans l'au-delà, il ne doit plus exister que Règne ou Antirègne, ciel ou enfer. Faudrait-il penser que les enfants qui, précisément, n'ont pas connu le cosmos comme lieu et temps du choix, puisqu'ils étaient incapables de choisir, relèveraient à jamais d'une sorte de situation médiane, d'un *no man's land* du plan de Dieu ? Mais cela serait-il conforme à ce que saint Paul nous dit de la souveraineté du Christ ? Au point de vue théologique, n'est-ce pas réifier une abstraction, nécessaire au plan de l'analyse mais qui n'a pas de place au niveau existentiel, que de parler de béatitude purement *naturelle* ? Et voici encore une question à laquelle nous comprenons très bien qu'on ne réponde pas, mais qu'il n'est pas sans intérêt de poser, en technique théologique : avec quel corps ressusciteront ces enfants, et en quel état ?

Les défenseurs de cette position, ou de quelque position semblable, arguent de la tradition patristique et d'un certain nombre de textes du magistère, qu'on doit, à coup sûr, considérer avec beaucoup d'attention. Mais il faut faire deux remarques à ce sujet :

1° Ces témoignages et ces textes demandent, en bonne méthode théologique, à être soumis à un examen critique serré, de façon à ne leur faire rien dire de plus que ce qu'ils disent. Cet examen a été fait [4]. Il réduit notablement la

---

71 (1949), pp. 589-605, pp. 591-592. G. J. Dyer a rappelé que Rome s'est refusée à condamner des catholiques qui lui étaient dénoncés comme niant les Limbes : *The Denial of Limbs and the Jansenist Controversy*, Mundelein, 1955.

4. P. Gumpel, cité à la bibliographie et G. J. Dyer cité n. 3.

portée de ces textes dans leur ordre de normes doctrinales. Il reste que, incontestablement, leur ensemble n'est pas favorable à certains essais de solution, disons : large.

2° Ces essais, cependant, sont réellement solidaires du mouvement général des idées concernant les problèmes du salut, singulièrement du salut des hommes qui ne rentrent pas dans les cadres réguliers des moyens positifs et des voies institués par Dieu. Nous avons vu que la compréhension des principes permanents de la question a changé quand a changé notre connaissance de la situation réelle de l'humanité [5]. Bien que certains aient cherché en ce sens, nous ne pensons pas que nos connaissances *actuelles* sur la conscience du nouveau-né, ou sur la mort, imposent un changement des vues qui peuvent passer aujourd'hui pour traditionnelles ou classiques. Mais, ici comme en certains autres domaines, nous voudrions réserver un avenir possible. La porte à garder ouverte répondrait aux deux issues ou voies du salut que nous avons dites : la voie du baptême et celle d'une option morale.

Certains (Klee, le P. Mulders) ont émis l'hypothèse de la possibilité d'un acte libre, dans une lumière spirituelle donnée par Dieu, avant l'instant de la mort; d'autres, à l'instant qui suit la mort (le P. Laurenge) : nous considérons cette seconde hypothèse comme exclue, car il doit nous être rendu selon le bien ou le mal que nous aurons fait, étant dans nos corps (2 Cor. 5, 10). Mgr P. Glorieux, nous l'avons vu, parlait, lui, de l'instant de la mort (cf. *supra*, p. 106). Une telle hypothèse est-elle radicalement exclue? Qui oserait le dire péremptoirement? Que savons-nous de la conscience du tout-petit, qui nous permette d'en exclure totalement l'équivalent de ce que nous reconnaissons à celle de l'adulte,

---

5. De toute façon, c'est un fait, nous ne tenons plus, en ces matières, certaines positions des Pères ; ou du moins nous honorons autrement qu'eux les principes qui leur dictaient ces positions. Ils ne connaissaient pas notre idée de foi implicite. S. Jean Chrysostome, et d'autres Pères encore, pensaient que les catéchumènes étaient damnés s'ils venaient à mourir avant la réception effective du baptême....

dont nous avons l'expérience ? (voir *Bibliographie*, p. 177 : H. de Lavalette). Certaines mésaventures anciennes (Galilée !), les extraordinaires progrès de nos connaissances en quelques décades, devraient nous rendre prudents. On dira : il n'a pas de représentations, et donc, on ne voit pas dans quels termes se poserait, pour lui, un choix quelconque. Faut-il considérer cette difficulté comme insoluble, et la voie proposée comme fermée ?

Ou bien, en réponse miséricordieuse à la foi, à la prière des parents chrétiens, de l'Eglise, le Christ ne peut-il accomplir, selon sa libre grâce, qui choisit qui il veut, l'équivalent d'un baptême ? Le Christ, disait Nicolas Cabasilas, baptise ceux que l'Eglise ne baptise pas. Si l'Eglise ne les baptise pas, d'ailleurs, ce n'est pas sa faute : car elle voudrait les baptiser et ne cesse, par toute sa vie de prière et la célébration du sacrement de la Rédemption, d'intercéder pour leur salut. La plus tendre maternité, c'est encore la sienne... Elle qui, avec sa foi, répond pour le baptême de nos enfants, répondrait d'avance, par l'universalité même de son désir et de sa prière, pour ces baptêmes invisibles, s'il plaisait au Seigneur de les faire [6]. Cabasilas ne savait rien de plus que nous. Nous ne posons aucune affirmation : simplement, nous indiquons la voie irrécusable de la toute gratuite miséricorde de Dieu. Qui oserait tenir quelque thèse que ce soit sans ménager une marge où elle puisse s'inscrire, selon son bon plaisir, et avec elle, toute blottie en elle, l'espérance des parents chrétiens ? Le fait de la martyre Perpétue intercédant pour le petit Dinocrate, rapporté plus haut (p. 79), n'a pas valeur d'une autorité dogmatique, mais il a bien celle d'un exemple. Rien n'empêche de l'imiter et de le présenter à Dieu comme une sorte de précédent de sa miséricorde...

Dans son discours aux sages-femmes italiennes, le 29 oc-

---

6. « L'Eglise de Dieu, Mère très aimante de la famille humaine, embrasse avec une parfaite charité tous les hommes, de quelque race ou catégorie soient-ils, et contribue, par sa prière et ses efforts, à leur salut et à leur véritable bonheur. » PIE XII, homélie du 29 oct. 1939, *Audistis Venerabilis*, *AAS*, 35 (1939), p. 598.

tobre 1951, Pie XII insistait, avec toute la tradition catholique, pour qu'elles administrent le baptême sans attendre, en cas de danger. Et il disait : « Dans l'économie présente, on ne voit pas d'autre moyen pour communiquer cette vie (du Christ) aux petits enfants [7]. » Admirons la prudence de ces paroles, leur discrétion. Elles résument bien la tradition de l'Eglise, qui elle-même interprète l'Ecriture : « Nul, s'il ne renaît de l'eau et de l'Esprit, ne peut entrer dans le Royaume de Dieu » (Jn 3, 5). Il n'y a qu'*une* certitude concernant le salut des petits enfants : c'est celle-là. Le reste est hypothèse. Mais il est des hypothèses qui autorisent plus d'espérance. Elles n'ont pas perdu toutes leurs chances.

7. PIE XII, *AAS* (1951), p. 841. Voir W. A. VAN ROO, « Infants dying without baptism : a survey. of recent literature and determination of the state of the question », in *Gregorianum*, 35 (1954), pp. 406-473. Chez les Coptes non unis à Rome, qui ont su prouver, pendant 12 siècles, sous une domination musulmane, le sérieux de leur christianisme, on ne baptise que trois ou quatre fois par an ; les bébés ont donc éventuellement de trois à cinq mois. S'ils meurent avant le baptême, on considère qu'ils sont sauvés ; on ne s'en inquiète pas.

XI

RETOUR ET VENUES DU SEIGNEUR

QUE SAVONS-NOUS DE LA FIN DU MONDE ?

Nous répondrions volontiers ce que Claudel répondait naguère à une enquête : Que savez-vous de Dieu? — Rien de plus et rien de moins que ce qu'en dit le catéchisme. Cela suffit, en effet, dans toute la mesure où la foi suffit. Mais la situation faite au chrétien aujourd'hui réclame une foi *cultivée*, telle qu'il puisse la défendre devant quiconque lui demande raison de l'espérance qui est en lui (1 P. 3, 15). C'est pourquoi, guidés par les Ecritures, nous envisagerons successivement : 1° les grandes affirmations de la Parole de Dieu; 2° la question du moment; 3° celle des signes précurseurs; 4° le rapport qu'on peut mettre entre *notre* monde et le monde à venir, les nouveaux cieux et la nouvelle terre qui nous sont promis.

1° Les grandes affirmations, positives et absolues, de la Parole de Dieu

Il en est trois principales. Ouvrons notre Nouveau Testament.

Ce monde finira. Sa figure « passe » : 1 Cor. 7, 31; « le ciel et la terre passeront », Marc 13, 31; Mat. 5, 18; 2 P. 3, 12; Apoc. 20, 11 et 21, 1, 4; cf. Is. 51, 6.

Il y aura un Jour de Dieu (2 P. 3, 12) qui sera, pour le monde, ou plus exactement pour l'Histoire, *Jugement*. Comme le propriétaire d'un champ, l'été venu, envoie les moissonneurs, engrange le grain et laisse ou brûle la part inutilisable de ce que la terre a produit, Dieu, au soir du Monde, fera sa moisson (Mat. 13, 39 s.) et rendra à chacun selon ses œuvres (Mat. 16, 27; Rom. 2, 6). Il y aura comme une dissolution de *ce* monde (2 P. 3, 12), mais aussi une nouvelle naissance du monde : Jésus l'appelle « régénération » (Mat. 19, 28), saint Pierre, « restauration universelle » (Act. 3, 21), saint Paul, « révélation des fils de Dieu, libération de la corruption, liberté de la gloire des fils de Dieu » (Rom. 8, 19, 21), saint Jean, et encore saint Pierre, « nouveaux cieux, nouvelle terre » (Apoc. 21, 1 et 5; 2 P. 3, 13); cf. Isaïe, 65, 17; 66, 22.

Tout cela est lié au fait de Jésus-Christ : plus précisément à la Pâque de Jésus-Christ, notre Seigneur. Cette Pâque a été, en effet, mort selon la chair et résurrection selon une vie incorruptible, venant de l'Esprit. Or, elle est la Pâque *du Seigneur*, non d'un homme quelconque, pas même d'un homme supérieur seulement, ou d'un homme de Dieu, mais de quelqu'un qui était à la fois vraiment homme et vraiment Dieu : pleinement d'en bas et pleinement d'en haut. Ah! qu'il est, en même temps, vrai et doux à l'âme religieuse, ce verset que nous chantons pendant l'Avent, d'après Isaïe, 45, 8 : « Cieux, répandez votre rosée et que les nuées fassent pleuvoir la Justice. Que la terre s'entrouvre et qu'elle donne, comme une tige de blé, le Sauveur! » Oui, Jésus est à la fois du ciel — conçu du Saint-Esprit — et de la terre, de notre terre, de notre race, qui est comme la pointe vivante et suprême de toute la poussée terrestre. Venant de la terre, il fait partie de la moisson; venant du ciel, mieux : étant vraiment Dieu, il ne peut être, dans la moisson du monde, que Germe souverain, Germe pour une vie divine. Son destin est, dans le monde et pour le monde, un destin souverain. Non seulement exemplaire ou pilote, le modèle de ce à quoi le monde est appelé, mais un germe d'efficacité souveraine pour faire lever toute la moisson du monde jusqu'au point où lui-même est destiné en tant que *Dieu* fait homme : *Dieu* devenu, par son Incarnation, levain du monde !

Durant la maturation de l'Histoire, le levain est caché dans la pâte. Il y agit, mais c'est le temps de la foi, c'est-à-dire de l'inévidence, parce que c'est le temps de la liberté humaine. A l'heure que le Père a fixée, le Germe saint qui aura travaillé le monde dans lequel il est venu, sortira en pleine lumière les effets de son action. Seigneur, nous vous verrons venant en puissance et en gloire (Mat. 23, 30; 25, 31; Luc 9, 26; 21, 27). Et vous donnerez à ce monde un nouveau visage. Ayant pris le sien, en votre avènement d'humilité, vous lui donnerez le vôtre, en votre avènement de gloire. Votre Parousie sera la Pâque du Monde, l'Univers qui en sortira sera un Univers pascal, et le carillon de cette Pâque cosmique sera la trompette des anges. *Canet enim tuba* : 1 Cor. 15, 52.

Pour nous, notre cité se trouve dans les cieux, d'où nous attendons ardemment comme Sauveur, le Seigneur Jésus-Christ, qui transfigurera notre corps de misère pour le conformer à son corps de gloire avec cette force qu'il a de pouvoir même se soumettre tout l'Univers (Phil. 3, 21. Lire aussi Rom. 1, 4 ; 6, 4 ; 8, 11 ; 1 Cor. 15, 20-28, 52-53).

Ces trois affirmations majeures de la Parole de Dieu ne sont évidemment pas des affirmations d'ordre scientifique. Il n'y a lieu d'en chercher, ni preuve ou confirmation, ni infirmation dans des données d'ordre scientifique, physico-chimique. On sait que la science est aujourd'hui en mesure d'indiquer une date (très) approximative touchant le commencement de la matière dont notre terre est faite : quelque cinq milliards d'années. Mais l'affirmation de la Bible : « Au commencement, Dieu créa le ciel et la terre », est d'un tout autre ordre et se situe à un tout autre plan que les supputations physico-chimiques. De même, la science a *ses* certitudes ou *ses* hypothèses sur la fin de ce monde [1], mais celles

---

1. Voir P. HUMBERT, dans *Lumière et Vie*, cité à la bibliographie, p. 194.

de l'Ecriture sont d'un tout autre ordre de connaissance et relèvent d'un tout autre plan de préoccupations.

Elles sont essentiellement relatives à l'Histoire du salut, au contenu central et, on peut dire, unique, de la Révélation : la vérité du rapport religieux que Dieu veut nouer avec nous. Les affirmations de l'Ecriture sur la fin du monde ne sont destinées, ni à nous effrayer comme des enfants — le vrai Dieu n'est pas comme cela! Il est notre Père — ni à satisfaire notre curiosité. Si la Bible répond aux grandes questions de Gauguin, *D'où venons-nous? Qui sommes-nous? Où allons-nous?* c'est sous l'aspect, du reste tout à fait central et décisif, où elles intéressent la vérité du rapport religieux; c'est pour nous dire que nous venons de Dieu, que ce monde est entièrement dépendant de lui, que Dieu a un dessein sur ce monde, auquel il nous appelle à collaborer, enfin, que ce monde, venu de Dieu, reviendra à Dieu. La fin dont il est ici question n'est pas celle qui est dans les forces du cosmos lui-même, ou plutôt dans le caractère fini de ces forces : c'est celle qui est dans les mains puissantes du Christ, obéissantes à la volonté du Père.

Il n'y a donc pas lieu de chercher un « concordisme » quelconque entre les façons de parler de l'Ecriture, *qui ne sont pas scientifiques* et qui n'ont pas à l'être, et les indications ou les hypothèses des savants : refroidissement terrestre, réchauffement du soleil, collision d'astres, etc.

2° « Dites-nous : Quand cela aura lieu [2] ? »

Il est certain qu'il existe, dans les trois premiers évangiles, plusieurs passages qui semblent supposer, voire même affirmer, un dénouement final comme prochain. Il y a d'abord ce qu'on appelle le Discours eschatologique, c'est-à-dire celui qui, précisément, parle de « la fin » : Marc 13, 1-37; Mat. 24, 1-25, 41; Luc 21, 3-36. Il y a, en outre, un certain

2. Mat. 24, 3 ; Marc 13, 4 ; Luc 21, 7.

nombre d'énoncés isolés, dont les principaux sont ceux de Mat. 10, 23 et 16, 27-28 (= Marc 9, 1; Luc 9, 27).

Nous sommes ici en présence d'un des nombreux cas où l'Ecriture ne peut être correctement comprise que supposé acquise une culture biblique que peu d'hommes possèdent et même sont en mesure de se procurer. Il faut être familiarisé avec bien des thèmes bibliques, bien des expressions et des catégories bibliques, pour percevoir la portée d'explications qu'il n'est possible, en quelques lignes, que d'indiquer très sommairement.

Trois plans ou trois moments interfèrent dans les textes en question. Parfois, un seul de ces moments occupe presque en totalité la perspective, mais les autres sont généralement plus ou moins présents : et ceci parce que les trois moments font partie d'une même histoire, dans laquelle les premiers préparent, annoncent ou symbolisent le dernier [3]. Chaque fois, il doit y avoir : Avènement du Seigneur et Jugement porté par lui.

Ces trois moments ou trois plans sont : 1° l'investissement et la destruction de Jérusalem et de son Temple saint par les Romains : fait décisif, qui s'est produit en l'an 70 et qui devait être, dans l'Histoire du salut, non seulement un *jugement* porté sur le peuple juif qui avait « chuté » (Rom. 11, 12) en ne recevant pas Jésus, dans son ensemble, mais l'élimination complète du régime mosaïque, dont il ne restait plus pierre sur pierre : ce serait un avènement du Seigneur, définitivement affirmé, chez les siens, comme le seul vrai Temple, le seul sacrifice, le seul principe du culte nouveau.

2° Le dernier avènement ou Retour définitif, quand le Seigneur n'apparaîtra pas comme le Centre et le Principe spirituels du monde, au cœur des fidèles seulement, mais à

3. L'exégèse catholique voit assez généralement les choses ainsi : P. BENOIT, Notes dans *Bible de Jérusalem*, Mat. 24 et 25 ; A. FEUILLET, cité à la bibliogr. (avec insistance sur la ruine de Jérusalem) ; déjà S. AUGUSTIN, *Epist.* 197 et 199 (*P. L.* 33, 899, 904) ; S. THOMAS D'AQUIN, *In IV Sent.*, d. 47, q. 1, a. 1, qa 3, ad 2 et d. 48, q. 1, a. 4, qa 1, sed c. 2.

tous et d'une façon irrécusable, dans l'évidence de sa puissance et de sa gloire. Son retour en majesté sera jugement, non plus seulement sur son peuple choisi, mais sur le Monde et sur l'Histoire : car l'Histoire sera finie. Le Seigneur apparaîtra, non plus en forme d'esclave, proposée à notre foi et à notre amour, mais en forme de Dieu (cf. Phil. 2, 6-11). Il inaugurera l'ordre vraiment nouveau et définitif de son Alliance, dont le programme grandiose nous est annoncé ainsi : « Voici, je fais toutes choses nouvelles » (Apoc. 21, 5), « Puis ce sera la fin, quand il remettra la royauté à Dieu le Père, après avoir détruit toute Principauté, Domination et Puissance, ...afin que Dieu soit tout en tous » (1 Cor. 15, 24, 28), « J'entendis alors une voix clamer, du trône : « Voici la demeure de Dieu avec les hommes. Il aura sa demeure avec eux; ils seront son peuple, et lui, Dieu-avec-eux, sera leur Dieu (...). De Temple, je n'en vis point (en la Nouvelle Jérusalem) : c'est que le Seigneur, le Dieu Maître-de-tout, est son Temple, ainsi que l'Agneau » (Apoc. 21, 3 et 22).

3° De cet avènement dernier et de ce dernier jugement, le jugement et l'avènement de l'an 70, quand Titus prit Jérusalem et détruisit le Temple, n'étaient qu'une annonce et une étape historiques. Mais, au plan de ce qui se déroule *dans l'Histoire*, bien d'autres venues du Seigneur doivent s'intercaler entre celle de l'an 70 et celle de la Fin finale. Le Nouveau Testament doit nous apprendre à voir le Christ dominant l'Histoire, pas seulement comme un personnage très lointain — il apparaîtra un jour, mais, en attendant, il serait tout à fait absent et désintéressé du drame... —, mais comme présent à cette Histoire et en faisant, pour autant, une histoire sainte, une histoire du salut. C'est tout le sens de l'Apocalypse [4]. Sans aucun doute, il y a, dans la trame de l'Histoire humaine, des venues du Seigneur qui, à l'image de sa Pâque et de sa finale Parousie, sont à la fois Jugement de condamnation et Avènement de son Règne : les persécutions, les invasions barbares et la destruction de l'Empire

---

4. Voir H.-M. Féret, *L'Apocalypse de S. Jean, vision chrétienne de l'Histoire*, Paris, 1943 ; rééd.

romain, le baptême de Clovis, les grandes déchirures chrétiennes les fondations d'Ordres religieux, les hérésies et les conciles qui les ont dénoncées, les grandes découvertes et les perspectives nouvelles qu'elles ouvrent, les révolutions, celle de 1789, celle de 1917, l'accession à la majorité et à l'autonomie de peuples jusqu'ici sous tutelle paternaliste, le mouvement œcuménique, les mises en question que tout cela fait de la mission chrétienne : sans doute y a-t-il, dans tous ces faits monumentaux, des jugements et des venues de Dieu devant lesquels nous est demandée l'obéissance de la foi.

Tel est bien le sentiment de la liturgie. Pour notre part, nous avons célébré maintes fois la messe votive pour le temps de guerre, et chaque fois nous avons été frappé par l'évangile que la liturgie nous y fait lire. Il est tiré de Matthieu, 24, 3b-8 : « ...vous entendrez parler de guerres... On se dressera nation contre nation, royaume contre royaume... *Et tout cela ne fera que commencer les douleurs de l'enfantement* ». Pour le Nouveau Testament, l'histoire présente est comme un long et douloureux enfantement d'un monde nouveau, à venir (cf. Rom. 8, 18, 22). Le Seigneur Jésus, qui en est le Maître, y « vient » sans cesse, par des visites à la fois de jugement et de grâce, de mort et de vie : des visites pascales. La Pâque finale du monde se prépare ainsi, difficilement, obscurément, douloureusement.

Tel est le sens, encore, de l'admirable liturgie de l'Avent : elle ne cesse, en célébrant le mémorial de la venue de Noël, qui la couronne, d'annoncer la Venue finale du Seigneur, et d'ouvrir nos âmes à toutes ces venues intermédiaires par lesquelles le Seigneur s'approche de nous et visite son peuple. Le thème des trois Avènements — historique, celui de Bethléem; final, celui du Jugement; spirituels, ceux de l'histoire sainte du monde et des âmes — est un thème classique de la tradition chrétienne : on le trouve déjà chez Origène (milieu du IIIe siècle) ; on le trouve chez saint Bernard, chez Tauler au Moyen Age; on le trouve encore chez Luther. C'est un bien commun chrétien.

Ce sentiment d'imminence et d'attente a pris aussi, au long des siècles, une forme plus discutable, mais qu'il faut bien entendre. Nous pourrions, d'après nos propres notes de lecture, si le travail n'avait déjà été fait [5], remplir ici des pages de textes et de références montrant qu'à tous les siècles, sans en excepter le nôtre, on a vu la fin du monde arriver et ses signes avant-coureurs déjà réalisés ou menaçants... Le bon et grand saint Grégoire disait, sur la fin du VIe siècle : « Déjà les étoiles perdent leur éclat, et l'air devient irrespirable. » Mais les étoiles brillent toujours, et l'air est bon à respirer en dehors des stupides grandes villes pestilentielles!... C'est un phénomène bien connu, encore qu'insuffisamment étudié : toutes les époques troublées ont abondé en annonces apocalyptiques, que les esprits faibles ou sentimentaux prennent pour argent comptant. Ce sont des moments où les pseudo-prophéties circulent et trouvent un regain d'audience; où aussi, avec plus de vérité bien que sans conscience exacte des vraies perspectives, le sentiment de la Fin toujours imminente s'aiguise. Une paysanne bretonne disait à son Curé, en 1939 : « Monsieur le Curé, est-ce que ce ne serait pas la fin du monde? » — « Je n'en sais rien, répondait le recteur, mais je sais, hélas, que ce sera la fin du monde pour beaucoup de pauvres hommes! »

Celle-là, oui, est toujours imminente, toujours tangente au cercle de nos vies. L'Evangile le rappelle sans cesse : Il viendra comme un voleur, en pleine nuit, au moment où on ne s'attend pas... Cf. Mat. 24, 43-44 et parall.; 1 Thess. 5, 2-4; 2 P. 3, 10; Apoc. 3, 3; 16, 15.

Que tel ou tel illuminé, voire même que tel ou tel grand saint, ait personnellement cru que la fin était effectivement proche, chronologiquement imminente, c'est un fait dont on pourrait apporter trop de preuves pour qu'il soit loisible de le nier. Il faut même reconnaître, tant les textes abondent, que les Apôtres eux-mêmes ont cru, au moins au début, à un Retour *prochain* du Christ [6]. Mais il faut bien comprendre ces textes, dont les explications valables ne

---

5. Par exemple dans P. VULLIAUD, *La fin du Monde*, Paris, 1952, pas toujours avec les meilleures discernements historiques.
6. Ainsi S. Paul, 1 Thess. 4, 17 ; 2 Cor. 4, 12 ; 5, 3 s.

manquent d'ailleurs pas [7]. Tout se passe comme si, ne sachant et n'affirmant *rien* de *certain* au plan du jugement ferme et formel [8], les Apôtres avaient, pendant un temps, participé à une conviction générale, relevant de la « mentalité » telle que la définit M. J. Guitton, selon laquelle le Retour du Christ devait être proche. Cette idée, qui était de l'ordre de l'estimation personnelle, a petit à petit cédé la place à celle d'une durée indéterminée et d'un terme sans doute lointain : on peut suivre une évolution correspondante dans certaines idées, en étudiant celles-ci selon la succession des écrits apostoliques, qui s'échelonnent sur une cinquantaine d'années.

Les Sectes.

On sait que leur pullulement, et surtout leur diffusion en des régions jusqu'ici indemnes de cette maladie, sont l'un des traits caractéristiques du milieu de ce XXe siècle : une époque troublée, où tant d'esprits sont comme déboussolés, et où l'influence américaine est loin d'être partout bénéfique !

Il y a une certaine structure d'esprit qui dispose aux sectes et qui se satisfait en elles. Elle est caractérisée par ces traits : 1° l'absence de référence des points particuliers à un cadre de pensée d'ensemble; 2° l'absence d'un sain esprit critique, et la crédulité. On croit, dans certains milieux sectaires, des diableries ou des prodiges à faire pâlir d'envie les chroniqueurs du Moyen Age... Ce second trait, cependant, n'est pas propre aux sectes, qui ne font que donner une issue à la crédulité instinctive des hommes, laquelle, hélas! trouve

---

7. Voir J. GUITTON, sur la distinction entre l'esprit et la mentalité : *La pensée moderne et le catholicisme*, fasc. VI (*Le problème de Jésus*), pp. 191 s. ; IX (*Développement des idées dans l'A. T.*), pp. 85 s. ; *Difficultés de croire*, Paris, 1948, pp. 76 s.

8. Cf. 1 Thess. 5, 2 ; 2 Thess. 2, 1 s. et 19, qui sont les premières épîtres de S. Paul et peut-être les premiers textes écrits du christianisme : en 51. Puis Mat. 24, 37 ; 2 P. 3, 8 et 10. S'agissant de Jésus lui-même, la morale qu'il a prêchée, telle qu'elle ressort des passages les plus sûrement génuines, par exemple du Discours sur la montagne, est faite pour un monde normal, et qui doit durer.

parfois à se satisfaire dans l'Eglise elle-même, où tout devrait être vrai, intelligent, digne de foi. Mais le premier trait les caractérise plus spécifiquement.

L'esprit sectaire : 1° est « fondamentaliste », c'est-à-dire qu'il entend les textes bibliques d'une façon matériellement et raidement littérale, sans considération des milieux historiques ni des genres littéraires. — 2° Il s'attache à un certain nombre, assez réduit, de versets, souvent de style prophétique ou apocalyptique, et il focalise toute son attention sur eux. — 3° Il les entend sans les mettre en rapport ni en harmonie avec d'autres textes, *surtout avec des énoncés plus généraux* : bref, en dehors de ce qu'on appelle « l'analogie de la foi ». — 4° Il applique ces textes prophétiques ou apocalyptiques matériellement entendus, à des événements *historiques* déterminés, qu'il voit distinctement annoncés et dont il suppute les modalités matérielles et la date de réalisation, par des calculs pseudo-bibliques, en réalité assez arbitraires et contestables. C'est là que l'esprit sectaire triomphe.

Exemples : 1. Les Irvingiens (« Eglise catholique apostolique ») et les Néo-Apostoliques, tenaient, au XIXe siècle, qu'on approchait de la Fin, parce que « la Onzième heure » avait commencé en 1833 et que les heures sont de 476 ans...

2. S'agit-il des Adventistes? En 1833, William Miller annonçait la fin du monde pour cette même année, en se fondant sur Daniel, 8, 14; les calculs furent revisés et on indiqua successivement comme date de la fin du monde, le 22 mars 1844, puis (en se fondant sur Mat. 25, 5 s.) le 22 octobre 1844. Mais, comme elle ne s'était pas produite, une prophétesse, Ellen G. White, expliqua tout : ce jour du 22 octobre 1844 était simplement celui de l'intronisation du Christ dans le Saint des Saints. La voie restait donc ouverte pour reprendre les supputations et indiquer d'autres dates qui trouvèrent, qui trouvent encore, qui trouveront toujours, des esprits assez crédules pour les soutenir avec toute la force de conviction que permet le simplisme.

3. On entend assez parler des « Témoins de Jehovah », alias Tour de Garde, alias Etudiants de la Bible. Sait-on que leur fondateur, Charles Taze Russell, avait annoncé

le retour (spirituel) du Christ pour 1874, et son règne pacifique de 1.000 ans pour... 1914, jusqu'en 2914...? Ce serait alors les cieux nouveaux et la nouvelle terre.

Que n'a-t-on pas tiré — ainsi le susdit Russell — du chiffre des 144.000 élus de l'Apocalypse? Car l'esprit sectaire est toujours aussi un esprit d'élection, lié à la conscience d'être « les Purs », à une mentalité de Minorité mise à part d'un monde voué à la catastrophe, pour un salut de triomphe!

Pour être chrétien, il faut être intelligent. Certes, il y a des « signes des temps », et le succès inquiétant des sectes dénonce sans doute la trop grande absence dans l'Eglise, d'intérêt à recueillir ces signes et à tenter de les lire. Mais le propos de la Bible n'est pas d'annoncer des faits *particuliers*, à la manière d'une chronologie ou d'une description anticipée. Comme la Bible veut nous dire la vérité du rapport religieux, elle indique bien plutôt de grandes constantes, coextensives à toute l'histoire du salut : ces constantes se traduisent bien dans des faits particuliers, dont quelques-uns en représentent une réalisation singulière et typique — il y a dans l'histoire, disait Péguy, des nœuds et des ventres, des époques et de simples périodes... — mais dont l'Ecriture annonce *l'ensemble*, non tel fait particulier en sa singularité. Qu'on pense, par exemple, au Chiffre de la Bête, au Faux Prophète, et aux tentatives faites pour appliquer ces figures à *un* homme en particulier, tentatives dont la multiplicité même montre la radicale inadéquation.

S'agissant du *moment* de la fin du monde, en tout cas, il faut ne jamais perdre de vue ce principe décisif : on doit interpréter les passages obscurs par les passages clairs. *Tout passage où l'on pourrait être tenté de trouver une précision ou un point de départ pour un calcul, doit se soumettre à cette déclaration absolue de la Vérité vivante* : NUL NE SAIT NI LE JOUR, NI L'HEURE [9]. Toute supputation (1°) est une fataisie, (2°) qui prend à la légère cette très grave Parole de Dieu.

9. Mat. 24, 36 ; Marc 13, 32 (pour A. Feuillet, concerne la ruine de Jérusalem) ; Act. 1, 7.

3° LES SIGNES PRÉCURSEURS DE LA FIN

Les Apôtres ont demandé au Maître : « Dis-nous quand cela aura lieu, et quel sera le signe de ton avènement et de la fin du monde » (Mat. 24, 3). Il semble difficile, étant donné cette question, de limiter la réponse de Jésus aux signes de la ruine de Jérusalem, même si ses paroles s'y rapportent aussi. Le Seigneur indique un certain nombre de signes :

a) Guerres, famines et signes cosmiques tels que tremblements de terre, obscurcissement du soleil et de la lune, ébranlement de l'équilibre du ciel. A. Feuillet écrit, au sujet de ces signes cosmiques :

> Tableaux de détresse ou peintures de l'ère de grâce doivent être interprétés en tenant le plus grand compte du langage imagé et profondément symbolique de l'Ecriture. Il n'y a pas à prendre à la lettre les images tout orientales de bouleversements cosmiques : la terre est dévastée et dépeuplée ; elle est ébranlée jusque dans ses fondements ; elle chancelle comme un homme ivre et vacille comme un hamac (Is. 24, 1-6, 18-20) ; toute l'armée des cieux se désagrège : les étoiles tombent comme les feuilles de la vigne ou du figuier (Is. 34, 4) ; le soleil, la lune et les étoiles s'obscurcissent ; la lune devient rouge comme du sang (Joël 2, 10 ; 3, 4 ; Is. 13, 10 ; Ez. 32, 7-8).
>
> Ces images fantastiques, déjà utilisées par les prophètes et qu'affectionnera la littérature apocalyptique tardive (Marc 13, 24-25 et par. ; Apoc. 6, 12 ; 8, 5, 12 ; 11, 13 ; *Assomption de Moïse*, 10, 4-5 ; *IVe Esdras*, 5, 8 ; 9, 3...), ne sont d'ailleurs pas dénuées de sens ; elles veulent marquer un lien étroit entre le destin de l'univers et celui de l'homme : celui-ci étant le vice-roi de la création entière, lorsqu'il est châtié, c'est la création entière qui est en même temps atteinte (cf. Gen. 3, 17). Inversement et pour la même raison, la restauration des relations d'amitié entre Dieu et l'homme s'inscrit dans un cadre matériel enchanteur : la terre se couvrira de fleurs et deviendra un nouveau paradis terrestre ; les animaux se réconcilieront entre eux et avec l'homme (Is. 11, 6-9 ; 65, 17-25 ; Os. 2, 20-25 ; Joël 4, 18-21) [10].

---

10. Art. *Fin du Monde*, dans *Catholicisme*, t. 4, 1956, col. 1307.

b) Les persécutions : Apoc. 20, 7-10; Marc 13, 21-22. Elles sont de tous les temps et accompagnent les vrais disciples partout où ils affirment leur fidélité. Mais celles qui marqueront l'approche de la Fin sont rattachées plus spécialement à « l'homme d'iniquité », « le fils de perdition » (2 Thess. 2, 3-12), « la Bête » (Apoc. 13), « l'Antéchrist » (1 Jn 2, 18-22; 4, 3; 2 Jn 7). Ces textes semblent indiquer, tantôt un individu, tantôt une suite d'individus (comp. Marc 13, 22), tantôt des forces collectives intelligentes d'opposition au Règne de Dieu et de son Christ. Il est très difficile de dire si cette activité d'opposition doit revêtir une forme tout à fait spécifique et discernable comme telle, à l'approche historique de la Fin.

De même les persécutions finales sont caractérisées comme portant plus particulièrement sur *la fidélité* des vrais disciples, l'authenticité de la foi, le prestige des faux christianismes : Mat. 24, 4; Marc 13, 22; Apoc. 13, 11 et 17; 16, 13; 19, 20; 20, 10. Mais ces attaques sont foncièrement coextensives, elles aussi, à la vie de l'Eglise, Temple du Dieu vivant dont la pureté consiste d'abord en celle de sa foi.

c) Le signe *historique* le plus défini serait encore la conversion d'Israël, annoncée par saint Paul (Rom. 11, 11-15, 25-26) et à laquelle Jésus lui-même semble se référer en Mat. 23, 39. Ni saint Paul ni notre Seigneur ne donnent de détail sur les modalités que prendra le retour d'Israël, non plus que sur le délai qui en séparerait celui du Seigneur et la résurrection générale. Ce signe, qui est le plus net, demeure donc assez imprécis. Les signes avant-coureurs eux-mêmes ne feront vraiment connaître ni le jour, ni l'heure...

4° La nouvelle Terre et notre vieille Planète

La question est d'une importance souveraine pour orienter toute la théologie chrétienne des réalités terrestres et l'attitude que nous devons avoir, comme chrétiens, envers *ce* monde, dont saint Paul nous dit que la figure passe. Les cieux nouveaux, la terre nouvelle, qui nous sont annoncés, seront-ils *ce* monde-*ci* transfiguré, ou une création entièrement nouvelle, succédant à celle-ci, qui s'évanouirait à jamais ?

Il nous paraît de plus en plus clair et certain [11] que l'ensemble des textes bibliques parlant du cosmos, non seulement autorisent la première hypothèse, mais qu'ils l'imposent. Si l'on considère les choses du côté du Christ, on trouve sans cesse affirmé, dans le Nouveau Testament, un rapport étroit entre l'œuvre du Verbe incarné comme Rédempteur et celle du Verbe éternel comme Créateur. Ce rapport affecte la Rédemption jusqu'à son terme final, qui est le salut *du monde* : non pas « von der Welt », un salut par une sortie du monde, mais un salut « dieser Welt », *mundi hujus*, dont ce monde doit être bénéficiaire. Si l'on considère les choses créées, *cette* terre et *ce* ciel, la Bible, d'un bout à l'autre, affirme leur lien étroit, leur unité de destin avec l'homme (comp. *supra*, n. 10). Pour la Bible, le cosmos est un cosmos *humain*, *historique;* elle ne le considère jamais séparé de l'homme — pas plus qu'elle ne sépare l'homme de son insertion et de son action dans la création —, mais toujours lié à la situation spirituelle de l'homme. C'est pourquoi aussi la restauration messianique est toujours montrée comme ayant des effets cosmiques. On peut bien, on doit même, faire la part des hyperboles dans la façon dont certains textes bibliques en parlent. Il reste, irréductible, une affirmation foncière dépourvue de toute ambiguïté. Le texte de Romains 8, 19-23 en est une expression majeure, mais une expression parmi beaucoup d'autres. On ne saurait exagérer son importance.

S'agit-il enfin de l'homme : de *nous*? D'un côté, il est certain que ce sera *nous* qui ressusciterons et serons transformés (1 Cor. 15, 52). Saint Paul prie Dieu de garder non seulement nos âmes, mais notre corps, pour l'Avènement du Seigneur (1 Thess. 5, 23); il va même jusqu'à envisager le cas de fidèles qui seraient transformés sans avoir à passer

---

11. Depuis *Jalons pour une théologie du Laïcat*, Paris, 1953, pp. 115 s.

par la mort et la corruption du tombeau (1 Thess. 4, 17). D'un autre côté, l'Apôtre nous dit que la nouvelle création a déjà commencé dans les fidèles, qu'ils en sont, après le Christ, les prémices [12].

Cependant, on ne peut penser à un simple renouvellement de ce qui était auparavant; encore moins à un replâtrage. La vie du Royaume de Dieu ne sera pas *cette* vie-*ci* simplement améliorée et indéfiniment prolongée. La Création recevra des conditions d'existence toutes nouvelles, en dépendance d'une parfaite emprise de l'Esprit de Dieu sur elle. Si le principe en est la Pâque du Seigneur, la Création tout entière est appelée à devenir pascale, c'est-à-dire à passer par une mort et une résurrection : une mort à la chair (au sens biblique du mot : l'être naturel et égoïste) et une résurrection par l'Esprit [13]. C'est bien le même Jésus qui vit désormais, au-delà de la mort : il montre ses stigmates et on le reconnaît. Mais, en même temps, ce n'est pas le même, au point que les disciples ne l'identifient pas du premier coup. De même, ce sera nous, mais transformés. Ce sera *cette* terre et *ce* ciel, mais passés par une régénération et en des conditions entièrement nouvelles, fort peu représentables pour nous. Nous ne chercherons pas les objets de la vie présente, de l'autre côté du Voile, comme les momies égyptiennes pensaient retrouver les joujoux qu'on avait soigneusement mis avec elles dans leur tombeau. Nous ne chercherons pas à imaginer *comment* cela se passera, *comment* cela sera [14]. Il s'agira tellement d'autre chose! Mais c'est bien *cette* Créa-

---

12. Cf. 2 Cor. 5, 17 ; 2 Thess. 2, 13 ; Gal. 6, 15 s. ; comp. Rom. 8, 19-25 ; Jac. 1, 18.

13. L'idée d'une Pâque du monde, profondément biblique (F. X. Durwell, *La résur. de Jésus, myst. de salut ;* Y. M.-J. Congar, *Le myst. du Temple*, Paris, 1958, pp. 235 s., 257-64), permet de situer des textes comme 2 P. 3, 7 et 10, et d'accueillir tout le valable des théologies plus dramatiques et plus pessimistes, auxquelles ce passage pourrait servir de référence.

14. Ainsi parle la Constitution pastorale *Gaudium et Spes* de Vatican II, n° 39.

tion qui, après avoir été sauvée, bénie, sera glorifiée avec les enfants de Dieu qui l'englobent dans leur destin surnaturel.

Vienne la grâce, et que ce monde passe!
Maran Atha. Viens, Seigneur Jésus, viens! [15]

---

15. *Didachè*, 10, 6 (texte rédigé peut-être avant les évangiles) ; Apoc., 22, 17 et 20 ; 1 Cor. 16, 22b-23.

XII

« JE CROIS A LA RÉSURRECTION DE LA CHAIR »

PRÊCHE-T-ON LA RÉSURRECTION ?

Valéry a écrit : « Un dogme (celui de la résurrection de la chair) qui concède à l'organisation corporelle cette importance à peine secondaire, qui réduit remarquablement l'âme, qui nous interdit et nous épargne le ridicule de nous la figurer, qui va jusqu'à l'obliger de se réincarner pour qu'elle puisse participer à la pleine vie éternelle, ce dogme si exactement contraire au spiritualisme pur, sépare, de la manière la plus sensible, l'Eglise de la plupart des autres confessions chrétiennes. Mais il me semble que depuis deux ou trois siècles il n'est pas d'article sur lequel la littérature religieuse ait passé plus légèrement. Apologistes, prédicateurs, n'en parlent guère. »

Nous serions tenté de nous inscrire en faux contre ces dernières assertions, témoins que nous sommes de la restauration d'une Vigile pascale et, avant elle, depuis elle, d'une compréhension de tout le christianisme centrée sur son soleil pascal, s'il ne nous suffisait de nous pencher sur un passé encore récent, que dis-je? d'ouvrir certains livres publiés avant-hier, pour ne pas trop oser protester.

On a inventorié, en Allemagne — ce genre de travaux existe à peine chez nous! — la littérature catéchistique ou oratoire concernant la présentation du mystère pascal au XVIIIe siècle [1]. On y trouve plus de morale, d'invitation à la confession, que d'annonce de la Bonne Nouvelle de Pâques et de l'espérance qu'elle allume en nous. Un chrétien comme Léon Bloy ne faisait-il pas cet aveu, qui est tout de même un peu troublant : « Je ne parviens pas à sentir la joie de la Résurrection, parce que la Résurrection, pour moi, n'arrive jamais. Je suis toujours Jésus en agonie, Jésus en croix, et je ne peux le voir autrement » (*Journal*). Enfin, tel *Panorama du Credo*, publié naguère, n'a pas un paragraphe formellement consacré à la Résurrection du Christ...

Heureusement, il existe, dans notre bilan, des colonnes plus positives. Saint Augustin, qui avait pourtant une formation d'esprit platonicienne, mais qui a remarquablement corrigé et complété sa pensée de chrétien à l'école des Ecritures, proclame, dans ses sermons, que l'article de la résurrection est le plus central, le plus essentiel, du christianisme, celui dont la négation le toucherait le plus sensiblement à la prunelle de l'œil [2]. Le monde antique, dont Augustin avait encore connu et goûté la grandeur, était hanté par le désir de *l'immortalité*. Les chrétiens, eux, sont habités par l'espérance, par la certitude, de *la résurrection*. C'est une autre conception de l'homme!

Non nocet sepultura resurrecturis (le tombeau ne peut faire de mal à ceux qui doivent ressusciter), disait un de nos compatriotes du XIe siècle. Nous connaissons plus d'un prêtre, plus d'un chrétien, qui dirait volontiers que la foi,

---

1. Br. DREHER, *Die Osterpredigt von der Reformation bis zur Gegenwart*, Fribourg, 1951.

2. *Enarr. in Ps.* 88, 5 (*P. L.* 37, 1134) ; *In Joan. Ev.*, tr. XXIII, 6 (35, 1585) ; *Sermo* 361, 2 (39, 1599). Comp. Tertullien : « Caro salutis est cardo. »

pour lui, consiste, de la façon la plus décisive, à accepter de jouer sa vie sur la parole d'un Maître qui lui a promis de le faire vivre de vie éternelle, lui, tout entier, EN SON CORPS !

A) CERTITUDES CHRÉTIENNES. AFFIRMATIONS DE LA PAROLE DE DIEU

Elles s'appuient à la certitude fondamentale, à l'affirmation première du témoignage apostolique : le Christ est ressuscité! Et cette résurrection du Christ est le principe et comme le germe de la nôtre [3]. *Nous ressusciterons.* En *nos* corps.

« *Celui que tu as formé d'argile en vue de l'Assemblée éternelle* »

La foi à la résurrection des corps s'était lentement dégagée et affirmée en Israël : voir Dan. 12, 2 s.; 2 Mac. 7. A l'époque de Jésus, elle était partagée par les Pharisiens, mais rejetée par les Sadducéens [4]. Par contre, quand les Apôtres la prêchèrent dans le monde gréco-romain, ils se heurtèrent à un scepticisme assez général : cf. Act. 17, 32 et même 1 Cor. 15, 12. Il y avait des Epicuriens, au moins de conduite pratique; il y avait aussi des courants d'idées inspirés de Platon et de Pythagore, pour lesquels l'homme *consistait* en l'âme : le corps était pour lui un tombeau ou une prison (jeu de mots sur *sôma* — *sèma*), la mort était un affranchissement : une résurrection, une réincarnation, eût été un nouvel emprisonnement.

Un grand nombre, on peut même dire le plus grand nombre des premiers chrétiens cultivés appartenaient à ce courant de spiritualité de type platonisant. Lisant aujourd'hui leurs textes — ceux des Apologistes, de Tertullien, et finalement d'Augustin —, nous admirons, avec une certaine émotion,

---

3. Cf. Rom. 8, 10-11 ; Col. 1, 27 ; Phil. 3, 21 ; 1 Col. 15, 20, 23.
4. Cf. Mat. 22, 23 (Marc 12, 18 ; Luc 20, 27) ; Act. 4, 2 ; 23, 8.

la manière dont la Parole de Dieu a été plus forte qu'eux : elle a vaincu et surmonté en eux cette mentalité, qui était la part la plus noble de ce qu'ils avaient reçu de leur monde, mais qui les eût portés vers une conception de l'homme trop éthérée, n'associant pas pleinement le corps à sa vie la plus haute et à la dignité suprême de sa vocation céleste [5]. Le sens biblique de la nature humaine, par contre, affirme l'unité de la personne vivante, âme et corps. La formule de M. Merleau Ponty, que je me reproche aujourd'hui d'avoir trop volontiers citée, « être au monde à travers un corps », serait insuffisante. L'homme biblique est au monde, et à Dieu, et à soi-même, et aux autres hommes, non pas seulement « à travers un corps », mais dans son corps, avec son corps, comme corps... C'est lui qui rendait grâces à Dieu dans cette hymne des fameux manuscrits de la Mer Morte, en se désignant comme « celui que tu as formé d'argile en vue de l'assemblée éternelle » [6].

C'est pourquoi, interprétant les affirmations de la Parole de Dieu dans la trame de l'Histoire de la pensée humaine, et rencontrant telle ou telle résurgence d'un spiritualisme de type platonicien, le magistère de l'Eglise a souligné une certaine exigence précise dans le dogme de la résurrection de la chair : il ne s'agit pas seulement de re-complémenter l'âme par un corps quelconque, pris d'une espèce de vestiaire collectif; il s'agit de la rétribution de ma liberté, qui s'est exercée sur terre dans et par un certain corps, le corps de mes péchés et de mes bonnes actions, le corps de mon égoïsme et de ma pénitence, le corps de mes amours, qui sont tous passés par lui, même mon amour de Dieu. Cf. 1 Cor. 5, 9-10. Il y a, dans l'affirmation de la résurrection, une certaine exigence que ce soit *mon* corps [7]. Mais le magistère

---

5. Cf. *Lumière et Vie*, n° 3, pp. 88-89, et, pour la tradition philosophique chrétienne, Et. GILSON, *L'Esprit de la Philosophie médiévale*, ch. IX (L'anthropologie chrétienne).

6. Dans G. VERMÈS, *Les manuscrits de la Mer Morte*, Paris, 1955, p. 187.

7. Symbole dit de S. Athanase (Denzinger, 40) ; XIe Concile de Tolède (Denz., 287) ; profession de foi de Léon IX, « Credo etiam resurrectionem eiusdem carnis quam nunc gesto » (Denz., 347) ; profession de foi pres-

ne précise, ni les limites de cette exigence, ni la façon dont on doit y répondre.

B) Questions humaines. Foi et Sciences

La foi est la foi, elle se tient par elle-même dans son ordre et, s'il ne s'agit que d'elle, sans avoir besoin d'appuis ou d'explications. « La voûte du ciel tient sans piliers », notait en ce sens Luther. Mais la foi existe dans l'esprit d'un homme croyant qui, lui-même vit dans un certain monde, participe à une culture, à un dialogue avec d'autres esprits. Elle ne peut, à ce titre, condamner certaines curiosités de l'intelligence, ni mépriser certaines objections : c'est une condition de sa pleine loyauté. Les Corinthiens se posaient déjà bien des questions sur le *comment* de la résurrection, et saint Paul ne manquait pas d'apporter une réponse qui demeure valable pour nous : 1 Cor. 15, 35-65. Saint Paul répond en présentant le corps ressuscité comme devant être *notre* corps *transformé* en un autre état, en un état meilleur. Il répond, en somme, en montrant qu'une même réalité admet bien des formes différentes d'existence.

Il nous reste, cependant, des points d'interrogation dans l'esprit. Deux surtout : *a*) Quelles seront les conditions d'existence de ces corps ressuscités ? *b*) Comment concevoir l'identité entre *mon* corps d'éternité et *mon* corps de vie terrestre ?

a) Seule la sainte Ecriture peut éventuellement apporter quelques éléments de réponse à la première question — car on ne possède, en ce domaine, aucune expérience —, et elle en apporte en effet : surtout par ce qu'elle nous dit ou nous permet de conclure de la condition du corps ressuscité de Jésus durant les quarante jours où il est apparu aux disciples avant de réserver au ciel sa présence corporelle personnelle.

---

crite aux Vaudois par Innocent III, en 1208 (Denz., 427) ; IVe Concile de Latran, 1215, « qui omnes cum suis propriis resurgent corporibus, quae nunc gestant » (Denz., 429) ; etc. Plusieurs de ces expressions n'impliquent pas l'identité de « chair » individuelle.

« Le Christ ressuscité ne meurt plus, la mort n'exerce plus de pouvoir sur lui » (Rom. 6, 9; comp. 1 Cor. 15, 52). Les corps ressuscités sont incorruptibles, hors des atteintes de la mort corporelle et de tout ce qui travaille pour elle. Même les corps de ceux qui seront appelés à une résurrection, non de vie, mais de jugement (cf. Jn 5, 29). Car les méchants ressusciteront comme les bons (cf. Act. 24, 15); mais seuls les justes connaîtront une résurrection de « fils de Dieu » et seront conformés au corps de gloire du Seigneur [8]. Nous pouvons donc nous représenter quelque chose de la condition qui sera la leur, et, nous l'espérons, la nôtre, d'après ce que le Nouveau Testament nous dit du corps pascal de Jésus-Christ.

Il est incorruptible, bien sûr, soustrait à la mort, au vieillissement, à la maladie, à la souffrance, aux dégradations qui atteignent, ici-bas, tant de pauvres corps humains. Si Jésus a voulu souffrir tout ce qu'il a souffert dans sa Passion, et cette flagellation, entre autres, que les régimes antiques appliquaient si largement aux pauvres gens, c'était pour être entièrement avec nous avant de nous donner d'être entièrement avec lui... Le corps pascal de Jésus-Christ a cette parfaite soumission à l'esprit que les Anciens dénomment « subtilité » : un mot sur le sens ancien duquel on se trompe souvent! Il a aussi l'agilité physique, cette domination des pesanteurs, des limites, que nous imposent l'espace et le temps. Le corps glorifié de Jésus-Christ a l'éclat, la fraîcheur, la beauté, le rayonnement, que Fra Angelico ou Matthias Grunewald ont, chacun selon son génie, et tous deux dans le sentiment d'une gageure impossible à tenir, essayé de peindre en couleurs terrestres.

b) « Je vis. J'ai été mort, et voici : je suis vivant aux siècles des siècles », dit le Christ de l'Apocalypse (1, 18). Nous pourrons tous dire cela un jour. Nous le pourrons : la foi nous en donne l'assurance, mais sera-ce bien *nous ?* Par l'âme, oui : il n'y a pas de difficulté, puisque l'âme est immor-

---

8. Cf. Phil. 3, 21 ; Rom. 6, 5 ; 8, 18-23.

telle, comme la sainte Ecriture elle-même nous semble bien l'affirmer ou le supposer, quoi qu'en disent, trop légèrement, un grand nombre d'auteurs protestants [9]. Mais par le corps? Que peut-il en être pour ceux dont le corps aura été détruit : Jeanne d'Arc, dont les cendres ont été jetées à la Seine, les 200.000 pauvres gens d'Hiroshima? Où est la simple parcelle d'eux-mêmes qui pourrait servir de support à cette identité entre le corps de peine et le corps de gloire, que semble supposer le dogme chrétien? Pour le Christ, il n'y avait pas de question; mais pour ceux-là?

N'y aurait-il identité que par l'âme? Elle rendrait son identité à mon corps en réassumant, cependant, une matière qui n'aurait pas appartenu à ma personne terrestre? Un peu comme, après une blessure de l'épiderme, les lignes ou stries de la peau se refont selon ce tracé simple et savant qui m'est si personnel que toutes les polices du monde le prennent comme signe incontestable de mon identité? En vérité, cette identité de moi-même, jusque dans mon corps, assurée alors que, très probablement, toutes les cellules de celui-ci changent selon un rythme défini, bien que mal connu, est un fait qui peut nous rassurer quelque peu. Des théologiens, L. Billot par exemple, se contentent de cette identité assurée au corps par l'âme.

D'autres, parmi lesquels saint Thomas d'Aquin, voudraient que soit repris, dans le corps de résurrection, un minimum des éléments de la matière qui appartînt, durant sa vie terrestre, au corps de *tel* individu. L'*Imago mundi* des hommes du Moyen Age, fussent-ils des génies, comportait peut-être des représentations de stabilité plus grandes que celles du savoir actuel? Mais surtout, un Thomas d'Aquin avait, de la puissance et de la causalité de Dieu, une idée extrêmement haute, tout à fait irréductible aux cadres de la causalité méca-

---

9. La vie de l'âme au-delà de la mort corporelle est supposée, par exemple, dans Mat. 10, 28 et 22, 24 ; Phil. 1, 21 et 23 ; Heb. 11, 40 comparé à d'autres textes de la même épître (Spicq, pp. 367-368) ; Apoc. où, d'un bout à l'autre, les élus vivent tandis que se poursuit l'histoire terrestre. — Comp. *Ami du Clergé*, 1954, p. 457.

nique dont tant d'esprits voués aux seules sciences de la matière mesurable, n'arrivent pas, aujourd'hui, à sortir. Rien n'échappe à la Présence et à la Puissance de Dieu. Tout a pu se transformer, mais rien ne s'est perdu. Dieu, qui ne cesse de créer tout ce qui est, Dieu à qui rien jamais n'a échappé, saura bien remodeler une création toute neuve, où rien ne soit perdu de l'ancienne.

Cependant, les principes généraux de la philosophie thomiste s'accommoderaient bien de la thèse d'une identité corporelle assurée à partir de l'âme. Il ne faut pas se représenter, en effet, le corps comme quelque chose de préexistant et dans quoi l'âme entrerait comme un locataire dans un logement. C'est l'âme qui fait son corps, et qui le fait sans cesse, en empruntant des éléments du monde extérieur, dont le perpétuel changement ne l'empêche pas de maintenir l'identité de la personnalité totale, corporelle et spirituelle, qui les assume. « La reconstitution des personnalités humaines est moins une question de recouvrement intégral des éléments passés, que d'explicitation à nouveau du pouvoir intégrateur et animateur des âmes. L'identité des corps après la résurrection n'a rien à voir, quand on l'étudie attentivement, avec une rentrée en possession des molécules et des cellules possédées par l'âme avant la mort. L'identité a son foyer dans l'âme même [10]. » Dans la perspective biblique, notre survivance comme être singulier dépend principalement du fait que nous sommes aimés et appelés comme tels et personnellement par Dieu.

Ces questions de physique sacrée semblent moins intriguer les esprits modernes que ceux du Moyen Age. Nous avons, beaucoup plus que ceux-ci, l'idée d'*un* monde unique, au sein duquel tout est échange. Nous savons que cet univers est de même matière, depuis les astres célestes jusqu'à la terre. Quant à l'aspect matériel de la résurrection finale, l'important semble moins, aujourd'hui, que je récupère *mon* corps, *ma* matière, que le fait global de ressusciter

10. Ch. D. Boulogne, *Par-delà la mort*, Paris, 1946, p. 210.

en une matière de *ce* monde, mais transfigurée. Nous n'avons plus l'illusion qu'avait en partie le Moyen Age, de posséder les moyens philosophiques et scientifiques nous permettant d'expliquer des choses aussi éloignées de notre expérience et de nos techniques de mesure. Notre science est partout accompagnée de la conscience de ses limites statutaires : elle sait qu'elle ne peut porter aucun jugement sur des réalités qu'elle ne peut ni expérimenter, ni mesurer, ni même se représenter, et qui relèvent d'une toute autre causalité que celle dont elle peut apprécier la puissance et définir les modes d'action.

« Nous annonçons ce que l'œil n'a pas vu, ce que l'oreille n'a pas entendu, ce qui n'est pas monté au cœur de l'homme, tout ce que Dieu a préparé pour ceux qui l'aiment » (1 Cor. 2, 9). Nous l'annonçons comme réalité d'un *autre* monde, dont Jésus est le témoin; d'un monde *à venir*, dont il est pour nous le gage.

Mais pas uniquement à venir. Clemenceau disait cruellement : « On reconnaît une phrase de Jaurès à ceci : tous les verbes y sont au futur. » On ne peut pas dire cela du message chrétien, pas même de notre annonce de la résurrection. Car nous n'annonçons pas au monde cette triomphante espérance, sans la fonder sur des affirmations dont les verbes sont au passé : Au commencement, Dieu a créé le ciel et la terre. Le Christ est ressuscité.

En vérité, il est ressuscité!

CONCLUSION

Prenant le monde comme ensemble des choses et des hommes, nous dirons qu'il existe de par la Puissance créatrice de Dieu. Mais, existant, il est appelé à l'action : les choses rayonnent, le vent souffle, les membres se meuvent, marchent et prennent, etc. Pour tout être et pour chaque être, agir, c'est exister de façon plénière.

Quand il s'agit de l'homme engagé dans l'histoire et dans le monde, l'action par laquelle il use de ses propres forces et des choses, n'obéit pas seulement à des lois physiques : elle est déterminée par une intention que l'homme lui-même détermine. Ainsi l'homme ajoute-t-il aux pures énergies physiques de lui-même et du monde, la plus-value spécifiquement humaine d'une finalité, d'un sens : c'est le domaine, proprement humain, des « valeurs ». Le problème est de savoir *quel usage* nous ferons des énergies dont nous disposons, *quel sens* nous donnerons à notre vie.

Selon la sainte Ecriture et la tradition théologique telle que l'a systématisée surtout saint Augustin, il y a d'abord un être, pourrait-on dire, quelconque, des choses et de l'homme lui-même : l'être que représente le fait brut de leur existence. Mais il y a comme un second niveau de l'être, celui, précisément, de leur sens et de leur usage. A ce second niveau, les choses qui, au point de vue de la nue existence, sont ce qu'elles sont, peuvent devenir, selon que le sens qui leur est donné et l'usage qui en est fait sont conformes ou non à Dieu : ou bien *vraiment* existantes, ou déchues et vides : bref, *vraies* ou *vaines*. La « vanité », bibliquement parlant, c'est l'état d'un homme ou d'une réalité qui sont en porte-à-faux par rapport à la Volonté, et donc au Modèle, de Dieu.

Or le péché existe dans le monde. Il y agit. Attisé par les « Puissances » dont nous avons parlé plus haut, il cherche à détourner les hommes d'obéir aux normes divines. Dans la mesure où il y réussit, il assujettit l'homme et le monde à la « vanité » (cf. Rom. 8, 20). Et alors, des choses ou des hommes qui paraissent brillants, qui font du bruit, qui occupent la scène, réellement, sont aussi vides que des bulles de savon scintillantes et mordorées : Vanité!

Pour la sainte Ecriture, et donc selon la vérité du dedans des choses, l'Histoire terrestre est un drame : une lutte entre Dieu et le démon, l'Opposant — qui est aussi « homicide depuis le commencement » : Jn 8, 44 —, un drame de perdition et de sauvetage. Qui gagnera?

« Grâces soient rendues à Dieu par Notre Seigneur Jésus-Christ » (Rom. 7, 25). Lui, qui est le Créateur, s'est fait aussi le Rédempteur. Lui, qui a donné l'existence brute, s'offre à nous rendre la plus-value de l'usage vrai et le sens réel de la vie. Il s'est engagé dans le monde, dans notre Histoire, par l'Incarnation et la Croix; il y a mis, comme un germe nouveau de vie et de victoire, son Evangile, son Sang, sa Grâce, son Eglise, l'appel et la force de son Esprit. Nous sommes sauvés. Nous pouvons, nous devons *vivre en sauvés*. En sauvés *de Jésus-Christ*.

Vivre en sauvés, c'est, par la grâce de Dieu, rendre à sa vie, à l'usage qu'on fait d'elle et du monde, le sens que Dieu a voulu leur donner, et dont les articulations majeures s'appellent : Vérité, Justice, Amour, Communion, Don, Service, Fraternité, Victoire sur l'égoïsme qui, bibliquement, se nomme « la chair ».

Vivre en sauvés *de Jésus-Christ*, c'est donner à sa vie, à l'usage qu'on fait d'elle et du monde, le sens que Jésus-Christ veut et dont il nous a donné le secret dans son Evangile. C'est être vrai *comme* il a été vrai, aimer *comme* il a aimé, c'est-à-dire comme le Serviteur-par-amour qu'il a voulu être, etc. Et ceci à partir de lui, seule source de vie réouverte au milieu du monde et de l'Histoire, depuis sa Croix et notre Pentecôte, dont la mission chrétienne doit porter le bénéfice jusqu'aux extrémités de la terre et jusqu'aux limites du temps.

Jusqu'à ce qu'il revienne tout rétablir, après avoir vaincu la mort et réduit à rien toute Domination mauvaise.

Ah! Comme nous avons besoin qu'il revienne!

« Oh oui, viens, Seigneur Jésus! » (Apoc. 22, 20).

APPENDICE I

Réincarnation ?

L'idée chrétienne du salut, avec le dogme de la résurrection, est absolument contraire à la théorie de la métempsychose (ou mieux de la réincarnation des âmes). Métempsychose, signifie : changement ou passage d'une âme d'un corps dans un autre, sans exclure un corps d'animal. Réincarnation signifie : recommencements de la vie grâce à des naissances successives dans une chair humaine.

Les articles des dictionnaires donnent toute la documentation historique désirable [1]. La seule forme de théorie à laquelle nous reconnaîtrions un intérêt serait celle de certains poètes ou philosophes allemands, qui raisonnent sur les conditions de la responsabilité morale. Au fond, l'argument des Origénistes se rattachait à une préoccupation analogue; ils cherchaient, dans l'hypothèse de la réincarnation, une explication de l'inégalité qu'on remarque entre les hommes et ils y voyaient une récompense ou une punition d'actes accomplis dans une vie antérieure. Les philosophes dont nous parlons pensaient aux délais nécessaires pour donner à une liberté le temps et les chances pour se décider dans le sens du bien et pour se purifier.

Ces suppositions mettent peut-être en œuvre une notion quelque peu mécanique de la qualification morale et de la rétribution qu'elle mérite : notion que partagent d'ailleurs nombre de chrétiens. On semble penser la question au niveau des *actes*, auxquels correspondent des sanctions pour ainsi dire

---

1. L. Roure, art. *Réincarnation*, dans *Dictionn. pratique des Connaiss. relig.*, t. 5 (1927), col. 1061-64 ; R. Hedde, art. *Métempsychose*, dans *Dict. de Théol. cathol.*, t. 10 (1928), col. 1574-95. Recueil de textes : Head Cranston, *Reincarnation, An East-West anthology*, New York, 1961.

tarifées, alors que le salut se décide au niveau de la *personne* et de l'orientation profonde qu'elle se donne. Or, d'un côté, cette orientation peut être prise en une vie aussi bien que dans une suite assez arbitraire d'existences; ce serait *le même homme* qu'avant qui reviendrait en un autre corps : pourquoi se déciderait-il autrement qu'il ne s'est décidé antérieurement ? D'un autre côté, la personne qui est appelée à se déclarer doit le faire dans *son* corps, parce qu'elle n'est elle-même que liée à *son* corps, que dans et par *son* corps : elle *est* son corps.

Toute théorie de réincarnation terrestre part, nous semble-t-il, d'une anthropologie, c'est-à-dire d'une conception de l'homme, fausse et antibiblique. Elle conçoit l'âme comme étant, seule et par elle-même, une personne humaine complète, et n'étant qu'*envoyée* dans un corps ou dans le monde, depuis un autre monde des âmes. Dans notre tradition cuturelle, cela relève d'une pensée platonicienne ou pythagoricienne, mais non du génie biblique. Pour l'Ecriture, l'homme *est* son corps, la personne n'est complète qu'avec son corps. Aussi la Bible dit-elle « corps » au sens où nous disons : personne vivante et active : voir, par exemple, le cas typique de Rom. 12, 1, où la Bible de Jérusalem traduit, avec raison, « personne », là où saint Paul a écrit « *sôma*, corps » [2].

Pour la sainte Ecriture, un homme n'est pas une âme qui *vient* dans un corps, c'est une personne qui *naît* corporelle. Même le Verbe de Dieu, dont il est vrai de dire qu'« il est venu dans le monde » (Jn 1, 9, 11), car il lui préexistait, n'a été *vrai homme*, comme il est vrai Dieu, que parce qu'il est « né de la Vierge Marie ». A la suite et à l'exemple de Jésus-Christ, qui est né une fois pour accomplir l'œuvre que le Père attendait de lui (cf. Jn 9, 4), nous avons à faire ce que Dieu attend de nous, en notre corps (cf. Gal. 6, 10); « les hommes ne meurent qu'une fois, après quoi il y a jugement » (Heb. 9, 27).

Les partisans de la réincarnation pourraient invoquer, à tort, un ou deux textes bibliques, sortis de leur contexte immédiat et de l'ensemble de l'Ecriture [3] : ce ne serait qu'un

---

2. Voir Cl. TRESMONTANT, *Essai sur la pensée hébraïque*, Paris, 1953, pp. 87 s.

9. Par exemple Sag. 8, 19-20, mais voir la note dans la Bible de Jérusalem. Combien est nécessaire une Bible avec notes !

argument surajouté; leur pensée ne procède nullement de l'Ecriture comme de sa source. Elle est une construction philosophique, une vue de l'esprit, élaborée en dehors des données positives de la foi biblique et chrétienne, qui leur demeure étrangère. Ces données positives comportent, en particulier, les moments suivants :

— prédestination. La seule préexistence que la sainte Ecriture connaisse est celle que nous avons dans la pensée de Dieu : cf. Rom. 9, 11-24; Eph. 2, 10; etc.;

— coopération de l'homme; choix profond, orientation profonde de la vie; mérite et démérite, qui seront suivis de récompense ou sanction pour ce que nous aurons fait *dans notre corps* (2 Cor. 5, 10). Dans notre corps, c'est-à-dire nous-mêmes. Unité de la personne incluant *ce* corps qui est *mien*. Mieux : ce corps qui est *moi*, mon moi complet;

— nouvelle naissance. Non des naissances successives qui s'ajouteraient sans qu'aucune soit vraiment nouvelle, mais *une* nouvelle naissance, où ma liberté coopère avec la grâce de Dieu;

— après *cette* vie, un destin fixé, pour ou contre Dieu, selon l'orientation profonde que nous avons choisie, étant dans notre corps. Mais aussi un *post*, un « après » de notre existence corporelle tel qu'il comporte la possibilité, non certes de refaire le choix éventuellement manqué (cf. Luc 16, 25-26), mais de nous purifier des tares qui ont accompagné même notre option supposée bonne. Purgatoire;

— après cette vie encore, comme post-existence, la perspective de *la* résurrection. Oui, la résurrection de nos corps : une réincarnation, mais dans *notre* chair, et non pas comme nouveau lieu d'épreuve ou d'exercice, mais comme plénitude de la communion de gloire de nos personnes totales avec Dieu, en Jésus-Christ mort et ressuscité pour nous.

Ajoutons qu'aucune expérience valable ne confirme l'hypothèse gratuite et purement philosophique de la préexistence et de la réincarnation des âmes. Les quelques faits de souvenirs qu'on allègue, pour autant que nous sachions, ou bien sont assez gratuitement affirmés, ou bien s'expliquent autrement.

APPENDICE II

Dieu a-t-il peuplé les astres ?

QUATRE QUESTIONS ET TROIS RÉPONSES SUR LA PLURALITÉ DES MONDES HABITÉS

La question de la possibilité d'autres mondes habités par la vie revient périodiquement dans les discussions. Il n'est pas nécessaire, pour la poser, d'avoir lu quelque article de *Galaxie* ou de *Fiction*; encore moins de croire que les soucoupes volantes d'il y a dix ans étaient pilotées par des Martiens. L'hypothèse de l'évolution généralisée amène forcément à poser la question. Même la lune, nous dit le Professeur Nicolaï Yerusalimsky, vice-recteur de l'Institut de Microbiologie de l'Académie soviétique des Sciences, pourrait entretenir une vie élémentaire... Et si un jour des hommes, au cours d'un voyage interplanétaire, rencontraient d'autres vivants qui, si différents de nous qu'on le suppose, montraient des signes non équivoques d'intelligence?

1. Dieu nous parle-t-il des astres?

L'idée d'autres mondes habités est-elle compatible avec la doctrine chrétienne?

Cette doctrine, on le sait, dérive de la Révélation, c'est-à-dire du message que Dieu nous a adressé par ses serviteurs les prophètes, les apôtres, et surtout par Jésus-Christ. Ce message est contenu, pour l'essentiel, dans l'Histoire sainte ou la Bible. Or si Dieu s'est adressé ainsi à nous, ce n'est pas pour dire des choses propres, seulement, à satisfaire notre curiosité. Non : pour cela, il nous a donné notre raison, et c'est la grandeur du travail de cette raison, de la recherche scientifique, que de déchiffrer petit à petit les énigmes de l'Univers. Dieu ne s'est pas adressé à nous pour nous révéler le nombre des étoiles, la constitution de la matière, les âges géologiques de notre planète, ou autres choses de ce genre. Cela, c'est notre part à nous, c'est le champ de nos découvertes. Mais, lorsque Dieu nous parle lui-même, c'est pour nous dire ce qui nous concerne, nous, dans le rapport que nous sommes invités à nouer avec lui en tant qu'âmes immortelles, formés à Son image et appelés à une vie de communion avec lui, en Jésus-Christ. La doctrine chrétienne ne nous parle pas des étoiles ou des mondes habités, mais du ciel, qui est le Temple de Dieu, sa Maison, et où il nous appelle à partager sa vie.

Saint Augustin compare la sainte Ecriture à une lettre qui nous est adressée, dans notre exil, de notre Patrie véritable, qui nous dit ce qu'est cette Patrie, nous donne la ferme espérance d'y revenir un jour et nous dit ce qu'il faut faire pour cela [1].

Ainsi, dans le silence de la Révélation, la doctrine chrétienne nous laisse toute liberté de penser qu'il y a ou qu'il n'y a pas d'autres mondes habités, selon que nous avons ou n'avons pas, en ce sens, des indications scientifiques sérieuses. C'est une question, bibliquement parlant, entièrement ouverte.

2. Peut-on lire entre les lignes ?

Certains ont voulu, cependant, trouver, sinon des textes formels, du moins quelque allusion, sous laquelle on pourrait

---

1. S. Augustin, *Enarr. in Ps.* 64, 2 (*P. L.* 36, 774) ; *En.* 2 *in Ps.* 90, 1 (37, 1159).

Nous ne connaissons que le titre de : Ph. Delhaye, « La pluralité des mondes et la théologie », dans *Cahiers Féron-Vrau*, 1957, n° 4. Signalons encore G. Pohle, *Die Sternenwelten und ihre Bewohner*, Cologne, 1884 (7e éd. 1922) ; Th. Ortolan, *Astronomie et théologie. La pluralité des mondes habités et le dogme de l'Incarnation*, Paris, 1894 ; L. Roure, *L'au-delà*, 2e éd. Paris, 1938. Appendice : La pluralité des mondes habités, pp. 167-198 ; article dans *La Civiltà cattolica* (Rome), nov. 1952.

deviner une indication dans un sens ou dans l'autre. Nous avons connu un bon prêtre, qui portait le nom prédestiné d'une réalité mathématique bien connue, et qui voulait tirer dans le sens de l'existence d'autres mondes habités la parabole de la brebis égarée : celle des 99 brebis que le pasteur laisse pour aller chercher la centième (Mat. 18, 12-14; Luc 15, 4-10). L'homme qui avait cent brebis, c'est le Verbe de Dieu, le Bon Pasteur; la brebis égarée, c'était l'humanité, tombée dans le péché et perdue pour Dieu. Pour elle, le Verbe de Dieu laissait les 99 autres brebis, c'est-à-dire d'autres espèces vivantes habitant d'autres mondes...

Les Pères de l'Eglise avaient souvent vu les anges dans les 99 brebis fidèles, et l'humanité dans la centième. Mais cette interprétation même ne s'impose pas. Il n'y a lieu de penser, ni aux anges du ciel, ni à des « hommes » d'autres planètes. Dans les paraboles, il ne faut pas chercher une affirmation ni un symbolisme sous chaque détail, mais bien un sens général. Et ici, le sens est clair : il est donné, dans l'Evangile, non seulement par le contexte, en particulier dans saint Luc, mais en toutes lettres : « Le Fils de l'Homme est venu sauver ce qui était perdu... C'est la volonté de votre Père qu'il ne se perde pas un seul de ces petits. » C'est un enseignement sur le zèle et la miséricorde du pasteur, dont Jésus est le modèle souverain.

Inutile de subtiliser. Il n'y a rien, dans l'Ecriture, qui concerne la question.

3. Le raisonnement du théologien

On insistera, cependant. Faute de dire s'il y a ou s'il n'y a pas d'autres mondes habités, la théologie doit, pense-t-on, avoir une idée sur ce que pourrait être l'état spirituel de ces vivants, à supposer qu'ils existent. La théologie, après tout, est une science, la science de Dieu révélé : on ne voit pas pourquoi elle répugnerait à raisonner à partir des indications de la Révélation et sous le bénéfice de ce qu'on appelle « l'analogie de la foi », comme font les autres sciences, dans une hypothèse qu'elle se donnerait, sans préjuger, bien sûr, de la réalité effective...

Entrons donc dans l'hypothèse, puisqu'on nous y force.

Il est possible que d'autres mondes soient habités par des vivants : qu'on pense, innocemment, à « l'Astéroïde B 612 » de Saint-Exupéry. La théologie n'y voit aucune difficulté. Quant à la science? Sans doute serait-ce bien difficile à concevoir pour les étoiles; mais, pour certaines planètes, cela ne manquerait pas, dit-on, de vraisemblance.

La seule certitude que la théologie nous apporte ici, c'est que, s'il existe, sur d'autres astres, des vivants doués d'intelligence, ils sont, eux aussi, à l'image de Dieu, qui est le Créateur et le Maître de Mars ou de Vénus, tout comme de la Terre. Sous des formes que nous ne pouvons pas imaginer, ils auraient donc une religion naturelle analogue à la nôtre. Nous disons bien « analogue », pour ménager les modalités inconnues de leur vie spirituelle, la façon particulière dont ils penseraient et s'exprimeraient. Mais il y a lieu, plus encore, de souligner, au nom du caractère universel de la vérité, et de l'esprit qui vit d'elle, ce fait sensationnel : sous quelque forme qu'elles s'expriment, les affirmations de ces intelligences viseraient identiquement le même Dieu que les nôtres et leur seraient, dans leur contenu spirituel, réellement identiques. Le monothéisme va jusque-là. Il n'existe qu'un Dieu, un Etre suprême et absolument premier, un « Créateur de toutes choses, des choses visibles et invisibles », chantons-nous dans le Credo. Absolument parlant, même philosophiquement parlant, il n'y a qu'un Univers, un seul Ensemble des choses créées, parce que, quels que soient la distribution et l'échelonnement de ces choses, elles relèvent toutes du plan de Dieu, qui est unique, même si la réalisation s'en fragmente en parties.

Quant à la question de savoir si de tels vivants, à supposer qu'ils existent, auraient, eux aussi, bénéficié, de la part de Dieu, d'un appel à la vie de la grâce et d'une Révélation surnaturelle, nous ne pouvons faire d'autre réponse que celle-ci : C'est possible. Pourquoi pas? Mais nous n'en savons rien. C'est le domaine de l'inviolable et souveraine liberté de Dieu.

Une Incarnation aurait-elle pu se produire en l'un de ces mondes habités? Le Verbe de Dieu pourrait-il y avoir pris chair et s'être fait Martien, par exemple, comme nous savons qu'en Jésus-Christ, il s'est fait chair, terrestre, frère des fils d'Adam pécheurs? Ou bien le Père, ou bien le Saint-Esprit pourraient-ils s'y être incarnés?

L'intelligence aussi doit être sobre.

Saint Paul nous dit qu'il faut être savant avec sobriété. C'est bien ici le moment de nous en souvenir, car nous commencerions à poser des questions empiétant sur un domaine que Dieu s'est réservé. Les théologiens, cependant, raisonnant à partir de ce que nous savons, par la Révélation, sur l'Incarnation du Verbe en Jésus-Christ, pensent qu'il n'est pas contradictoire, et donc qu'il ne serait pas impossible que le Verbe de Dieu, ou l'une des Personnes de la Sainte Trinité, s'unisse, d'une union substantielle comme est celle de l'Incarnation, à une créature quelconque. Mais c'est là une réponse à une question de pure curiosité intellectuelle, à l'une de ces questions qu'on pose, dans les Ecoles, pour analyser sous toutes ses faces un objet proposé à l'étude. Ce qui nous importe, et donc nous intéresse vitalement, c'est ce qui réellement existe; c'est le plan réel de Dieu à notre endroit. Et ce plan, pour nous, n'a qu'un nom : Jésus-Christ.

Nous demeurons, par contre, dans le cadre de ce que la Révélation nous dit, en affirmant ceci : dès maintenant, Jésus-Christ — oui, *notre* Christ! — est le Roi, et ne peut qu'être le Roi, de *toute* la Création : non seulement de la Terre, mais de toute l'œuvre de Dieu, des myriades d'étoiles de la voûte céleste.

L'union substantielle et personnelle que Dieu a réalisée, en Jésus-Christ, entre lui et une humanité, est la plus haute qu'il soit possible de réaliser, en deçà d'un impensable panthéisme. Jésus-Christ est donc, dès maintenant et à jamais, au sommet absolu de tout Univers existant ou possible. Il en est le Roi, tout comme il est le Roi des Anges, dont il n'est cependant pas le Rédempteur. Dieu, désormais, règne sur tout l'Univers qu'il a créé, le visible et l'invisible, non pas seulement, s'il est permis de s'exprimer ainsi, du ciel de sa Divinité, mais dans et par l'humanité divine de Jésus-Christ.

Quel honneur pour notre race!

4. Et vous qui nous parlez?

Puisque nous avons manqué une fois à la sobriété du savoir, ne pourrait-on poser une question encore? Car, manquer un peu plus, un peu moins, quand on a commencé, peu importe... On posera donc une quatrième question : Qu'en pensez-vous personnellement ? Vous avez raisonné dans le possible, mais quel est votre sentiment sur le fait ?

— ...

APPENDICE III

Explication de quelques termes

Apocatastase : Rétablissement ou restauration finale. Selon certaines théories (cf. Origénistes), restitution de toute créature dans le bonheur.

Concordisme : Recherche assez naïve d'un accord, point par point, entre certaines données bibliques prises de façon toute matérielle et littérale, et de résultats scientifiques admis à un moment donné : par exemple, entre les « jours » de la création selon la Genèse, et les périodes géologiques.

Cosmos : Terme grec signifiant Monde, ensemble ordonné des choses.

Cosmique : Qui intéresse et englobe l'ensemble de ce qui existe, et pas seulement l'homme.

Démythiser : Critiquer certaines présentations du message chrétien, de façon à le ramener à sa substance valable pour les esprits (de mentalité scientifique) de notre temps.

Eschatologie, eschatologiquement : Ensemble des affirmations bibliques concernant la fin (dernière). La fin n'est pas seulement le terme, le dernier paragraphe de l'histoire, elle en est le sens, elle l'attire et lui donne tout son sens profond.

Fondamentalisme : Attitude d'esprit qui, à partir d'une conception assez matérielle de l'inspiration biblique, applique raidement les moindres textes de la sainte Ecriture sans tenir compte des genres littéraires ni des visées propres du texte sacré : par exemple, une baleine a vraiment avalé un prophète nommé Jonas.

Ontologie : Nous avons pris le mot, ici, au sens de : Etoffe des choses, qualité propre d'existence qui leur revient.

Origénistes : Disciples plus ou moins fidèles d'Origène († 254 ou 255), jusqu'à leur condamnation au milieu du VIe siècle. Leurs thèses caractéristiques étaient : Les âmes, égales à l'origine, ont été envoyées dans des corps selon leurs mérites différents; le mal disparaîtra (apocatastase générale); la liberté de l'homme demeure active au-delà de la mort.

Parousie : D'un mot grec qui signifie Avènement (d'un souverain) : le second avènement du Christ, en puissance et en gloire, à la fin des temps.

Pères de l'Eglise : Grands esprits chrétiens qui ont combattu les hérésies et enseigné le peuple fidèle entre la fin de l'âge apostolique et celle du VIe siècle environ. Par exemple saint Athanase en Orient († 373), saint Augustin en Occident († 430). Ayant eu la vocation et le don de formuler la doctrine chrétienne, quant à ses éléments décisifs, en liaison avec la culture héritée de l'Antiquité, ils ont, pour l'Eglise, l'autorité de grands Classiques, de témoins privilégiés de sa Tradition.

TABLE DES MATIÈRES

FOI VIVANTE

Pensée chrétienne

Au sein de la *Bibliothèque chrétienne de poche,* cette série regroupe des éditions de textes philosophiques et théologiques d'hier et d'aujourd'hui. Elle s'adresse à un public de niveau universitaire.

1. Yves CONGAR, *Jésus-Christ*, Cerf, 1965.

16. Hans Urs VON BALTHASAR, *Dieu et l'homme d'aujourd'hui*, DDB, 1966.

25. K. JASPER, *La Situation spirituelle de notre époque*, DDB, 1966.

26. Jean MOUROUX, *La Liberté chrétienne*, Aubier, 1966.

27. Yves CONGAR, *Vaste monde, ma paroisse*, Cerf, 1966.

37. Pierre GRELOT, *Le Ministère de la nouvelle alliance*, Cerf, 1967.

38. Gabriel MARCEL, *Foi et réalité*, Aubier, 1967.

63. Søren KIERKEGAARD, *Les Soucis des païens*, Delachaux et Niestlé, 1968.

66. Jacques MARITAIN, *Humanisme intégral*, Aubier, 1968.

67. Henri DE LUBAC, *Athéisme et sens de l'homme*, Cerf, 1968.

69. *L'Apostolat de l'Église*, Delachaux et Niestlé, 1968.

76. Hans Urs VON BALTHASAR, *La Foi du Christ*, Aubier, 1968.

85. Gabriel MARCEL, *Être et avoir*, t. I, *Journal métaphysique*, Aubier-Montaigne, 1968.

89. Jacques MARITAIN, *Religion et culture*, DDB, 1968.

94. Marc ORAISON, *Psychologie et sens du péché*, DDB, 1968.

105. Gustave MARTELET, *Les Idées maîtresses de Vatican II*, DDB, 1969.

114. Philippe MENOUD, *La Vie de l'Église naissante*, Delachaux et Niestlé, 1969.

115. Rudolf BULTMANN, *Histoire et eschatologie*, Delachaux et Niestlé, 1969.

116. Michel DE CERTEAU, *L'Étranger, ou l'Union dans la différence*, DDB, 1969.

134. Søren KIERKEGAARD, *Des pensées qui attaquent dans le dos*, Delachaux, 1971.

144. Søren KIERKEGAARD, *Plus grand que notre cœur*, Delachaux et Niestlé, 1972.

206. Yves CONGAR, *Esprit de l'homme, Esprit de Dieu*, Cerf, 1983.

249. André BARRAL-BARON, *Le Célibat, chemin de vie*, Cerf, 1990.

302. Annie JAUBERT, *Les Femmes dans l'Écriture*, Vie chrétienne, 1992.

357. Hans Urs VON BALTHASAR, *Pâques, le mystère*, Cerf, 1996.

55F

407. Jean-Pierre TORRELL, *Dieu, qui es-tu ?*, Cerf, 1999.

409. Jean-Pierre TORRELL, *Le mystère du Christ chez saint Thomas d'Aquin*, Cerf, 1999.

413. Yves CONGAR, *Vaste monde, ma paroisse*, Cerf, 2000.

Cet ouvrage a été reproduit et achevé d'imprimer en septembre 2000
dans les ateliers de Normandie Roto Impression s.a., 61250 Lonrai
N° d'impression : 000599 - N° d'édition : 11214 - Dépôt légal : septembre 2000